Dieses Buch ist Sophia Steffe gewidmet.
Sie fragte mich eines Tages: „Kennst du eigentlich Heinrich Lübke?"

Ich muß es mir versagen, eine Bilanz zu ziehen.
Das bleibt späteren Generationen überlassen.

Heinrich Lübke, zu seinem Abschied als
Bundespräsident, am 27. 6. 1969

Der Journalist hat zu unterrichten, zu würdigen
und zu bilden. Er hat also darzustellen, was ge-
schieht; denn die Kenntnis der politischen Wirk-
lichkeit ist die notwendige Voraussetzung für
jeden Bürger, damit er Stellung nehmen und han-
deln kann. Durch kritische Würdigung aller ein-
schlägigen Gesichtspunkte muß ihn die Publizi-
stik zum selbständigen Denken und damit zur ei-
genen Stellungnahme anreizen.

Ansprache auf dem Deutschen Journalistentag,
West-Berlin, 24. März 1960

Winterurlaub in der Heimat

Guten Rutsch!

Werner Pieper

Die 13 Leben des Heinrich Lübke

Verblüffende biografische Fundstücke aus dem Leben eines deutschen Biedermanns

„Und so möge der Vorsitzende Heinrich uns allen zum guten Hausfreund werden, dem wir Treue durch Treue danken wollen." [Gebrüder Grimmig]

Impressum

Werner Pieper
Die 13 Leben des Heinrich Lübke
Verblüffende biografische Fundstücke aus der Karriere
eines deutschen Biedermanns
Der Grüne Zweig 240

Dank
an Konrad Volz für Recherchehilfen,
H.D. Heilmann für wichtige Anstöße und Material,
Johannes 'Pardon' Nikel für Kontakte,
Ulrich Alberti, Till Kaposty für die alten Pardon-Beiträge, Richard Weize, Robert
Gernhardt, wie auch der UB HD für Hinweise und Beschaffungen. Für einzelne
Anregungen und Zitate Dank an Micky Remann, Ulrich Holbein, Walter
Hartmann, Tom Redecker, Sharon Levinson für die Bereitstellung
des Schreibdomizils, Frau Simon für Erinnerungen und
dem Verwalter des Heinrich-Lübke-Hauses
in Enkhausen, Gerhard Hafner,
für Gastfreundschaft
und Kooperation.

Alle kursiv gedruckten Zitate und längere Abschnitte in diesem Buch
stammen von Heinrich Lübke.

Satz vom Autor
Lektoriert von Daniel Kulla
Abbbildungen siehe Seite 157
Scans von Petra Stamm
Buchgestaltung vom Autor und Petra Petzold
Buchumschläger Walter Hartmann
Fotocollage Innencover von Petra Petzold
Gedruckt von der Fuldaer Verlagsagentur

Verlegt durch
Werner Pieper & The Grüne Kraft
Alte Schmiede
D-69488 Löhrbach im Odenwald

eMail: versand@gruenekraft.com
www. gruenekraft.net
Fax 06201 22585

ISBN 3-922708-22-6

Inhalt

- **Equal goes it loose – eine Einleitung**

1. **Sauerland ist Powerland (seine Jugend)**   11
   Ich bin der Gefangene meiner Sauerländer
2. **Kämpfer an der GRÜNEN FRONT (20er)**   17
   Hilfe durch Grün
3. **Widerständler? Betrüger? Jedenfalls 20 Monate in U-Haft (30er)**   23
   Erst mit dem Schatten ergibt sich ein richtiges und ehrliches Bild
4. **KZ-Baumeister (40er)**   31
   Ich wußte genau... was uns am Ende erwarten würde
5. **Der gefallene Unschulds-Engel**   47
   Ich habe heute morgen mein Rückgrat in Ordnung gebracht
6. **Der Grüne Heinrich (Patenonkel der Grünen) (50er)**   55
   Wir müssen uns ernsthaft fragen, wie hoch der Preis ist, den wir für die Entfernung von der Natur zu zahlen bereit sind.
7. **Der Lübkenbüßer**   65
   Wenn man, wie ich, auf einem Stuhl sitzt, an dem so viel Politik vorbeiläuft, muß man sich eine Art Märtyrergesinnung zulegen
8. **Der Bundespräsident**   73
   Und heute bin ich plötzlich ein honoriger Mann.
9. **Wer ist Heinrich Lübke?**   85
   Eine Einführung in sein Denken – von Robert Gernhardt
10. **Pionier der Entwicklungshilfe**   91
    Ich wünsche Ihnen eine gute Entwicklung da unten
11. **Gesamtdeutscher Visionär**   103
    Wenn es auch wie ein Märchen klingt, einmal wird der Tag kommen ...
12. **Der verbale Lübke**   113
    Es ist sehr schwierig, jedesmal eine neue Rede zu erfinden
13. **Der verdrängte Stiefvater der Sixties**   129
    Ähneln wir nicht zuweilen dem Mann, der sich kurz im Spiegel betrachtet, dann aber fortging und vergaß, wie er aussah?

- **Wilhelmine Lübke**   139
  Komm, Heini, jetzt geht's ins Bett!
- **Lebens-Chronik Heinrich Lübke**   144
  Jeder von uns hat eine Mutter...
- **Warum ich mich berufen fühlte...**   150
  Ein Bekenntnis-Brief des Autors an Lübkes Heinrich

Equal goes it loose...

EIN LANGER ABEND des jungen Jahrtausends mit Teenagern aus der Ex-DDR. Wir unterhielten uns über Gott & die Welt. Sie regten sich über Schröder & Co auf, und ich konterte mit den Namen der bundesrepublikanischen Altvorderen: Adenauer, Erhardt, Kiesinger und Lübke, nach dem mich kurz zuvor Sophia Steffe befragt hatte. Lübke? Völlig unbekannt; die Kids hatten noch nie von ihm gehört. Also spulte ich meine Erinnerungen ab, die ich heute mit einigen Über-Fünfzigjährigen teile:

- Der Sauerländer Heinrich Lübke ließ in seiner Zeit als Häuptling aller Bundesrepublikaner (1959-69) die peinlichsten Sprüche vom Stapel.
- Die Linken erinnern sich noch an seine Tätigkeit als ‚KZ-Baumeister' – welche von anderen damals wie heute – irrtümlich – als ‚Stasi-Propaganda' abgetan wird.
- Dann war da noch die Passfälschung seiner Frau Wilhelmine.
- Und, und, und...

Während des Erzählens fiel mir immer mehr lang Verdrängtes über Lübke ein, very old school, und plötzlich überwältigte mich die Erkenntnis: Damals, als Lübke die Nr. 1 in der BRD war, war ich so jung wie meine Zuhörer heute. Einige von uns fanden diesen Ober-Spießer damals untragbar, wie überhaupt den ganzen, von der Erbschaft der Nazis durchwobenen Staat, der uns so eine Figur als 1. Mann vor die Nase setzte; unglaubwürdig und unakzeptabel. Viele Kids entschieden, daß diese Gesellschaft nicht die ihre sei und verweigerten sich. Heute redet man meist von den 68er-Studenten, die es zwischenzeitlich mit ihrem ‚langen Marsch durch die Institutionen' bis in Regierungsämter geschafft haben. Aber die 60er ‚swingten' auch, es ging nicht nur um Protest gegen ‚Vietnam', die Springer-Presse, die Wahrnehmung der Dritte Welt und geerbte Nazi-Überbleibsel. Es ging um die historisch erste Abnabelung der Kids (durch Sex & Drugs & Rock ‘n' Roll) von ihrer Eltern-Generation – und diese wurde von niemandem passender repräsentiert als vom Biedermann, ja, Spießer und Verächter aller ‚neuen' Einflüsse Heinrich Lübke. An der Person Lübke läßt sich jener Aufbruch festmachen. Er war ein wichtiger Stolperstein für unsere Generation. Dafür sei ihm im Nachhinein herzlich gedankt.

Hey, dachte ich, ich sollte ein kleines Heftchen mit seinen Knalltüten-Sprüchen, KZ-Bauplänen und anderen Abstrusitäten zusammenstellen, das könnte heutigen Jugendlichen näherbringen, warum wir uns damals unserer Elterngeneration verweigert haben. Politnachhilfe zum Ablachen.

Über Monate fragte ich Hunderte Menschen: „Wer war Heinrich Lübke?" Kaum ein Unter-40-jähriger konnte mit dem Namen etwas anfangen, Ältere erinnerten sich vorwiegend an Lübkes Zitatenschatz, der vor allem wegen der damaligen PARDON-LP überlebt hat. Keine Ahnung, wer auf die Idee ‚seines' heute noch populärsten Ausspruchs: *Sehr geehrte Damen und Herren, liebe Neger!* kam. Von Lübke stammt er jedenfalls nicht. Aber jeder traute ihm so einen Fauxpas zu. Ein Insider ergänzt hierzu: „'Seine' Sprüche stammten oft aus seiner Entourage und waren zum Teil frei erfunden. Sie wurden dann vom SPIEGEL annotiert; so auch der Inhalt der PARDON-Bände."

Dann machte ich mich auf die Wahrheitsfindung, sprich: Recherche. Herausgekommen ist ein völlig anderes Buch, als ich mir ursprünglich vorgestellt hatte. Mein linker Informant bedrängte mich sofort: „Du mit deinen Mitteln kannst doch so ein Buch nicht machen!" Und als er mitbekam, daß es mir ernst damit sei, versuchte er sich in Schadensbegrenzung: „Lübke war – historisch – weniger die Knalltüte, vielmehr die Galionsfigur beinharter, brutaler Machtpolitiker, die zu jener Zeit - also der '60er Jahre - Politik & Leben bestimmten und die ‚wir' damals als unsere Todfeinde begriffen."

Wir ahnten ja nichts von Lübkes positiven Seiten und Taten. Wollten oder konnten wir damals nicht mehr wahrnehmen? Wollten wir sie nicht wahrhaben? Oder wurden sie – uns – grundsätzlich unterschlagen?

Es ist immer wieder amüsant, sich von alten Vorurteilen zu trennen. Traditionelle Lübke-Gegner dürften ihn heute in einem günstigeren Licht sehen – ohne seine Fehltritte von anno dazumal zu verdrängen. Seine alten Anhänger sollten notgedrungen akzeptieren, daß er als Präsident eine eklatante Fehlbesetzung war, und sie müssen sich fragen lassen, warum sie damals Lübkes Affinität zu Themen wie Entwicklungshilfe und Umweltschutz als Marotten ins Lächerliche gezogen haben.

In der heutigen MedienDemokratie wäre Heinrich Lübke sofort weg vom politischen Fenster bzw. Bildschirm. Damals wurde er sogar wiedergewählt. Seine sture Pflichterfüllung – trotz selbsterklärter Unfähigkeit für den Job, trotz einer bewußt erlebten Existenz als Spielball politischer, kirchlicher und wirtschaftlicher Interessen, trotz einer schleichenden Gehirnkrankheit, ob der uns heute das Lachen über seine ungewollten Kalauer im Hals steckenbleiben sollte - wurde ihm schließlich zum tragischen Verhängnis.

Ach, wäre dieser ‚Sauerländer aller Sauerländer' (Friedrich Küppersbusch) doch bloß im Sauerland geblieben.

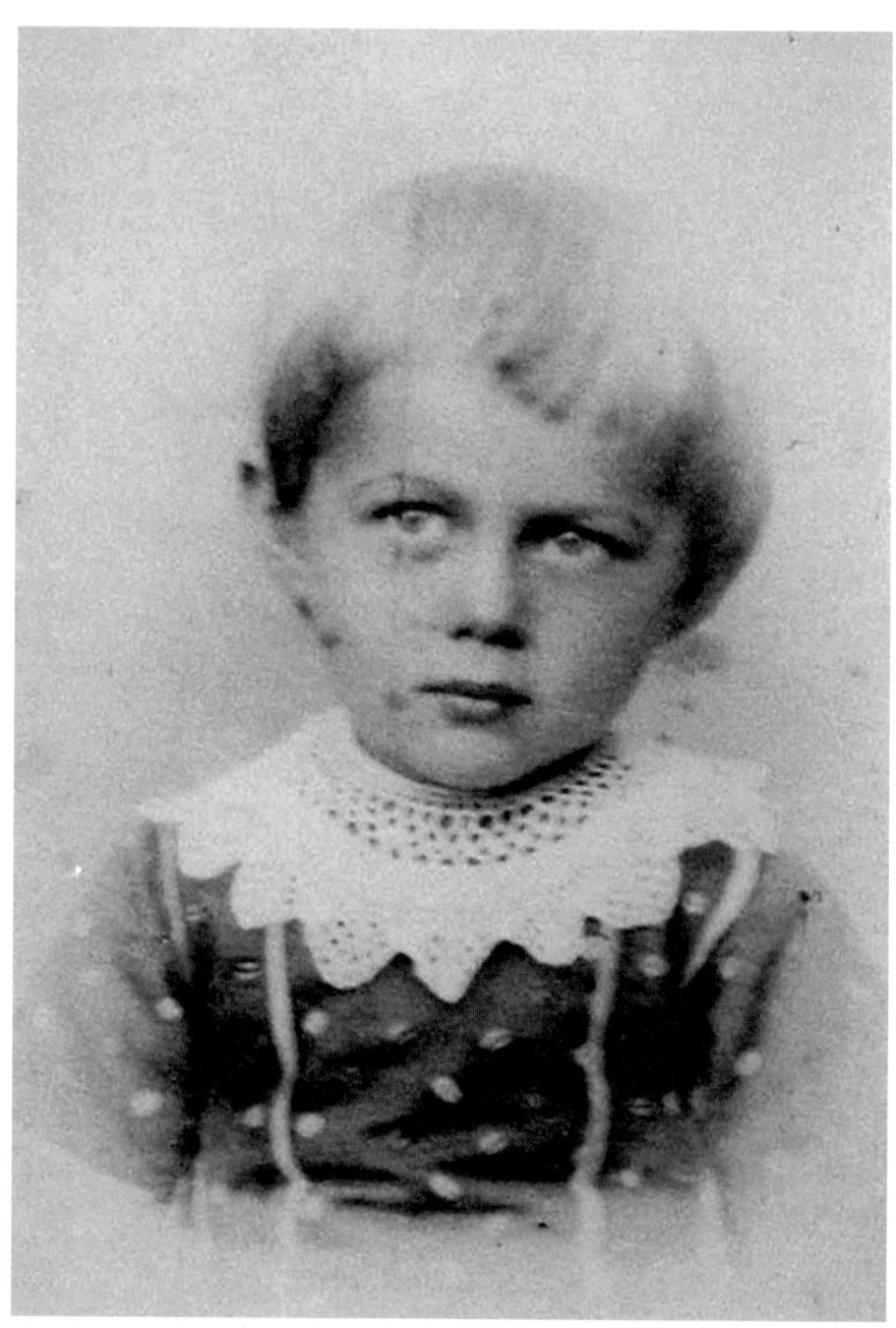

1. Sauerland ist Powerland

Ich bin der Gefangene meiner Sauerländer

[an seinem 70. Geburtstag in Enkhausen]

SAUERLAND? Wer wußte zu Lübkes Geburtszeit im RestReich schon etwas vom 'Land der tausend Berge' – es sei denn, er kam selber aus jener Ecke des Landes ohne größere Durchgangsstraßen. Heute wird die Region von der Sauerland-Autobahn durchquert, aber damals war selbst Friesland durch seine Lage an der See präsenter. Aber das Sauerland? ‚Sauerland ist Powerland' rezitierte Wolfgang Neuss – aber wußte der denn immer, wovon er redete?

Der Name, so lernte man es in der (Sauerländer) Zwerg-Schule, komme nicht daher, daß die Menschen dort alle sauerköpfig seien; nein, der Name bezöge sich auf die Äpfel, die hier mangels Sonnenwärme nie süß würden.

Ein SPIEGEL-Schreiber erkannte: „Beharrung kennzeichnet den Sauerländer". Und der Pfarrer der Gemeinde Ramsbeck, aus der Wilhelmine stammte, ergänzte: „In allem ist der Sauerländer Mensch äußerst zäh und ausdauernd, verfolgt das gesteckte Ziel, beharrt auf der einmal gefaßten Meinung, nicht selten bis zur hartnäckigen Verschrobenheit."

Fremde verirrten sich früher selten ins Sauerland. In Zeiten der Religionsunruhen wurden hier die Gebeine der Heiligen Drei Könige für einige Zeit aus dem Kölner Dom ausgelagert und in Sicherheit gebracht.

Erst nach dem 2. Weltkrieg kamen a) Flüchtlinge und b) englische und kanadische Besatzungs-Soldaten. Und, *SCHOCK!*, Menschen anderen Glaubens brachen in diese katholische Welt ein, so z.B. evangelische Mitbürger. In Zeiten des Wirtschaftswunders entwickelte sich das Sauerland zum beliebten Naherholungsgebiet für Menschen aus dem Kohlenpott, denn unter Tage gab es noch weniger Licht.

Den Weg aus dem Sauerland fanden vor allem Weihnachtsbäume (lange Zeit der Exportschlager), August Macke (um in Tunesien Licht und Farben zu entdecken), diverse Soldaten & Studenten. Und Heinrichs Bruder Fritz, der als 14-jähriger durchbrannte, weil er zur See wollte. Ein Onkel nahm ihn in Bremen in die Lehre und machte einen Seemann aus ihm (der später in Brasilien Lübke-Land gründete und noch später Ministerpräsident von Schleswig-Holstein wurde).

Aber sonst? Ein paar Namen aus Pop & Politik: OK, Trikont-Label-Chef Achim Bergmann stammt aus Menden, Bear Family-Chef Hermann Knülle aus Marsberg, Comedy-Urgestein Jochen Busse aus Iserlohn, Jürgen von der Lippe, glaube ich, aus Brilon. Auf jeden Fall ein Sauerländer, wie auch RTL-Moderatorin Schrowange.

Schließlich die Mädchen von TicTacToe. Diese, so läßt sich leicht an ihrem Hit ,Ich find dich scheiße' erkennen, hatten dort allemal nie wirklich Wurzeln geschlagen. Kennt noch jemand die Gruppe ZOFF mit Hits wie ,Faxen machen ist bei dir nicht mehr drin' oder ,Du bist ja so normal, das ist nicht mehr normal'? Jazz- und Popliebhaber mögen sich an Konzertmitschnitte aus der Balver Höhle erinnern, Sportfans an die Bobbahn in Winterberg und Alkis an Warsteiner Bier. In der Politik haben sich in den vergangenen Jahre zwei Sauerländer nach oben gearbeitet: der SPD-Vorsitzende Franz Müntefering aus Sundern und der CDU-Merz aus Brilon. Und Laurenz Meyer? "Der ist ein Hammer!", klärt mich Gerhard Hafner auf. Will sagen: der kommt aus Hamm, wenige Kilometer nördlich vom Sauerland.

Heinrich Lübke stammt aus Enkhausen im Hochsauerland (heute eingemeindeter Ortsteil von Sundern), einem Ort mit 140 Einwohnern und 15 Häusern. Er erinnerte sich später an seine Kindheit: *„Traumberuf – so etwas hat es für mich nicht gegeben. Aber aus dem Dorf herauskommen, die Welt kennenlernen, etwas leisten im Leben, das habe ich schon als Kind gewollt. Schon als ich noch daheim fachmännisch mit der Sense umging! Denn wir waren acht Geschwister, ich selber war der vorletzte, und mein Vater starb, als ich acht Jahre als war. Das Leben in meiner Kindheit war hart. Vor allem für meine Mutter. Aber sie war klug und lebenstüchtig, und sie gab uns, bei aller Bescheidenheit in den äußeren Lebensumständen, das, was man heute so gern die ‚Nestwärme der Familie' nennt. Der führende Kopf war mein älterer Bruder Franz, der nach dem Tod des Vaters die Sorge für die Familie übernommen hatte."*[2]

Lübke 1959 zu seiner Kandidatur zum Bundespräsidenten: *Ich komme vom kleinen Dorf im Sauerlande, von kleinen Leuten. Und man hat mir an der Wiege nicht gesungen, daß ich Kandidat für den Bun… Posten des Bundespräsidenten sein sollte. Ich habe sehr frühzeitig für die Fragen der Agrarpolitik großes Interesse gehabt und habe mich schon im Studium an der Landwirtschaftlichen Hochschule in Berlin, in Bonn, an der Universität Berlin und Münster damit beschäftigt.*

Noch zu seiner Bonner Zeit standen in seinem Elternhaus stets drei Zimmer für ihn bereit. Selbstverständlich wurde Heinrich Lübke Ehrenbürger der Gemeinde und Ehrenvorsitzender des Männergesangvereins ,Eintracht'. Als Lübke 1959 Bundespräsident wurde, trat das Dorf für einen kurzen Moment auf die Weltbühne und lernte „die Komparserie kennen mit Polizeieskorten, Journalisten, Funk und Fernsehen". Auf eigenen Wunsch hat Lübke nach seinem Tod in der heimischen Scholle Enkhausens seine letzte Ruhestätte gefunden.

Durch Heinrich Lübke lernte die Welt das Sauerland kennen. Theodor Sonnemann (langjähriger Staatssekretär): „Durch ihn wurde ich mit dem so viel bespöttelten sauerländischen Humor bekannt, einer verhaltenen, kauzigen Art der Heiterkeit." – „Überall ist Sauerland, wo Heinrich Lübke in Erscheinung tritt, und sei es hinterm Himalaya. Was die geistlichen Herren des katholischen Kirchenspiels und was die weltliche Autorität der heimischen Zwergschule ihm als Maß gesetzt haben, das hat er mitgenommen in die Welt hinaus." [17]

Lübke redete oft vom Sauerland: *Ich rodle gern – schon von Jugend auf. Zu Hause im Sauerland hatte ich einst den schnellsten Schlitten. Da machte mir so leicht keiner was vor.* Gegenüber dem britischen Botschafter in Bonn (1963-68) Frank Roberts gab Lübke zu bedenken, daß die Sauerländer für die *hardness of their heads* bekannt seien.

Überhaupt mußte sich für Lübke alles am Westfälischen messen lassen. So bemerkte er am 6. Mai 1965 auf der Ausstellung ‚Finlandia‘ in Hamburg: *Die Finnländer sind wirklich... Die könnten eigentlich Westfalen sein.*

Der konservative SFB- und Springer-Kommentator M. Walden nannte Lübke einen Menschen, der ‚in die Stadt ging, um dem Dorfe treu zu bleiben‘.

„Er denkt, es sei an der Zeit, daß *die Kunst wieder zu einer verständlichen Aussage zurückfindet.* Er denkt, es sei bedauerlich, daß *das Singen vaterländischer Lieder bei der jungen Generation vielfach als veraltet und überholt angesehen wird.* So denkt ein Mann, der als Kind seine Liebe zur Musik bei einem geigenspielenden Kettenschmied in Langscheid entdeckte, zu dem er gegangen war, weil dieser kostenlos faule Zähne zog.“[17] Ein Mann, den die vorbeirauschenden Züge, in denen lesende Menschen zu sehen waren, inspirierten: *Soviel möchte ich in meinem Leben auch einmal zu tun haben, daß ich in der Eisenbahn arbeiten kann.* Und der schließlich am Mobilmachungstag 1914 auf eine zufällig in Neheim-Hüsten wartende Lok stieg, um schnellstmöglich als freiwilliger Soldat an die Front zu kommen.

Zwar lernte die Welt durch Lübke das Sauerland kennen, aber nur theoretisch – denn die Welt kam nicht ins Sauerland. Keines der Staatsoberhäupter wollte oder durfte sich diesem Abenteuer aussetzen. Nur Heinrich kam regelmäßig nach Hause und stellte sich seinem heimischen Volk zur Verfügung.

Wie ET zog es ihn immer 'nach Hause' - zurück nach Enkhausen. „Dann wohnte er in seinem Elternhaus mitten im Dorf, sprach mit den Nachbarn, besuchte Freunde, war vielen Freund. Die Enkhausener haben ihm diese Anhänglichkeit bis heute nicht vergessen“, berichtete der letzte Bürgermeister des Dorfes, das wenig später der ehemaligen ‚Freiheit‘ Sundern eingemeindet wurde.

Seinen Skat-Bruder Klauke besuchte er z.B. mit Wilhelmine 1962, als dieser Rektor der Johannesschule Sundern war. Lübkes wohnten einer Schulstunde bei. Thema: Ordnung in Freiheit. [siehe Foto Seite102] Man hörte zusammen einen Vortrag vom Tonband an. Dort ging es um eine tolle Schulklasse, die machte was sie wollte. Die Schüler spielten mehrere Modelle durch. Diese wurden dann im Unterricht erläutert:

a) es herrscht völlige Unordnung, aber willkürliche Freiheit; diese willkürliche Freiheit herrscht in Familie, Verkehr, Staatsleben... Die Kinder erkennen: Willkürliche Freiheit artet immer zum ‚Chaos‘ aus.

b) dann herrscht unbedingte Ordnung, bei eingeschränkter Freiheit; wie in der NS-Zeit, in den bolschewistischen Staaten. Die Kinder erkennen: Ordnung um jeden Preis führt zur ‚Diktatur‘.

c) in einer guten Klasse müssen Ordnung und Freiheit aufeinander abgestimmt sein; die Staatsform, in der Ordnung und Freiheit aufeinander abgestimmt sind, ist die ‚Demokratie'.

Auf Fotos sieht man einen Lübke mit erhobenem Zeigefinger. Hier wurde er geehrt und verstanden. Er verabschiedete sich mit einem Lob für die Schüler: *Ihr habt mir keinen Türken gebaut!* (Ist es ein Zufall, daß in diesem Verlag ein Buch mit selbigem Titel verlegt wurde - verfaßt vom Sauerländer Martin Stankowski?)

Als er am Tag drauf seinen Geburtstag daheim in aller Ruhe feiern wollte, machten ihm seine Enkhäuser einen Strich durch die Rechnung: das ganze Dorf war aufgelaufen und versammelte sich vor Lübkes Haus. Er habe ja eigentlich seine Ruhe gesucht, teilte er seinen Mitbürgern mit, aber solch einer herzlichen Verbundenheit könne er sich nicht entziehen. Die ‚Westfalenpost' berichtete: „Präsident Lübke spricht von dieser seiner Heimat. *Hier, wo ich seit dem Jahr 1884 herumgetollt bin, wo ich im Wald jeden Baum kenne und im Dorf jedes Haus und das Schicksal seiner Einwohner, hier gehen die Wurzeln so tief in die Heimaterde, daß man immer wieder neue Kraft bekommt.* Nur heute, *heute bin ich der Gefangene meiner Sauerländer.* Von überall strecken sich ihm Hände von Gratulanten entgegen. Lübke dreht eine große Runde, begrüßt jeden, und wenn man ihn nicht sieht, so hört man doch immer wieder sein *...und einen schönen Gruß zu Hause!* durch die Menge. Zum Geburtstag schenkt ihm das Dorf einen großen Schinken und eine Flasche Wacholder."

„Der Heimatgedanke hat durch Heinrich Lübke eine sehr profiliertere Deutung erhalten", schrieb ein Walter Fischer anläßlich seines 70. Geburtstages. Fischer berichtete von einer kleinen, silbernen Truhe, die in der Villa Hammerschmidt stünde, „gefüllt mit einer Handvoll westfälischer Erde, genauer gesagt: etwas von der dünnen Humusschicht, die die Sauerlandberge bei Enkhausen deckt".

Was hatte es mit dieser Handvoll heimischer Scholle, Sauerländer Mutterboden auf sich? Überreicht wurde dem schon gewählten, aber noch nicht ins Amt eingeführten Lübke dieses Geschenk seiner Heimatgemeinde von seinem Kameraden Rektor i.R. Anton Klauke in der dörflichen Pfarrkirche. Sichtlich ergriffen lauschte Lübke dessen Worten, die in der heutigen Medienwelt seltsam anmuten mögen, damals jedoch absolut authentisch wirkten: „An dieser für Sie, Herr Bundespräsident, so erinnerungsträchtigen Stelle wollen wir Sie empfangen. Hier im Gotteshaus sprachen Sie Ihr erstes Credo, das erste Mea Culpa. Hier erlebten Sie mit leuchtenden Kinderaugen und innerer Ergriffenheit den Tag Ihrer ersten Kommunion. In der alten Schule, die hinter dem Gotteshaus steht, wurden Sie in die Lehren und Weisheiten des Christentums eingeführt. Hier maßen Sie die geistigen und körperlichen Kräfte mit Ihren Schulkameraden. Hier wurde Ihnen zugleich auf etwas drastische Weise vermittelt, daß Freiheit der Zweck des Zwanges ist. Dort an jener Stelle, an der früher die alte Vikarie stand, wurde Ihnen von dem damaligen Vikar Haselhorst die Anfänge einer humanistischen Bildung vermittelt. An jeden Baum, an jeden Strauch, an jedes Fleckchen Erde knüpfen sich liebe Erinnerungen. Damit Ihnen Ihre Heimat immer greifbar gegenwärtig ist, auch wenn Sie durch die Bürde Ihres Amtes als Bundespräsident nicht mehr so häufig zu uns zurückkehren können, schenkt Ihnen und Ihrer Gattin die Gemeinde Enkhausen in dieser Truhe ein Stückchen Heimaterde, ein Stückchen von der Erde, die – wie unter dem Deckel der Silbertruhe steht – Sie geboren, getragen, genährt und geformt hat."

Als sich Heinrich Lübke im Juli 1969 der Bürde seines Amtes entledigte, war es wiederum Anton Klauke, der vor Ort die Laudatio hielt – und im Anschluß das Bundesverdienstkreuz I. Klasse verliehen bekam. Ein letztes Mal war von Treue und Pflichterfüllung die Rede, und wie wichtig es jetzt sei, daß Heinrich zur Ruhe käme, ausspannen und genesen könne. Bürgermeister Klute wünschte, das Altpräsidentenpaar würde zurückkehren, ‚ins Land der 1000 Berge, wo die Wälder Wache halten'. Lübke sprach noch einmal von der Wichtigkeit des Naturschutzes, der Entwicklungshilfe. Er schloß mit einem herzlichen *Das walte Gott.* Ein buntes Programm rundete den Tag ab, an dem das Sauerland Abschied von seinem Bundespräsidenten nahm. Kinder trugen ein Gedicht vor:

Zehn Jahre – nun –
da wird es Zeit sich auszuruhn
bei Büchern, Skat und gutem Wein
ach Gott, was könnte schöner sein?
Ganz ohne Wecker und ohne Termine
ein Leben nur noch mit Frau Wilhelmine.

Die Lübkes waren gerührt und begeistert, vor allem auch über ein kleines ‚Rotkäppchen', das alle guten Heilkräuter anpries, die am Wegesrand wachsen.

Anschließend fuhren die Lübkes zurück nach Bonn, denn, wie Wilhelmine sagte, seien unzählige Dankesschreiben zu beantworten...

Sie haben schön gesungen, und mehr als schön kann man nicht.
[Oktober 1966, zu Sauerländer Sängern]

Als junger Mann in Berlin.

2. Kämpfer an der Grünen Front

Mut zum Umdenken

NACH SEINER RÜCKKEHR aus dem Ersten Weltkrieg, so erzählte der Leutnant in Reserve Lübke (mit dem Eisernen Kreuz I. und II. Klasse) später, *sei er so verzweifelt gewesen, daß er geglaubt habe, es würde niemals mehr die Sonne über Deutschland scheinen. Aber dann ging es doch wieder aufwärts. Man lernt so vieles.*
Gegen Ende des Krieges hatte Lübke damit begonnen, sich eingehend mit volkswirtschaftlichen Studien zu befassen. Dabei lernte er die Schriften des Bodenreformers Adolf Damaschke (1865–1935) kennen. *Ich begeisterte mich für seine Ideen derart, daß sie für mein Leben richtungsgebend gewesen sind. [...] Ich lernte [im Krieg] Verantwortung für Leben und Gesundheit anderer zu tragen und erkannte Sinn und Bedeutung der Verpflichtung des Einzelnen für die Gesamtheit.*
Begeistert schloß er sich Damaschke an, und wurde in der Folge häufig zu dessen Berliner Teeabenden in der Lessingstraße im Tiergarten, wo Vorträge und Diskussionen zur Bodenreform stattfanden, eingeladen. Der von Damaschke 1898 gegründete ‚Bund deutscher Bodenreformer‘ wollte das private Bodeneigentum nicht aufheben, sondern einschränken und den ‚unverdienten Wertzuwachs‘ besteuern, um Bodenspekulationen zu verhindern; außerdem ging es um die Einrichtung von Wohn- und Wirtschaftsheimstätten. Diese Impulse wirkten im späteren Leben und Wirken Lübkes stetig nach. 1961 erinnerte er sich bei der Eröffnung der Bundesgartenschau in Stuttgart an die Erfolge der Kleingartenentwicklung im Sinne Dr. Schrebers wie der Heimstättenbewegung Damaschkes.
Im Jahr 1921 arbeitete Lübke als Geschäftsführer des ‚Westfälischen Pächter- und Siedlerbundes‘, 1922 kam es in seinem Beisein zu einem überregionalen Zusammenschluß ähnlicher Initiativen zu einem Reichsverband, wo er den selben Posten innehatte. Im November zog er wieder nach Berlin, und *mietete als Büro ein kleines billiges Zimmer im Sportpalast an.* „Im Sinne Damaschkes befürwortete er eine einheitliche Besteuerungsgrundlage landwirtschftlicher Betriebe aufgrund der Ertragsfähigkeit. [...] Diesen Einsatz kritisierten Vertreter mittel- und großagraischer Interessen als ‚bodenreformerisch und sozialistisch‘, also nicht vereinbar mit den Zielsetzungen des ‚christlichen Bauerntums‘ und der Zentrumspartei. Parteipolitisch war Lübke bis 1930 nicht gebunden.“[6]
Geschäftsführend rackerte sich Lübke durch verschiedene Organisationen bis zur Gründung der ‚Deutschen Bauernschaft‘ 1925, die als Gegengewicht gegen großbäuerliche Interessenvertretungen gedacht war. Zur Hochzeit hatte dieser Verband laut eigenen Angaben 400.000, nach externen Angaben ‚etwa 60.000‘ Mitglieder. Man gründete u.a. 1927 einen eigenen Genossenschaftsverband als priva-

tes Siedlungsunternehmen. Lübke verdiente damals etwa 900 RM, vergleichbar einem Ministerialratsgehalt. Noch als Bundespräsident kritisierte Lübke jedoch das damalige Genossenschaftswesen, bei dem *nicht alles bestens* gewesen sei, was aber auch daran gelegen habe, *daß seit Jahrzehnten den Bauern beigebracht wurde, daß nicht die Selbsthilfe, die Maßnahmen der Rationalisierung und Modernisierung ihrer Betriebe das Wesentliche sei, sondern die Hilfe des Staates.*

Der rechtsgerichtete Reichs-Landbund kritisierte die ‚Deutsche Bauernschaft‘ als politisch ‚sehr weit linksstehend‘, ja sogar als ‚sozialistisch‘. „Wir brauchen in unseren christlichen Bauernvereinen keine Geometer und Landvermesser", hieß es 1928 in der WESTDEUTSCHEN TAGESZEITUNG, dem Blatt der westdeutschen Bauernvereine. Das zielte gegen Lübke, der nicht allein wegen seiner rötlichen Haarfarbe der ‚rote Lübke‘ genannt wurde. Derweil empfing Hindenburg drei Vertreter des ‚Reichsverbandes der landwirtschaftlichen Kleinbetriebe‘ neben Heinrich nahm auch sein Bruder Friedrich Wilhelm teil.

Am 20. Februar ‘29 bildet sich mit Lübkes Unterstützung die ‚Einheitsfront der deutschen Landwirtschaft‘, kurz auch **Grüne Front**. Durch außerparlamentarischen Druck erreicht sie erhebliche Erfolge: Richtpreise für Roggen, eine Zolltarifnovelle u.a., legt aber auch die Grundlage für eine umfassende Subventionierung des Großgrundbesitzes im Osten. Als weitere Bevorteilungen der großagrarischen Interessen absehbar sind, verabschieden sich Lübke & die Deutsche Bauernschaft im November 1930 aus der Front. Etwa zur selben Zeit tritt er der Zentrumspartei bei. Kurz darauf prangert Lübke die *fortschreitende wirtschaftliche Verelendung des Bauernstandes* an: *Ein Stand, der sich lange Zeit in solch gedrückten Lebensverhältnissen befindet, der nur geringe oder gar keine Ausgaben machen kann für kulturelle Bedürfnisse, zur Erleichterung und Verschönerung von Mußestunden, der seine Kinder aus Mangel an Mitteln keine höhere Schule besuchen lassen kann – ein solcher Stand kann seine Aufgaben innerhalb des Gesamtvolkes nicht in dem erforderlichen Maße nachkommen. Ein derartiger Zustand bedeutet materiell einen riesigen Ausfall an Kaufkraft auf dem deutschen Markte, sowie bevölkerungs- und kulturpolitisch das allmähliche Versiegen von gesundem Bauernblut innerhalb unserer führenden Bildungsschichten.*

Da sich sein Eintreten für den kleinen Bauern wie ein grüner Faden bis in die 50er Jahre, hin zu seiner Zeit als Landwirtschaftsminister in NRW, ja auch später noch als Bundespräsident in Fragen der Entwicklungshilfe zog, hier zum besseren Verständnis ein Exkurs über die Lage der Landwirte in den 20er Jahren, entnommen dem Buch ‚Die Grüne Front‘ von Erwin Topf[36], erschienen 1933.

Über die Grüne Front berichtete die WELTBÜHNE in einer 1933 verbotenen, und so erst 70 Jahre später erschienenen Ausgabe: „Wenn der Schnee taut, ist das Land braun. Bald sprießt wieder das erste Gras, dann wird es grün. Die Bauern gehen an ihre Arbeit; sie säen, aber sie überlassen es nicht mehr dem Himmel, für den Ertrag zu sorgen. Dazu haben wir die Grüne Front. [...] Es ist die Schuld der linken Parteien und der städtischen Intelligenz, daß sie sich in frühern Jahren um die Erforschung der deutschen terra incognita östlich der Elbe kaum bemüht haben. In der WELTBÜHNE hellte Jan Bargenhusen in vielen Aufsätzen das Dunkel auf, das den agrarischen Führern als beste Beleuchtung zur Erreichung ihrer Zwecke erschien. Jetzt liegt von demselben Autor unter dessen richtigem Namen Erwin Topf eine ausgezeichnete Darstellung vor: Die Grüne Front, mit dem Untertitel: Der Kampf um den deutschen Acker. Wer die Politik der nächsten Zeit verstehen will, lese dieses Buch! [...] Topf glaubt zwar, daß Hitler und Hugenberg die ‚alten Familien‘ weiter in ihrem Feudalbesitz erhalten werden, aber als ausgezeichneter Kenner der Agrarverhältnisse prophezeit er, daß der schon heute überspannte Bogen dennoch zerbrechen wird. Zu spät? Oder noch zu früh?"[34]

Der Kampf um den deutschen Acker

Heinrich Lübkes Bruder Friedrich Wilhelm hatte sich nach seinen Ausflügen über die Weltmeere in Norddeutschland angesiedelt. Durch ihn erfuhr Heinrich, der sich bislang mehr um die Belange der kleinbäuerlichen Pächter in Westfalen gekümmert hatte, von der Situation im Norden. Dort und im Osten Deutschlands war die Landwirtschaft grundsätzlich anders organisiert als im Westen und Süden, wo es – im Gegensatz zu den großen Adelsgütern – mehr kleinere Bauernbetriebe gab.

Vor allem im Osten hatten bis 1914 viele Bauern noch ‚tief in der Naturalienwirtschaft gesteckt‘, in Verhältnissen wie ‚vor der Erfindung des Geldes‘, mit mittelalterlichen Pachtverhältnissen. Den Pastoren Mecklenburgs standen neben Pfarracker und Weideland bestimmte ‚Pfründe‘ zu: Roggen, Flachs, Kartoffeln, Speck, Wurst (nach Ellen gemessen) und Eier. Auch Lehrer wurden hier – bis in die 30er Jahre – offiziell mit Naturalien honoriert. Viele Bauern hatten ihre Schwierigkeiten mit dem Sprung aus dem Mittelalter in die moderne Kapitalwirtschaft, zumal auch ihre Schulbildung weitgehend unzulänglich war. „Fast jedes Dorf z.B. in Brandenburg hat ja bis heute [1933] eine Hexe oder einen Zauberer, der Krankheiten über Vieh und Menschen bringen kann und in Pommern oder Ostpreußen ist der Hexenglauben vielleicht noch stärker ausgebreitet."

Die Landwirtschaft war im Umbruch. Und da der einzelne Bauer damit überfordert war, gab es im Reich drei Gruppen von Bauernvertretungen:
1. Die berufsständischen Organisationen, dem Zentrum, später auch den Rechten nahestehend;
2. die staatlich sanktionierten Berufsverbände, wie Landwirtschaftskammern; und schließlich
3. die ländlichen Genossenschaften, die breite Masse der Selbsthilfeorganisationen.

Nach 1924 brachten ein paar nasse Sommer den Getreidebauern heftige Einbußen. Viele Betriebe mußten sich verschulden. Die Bodenpreise sanken und so mancher

Bauer bewirtschaftete Land, das nun den Banken oder anderen Gläubigern über-schrieben war. Der allgemeine Bauernzorn, vor allem im Norden, stieg und bald kam es zu ersten Protesten gegen die ‚Entrechtung' und für die Verteidigung der Höfe. Schlagworte wie ‚raffendes Kapital', ‚Zinswucher', ‘Monopolkapitalismus', die auch von der NSDAP aufgegriffen wurden, machten die Runde. Die Landwirte forderten ‚runter mit den Stickstoffpreisen' und ‚nieder mit der I.G. Farben', da die Preise für Kunstdünger angezogen hatten. Funktionäre beriefen sich auf Ghandi, forderten einen Zinsstreik, einen Steuerstreik. 1928 kam es in Schleswig-Holstein zu großen Bauern-Demonstrationen, mit Hunderttausenden. Dort machten Paro-len die Runde wie: „Eine Schachtel Zündhölzer ist im politischen Entscheidungs-kampf mehr wert, als eine Kompanie Soldaten oder eine Hundertschaft SchuPo. In Schleswig-Holstein liegen die Höfe einzeln. Viele Häuser sind mit Stroh gedeckt!"

Vom Norden griff die alsbald ‚Landvolk-Bewegung' genannte gewaltfreie Ak-tionsgemeinschaft über die Grenzen nach Süden und Osten über. Die Stimmung kippte. Es kam zu ersten gewalttätigen Zwischenfällen: Hunderte von Bauern schrieben gleichlautende Bezichtigungsschreiben, die Justiz wurde ‚genasführt', der Zorn eskalierte. Es kam zu zwölf Sprengstoff-Attentaten gegen den ‚Verwal-tungsapparat, im Ländlichen, und einem 13. in einem belanglosen Nebenraum des Reichstages – ohne daß je festgestellt wurde, wer die wirklichen Täter waren. Der deutsche Bauer sang ein neues Lied:

Ich leg' die Bomb' im Landratsamt
Im Reichstag Dynamit,
Vom Herrscherhause angestammt
Sing ich voll Stolz mein Lied
Vom Hugendubel hab ich mein Geld,
Vom Hitler das Gewehr,
Der Ehrhardt hat das Gift gestellt
Und Ludendorf den Spe-e-e-r

Die eher pazifistischen eingestellten Bauern wurden zunehmend kriminalisiert und gezielt diskreditiert, die wachsende NSDAP distanzierte sich – und übernahm den Laden, wurde zum großen Sammelbecken der Unzufriedenen und Enttäusch-ten. ‚So ist im übrigen Deutschland die höchst merkwürdige Idee, den Kampf gegen Staat, Steuer, Zins und Kapital mit den Methoden Ghandis zu führen, gar nicht erst zur Entwicklung gekommen.'

Mit zunehmender Wirtschaftskrise ging die Suche nach Schuldigen los und der Adel geriet unter Beschuß. Es gab 700 landwirtschaftliche Besitzungen, die über jeweils 1000 Hektar Größe aufwiesen – vorwiegend in adliger Hand. Allen voraus das Haus Hohenzollern mit 100.000 Hektar (zum Vergleich: der Bodensee umfaßte 54.000 Hektar), dann die Hohenloh'schen, die Hohenzollern-Sigmaringer... halb Rügen war Besitz der Fürstin Putbus.

5.000 Adligen gehörten 12 Millionen Morgen landwirtschaftlich nutzbares Land, das waren rund zwei Drittel aller Großgrundbesitzungen; dagegen standen 2 Millionen Bauern mit zusammen 75 Millionen Morgen und 3 Millionen Zwergbetriebe mit 6,4 Millionen Morgen Ackerland. Wobei letztere für die Volksernährung am produktivsten arbeiteten, lieferten sie doch Genüse, Obst, Eier, Milch etc. – im Gegensatz zum Getreibe- und Kartoffelanbau der Großen. Dieses Mißverhältnis stand zur Disposition. Genau hier setzte die Arbeit der Grünen Front ein.

Der erste Bauernbund wurde bereits 1885 gegründet, Heinrich Lübkes Deutscher Bauernbund war die jüngste Organisation. Auf einer Großveranstaltung während der Grünen Woche 1929 im Zirkus Busch kam es zu einer Einheitsfront der drei großen berufsständischen Verbände, der GRÜNEN FRONT. Das erste Programm der Grünen Front wurde am 20. 3. 1929 veröffentlicht:

1. Preise für die landwirtschaftlichen Produkte sind zu niedrig.
2. Preise fast aller (industriellen) Waren, die der landwirtschaftliche Betrieb braucht, sind zu hoch.
3. Der Staat hat die Möglichkeit, durch wirtschaftliche Maßnahmen die Preise der Agrarprodukte zu heben.
4. Der Staat hat die moralische Pflicht, zugunsten seiner Landwirtschaft von dieser Möglichkeit Gebrauch zu machen.

Global entwickelten sich die Agrarpreise zu einem Problem. Trotzki prägte den Begriff der ‚Preisschere', die ja auch heute noch Grundlage der Landwirtschaftssubventionen ist: die landwirtschaftlichen Rohstoffpreise fallen stärker als die der industriellen Fertigprodukte. Aus den USA kamen damals neue Begriffe wie ‚Highcostis' und ‚Lowprices', die bis heute ihre Bedeutung nicht verloren haben: sind die Produktionskosten zu hoch oder die Agrarpreise zu niedrig?

Ein Preistreiber der 20er waren die überhöhten Preise für Düngemittel, vor allem die Kalipreise. Statt einer Preissenkung gängelte das monopolistische Kali-Syndikat die deutschen Bauern 1929 mit einer einmaligen 5 Millionen RM Spende. Diese erreichte natürlich nicht den kleinen Bauern. Ein Großteil des Geldes versickerte bei der Grünen Front. 1933 hieß es, viel Geld sei zur Schaffung kultureller und pädagogischer Einrichtungen geflossen. Nun war die Grüne Front ‚eingewickelt' und konnte nicht mehr für niedrigere Kalipreise kämpfen. Der Begriff ‚Schmiergeld' machte die Runde, es wurde dagegen geklagt, doch der Begriff fand richterliche Billigung. Die NSDAP wetterte offiziell, doch ein Herr von Soundso stellte fest: „Man fühlt mit Schrecken, daß der Arm des Kali-Syndikats in die Reihen der NSDAP hineinreicht". Und die Arme der NSDAP umschlangen die Grüne Hilfe und verleibte sie ihrem braunen System ein: Nach '33 wurden diese Forderungen der Bauernverbände (Autarkie, Schutzzölle) durch die Reichsregierung eingeführt – also nicht von ‚Hitler' oder ‚den Nazis', sondern durch die Führer der Bauernverbände, die Großgrundbesitzer. Die Grüne Front, aus der Lübkes Bauernverband ja schon 1930 ausgetreten war, ging 1933 im faschistischen Reichsnährstand auf.

Deutschland = Märchenland

Es war einmal . . .

Noch heute ist der gute alte Märchengeist in Deutschland lebendig. Noch heute raunt und flüstert man sich in den Wandelgängen und Schenken immer neue Märchen zu: „Es war einmal ein armer Bauingenieur, den ein böser Drache dazu verleiten wollte, ihm dienstbar zu sein. Scheinheilig ging der Bauingenieur auf diesen Vorschlag ein, doch in Wirklichkeit sann er nur auf Widerstand, schmiedete insgeheim ein großes Schwert und überwältigte schließlich das Untier. Dafür wurde er zum König ausgerufen, und wenn er nicht gestorben ist, lebt er heute noch . . .

3. Widerständler? Betrüger?

Ich möchte den sehen, der nur aus lauter
Licht und Sonne besteht; erst mit dem Schatten
ergibt sich ein richtiges und ehrliches Bild.

[Juni '64, beim Empfang der Ehrenbürgerwürde in Sundern]

IN DER SAUERLÄNDER ZwergSchule lernten wir – noch während seiner Amtszeit – Lübke habe im Dritten Reich wegen Widerstand 20 Monate im Gefängnis gesessen. Dabei handelt es sich wohl um eine vorsätzliche Irreführung, wie sich im Laufe der Jahre herausgestellt hat. Die 20 Monate stimmen - nur das mit dem 'Widerstand' muß doch relativiert werden. Versuchen wir die komplizierte Sachlage aufzubröseln.

„Bei der Neuwahl des Landtags am 5. März 1933 erreichte das Zentrum 14,1% Wählerstimmen (1932: 15,3%). Lübke gelangte erneut als letzter der Landeswahlliste seiner Partei in das preußische Parlament. Am 1. April 1933 wurde er, ohne Angabe von Gründen, verhaftet und in das Berliner Polizeipräsidium am Alexanderplatz eingeliefert, aber durch das *Eingreifen befreundeter Stellen*, wie er später formulierte, noch am gleichen Tage wieder entlassen. Im gleichen Monat verlor er seinen Sitz im Verwaltungsrat der Deutschen Siedlungsbank." [6]

Die Zentrumsfraktion stimmte geschlossen und ohne Aussprache dem von der Regierung geforderten Ermächtigungsgesetz zu. Es erfolgte keine namentliche Abstimmung, doch ist von Lübkes Anwesenheit auszugehen. Das Gesetz entsprach dem berüchtigten Reichs-Ermächtigungsgesetz vom 24. März 1933.

Der Ausschuß des Landtags für die Landwirtschaft und das landwirtschaftliche Siedlungswesen, dem Lübke angehörte, trat am 18. Mai 1933 zum ersten und letzten Mal zusammen.

„Zwei Tage zuvor hatte die Agrarpolitische Pressestelle der NSDAP Westfalen-Nord einen massiven Angriff auf Lübke gestartet und ihn als ,typisches Beispiel des politischen Fassadenkletterers und Mandatsjägers' verleumdet. Der Artikel resümierte Lübkes vermeintlichen politischen Jugendsünden („Jungmann des Landmessers Ernst Meincke'; ,enge Verbindung zu den Linksparteien'; Zustimmung zum ,Bodenprogramm der SPD'; Kreditumlenkung zugunsten der Heimbank) und verurteilte die ,marxistische Einstellung der Deutschen Bauernschaft'."[6]

„Die Berliner Anklagebehörde beschuldigte den inzwischen in Untersuchungshaft genommenen Heinrich Lübke zunächst, 1930 Mittel der Wirtschafts- und Treuhandstelle der Deutschen Bauernschaft e.V. zum Kauf eines Privatgrundstücks verwendet und Artur Müller entsprechende Vergünstigungen vermittelt zu haben.

Die Zentralstaatsanwaltschaft in Berlin erkannte dann offensichtlich rasch die Möglichkeit, einen politischen Prozeß gegen einen Zentrumsabgeordneten aufzuziehen. Sie bewertete den Fall als eine – wie der Sachbearbeiter der Anklagebehörde, Assessor Bernhard Kaehlig, bereits am 20. Februar 1934 dem Berliner Polizeipräsidenten schrieb – ‚außerordentlich umfangreiche und komplizierte Korruptionssache‘. Sie weitete ihn anschließend dem Gegenstand wie dem Personenkreis nach derart aus, daß die Voruntersuchung erst am 1. September 1934 eröffnet werden konnte. Die Vorwürfe bezogen sich auf vier Komplexe"[6]:

- im Jahre 1929 das Vermögen der Preußischen Zentralgenossenschaftskasse um etwa 230 000 Reichsmark Rationalisierungsmittel durch Vorspiegelung falscher und Unterdrückung wahrer Tatsachen geschädigt zu haben (zwei weitere Angeschuldigte);
- von 1929 bis 1933 über Forderungen und andere Vermögensstücke seiner Auftraggeberin, der Preußischen Zentralgenossenschaftskasse, zu deren Nachteil verfügt zu haben (fünf weitere Angeschuldigte);
- in den Jahren 1930 bis 1933 als Mitglied des Vorstandes der Siedlungsgesellschaft Bauernland AG absichtlich bezüglich eine größere Summe Reichsmark Siedlungsmittel zum Nachteil der Gesellschaft gehandelt zu haben (drei weitere Angeschuldigte);
- vorsätzlich die ihm durch Gesetz, behördlichen Auftrag oder Rechtsgeschäft eingeräumte Befugnis, über fremdes Vermögen zu verfügen, mißbraucht und die ihm obliegende Pflicht, fremde Vermögensinteressen wahrzunehmen, verletzt und dadurch dem, dessen Vermögensinteressen er zu betreuen hatte, Nachteil zugefügt zu haben, „...und zwar, indem er durch die Tat das Wohl des Volkes schädigte und besonders arglistig handelte" (keine weiteren Angeschuldigten).

„Weiter wurde Lübke beschuldigt, sich fremde bewegliche Sachen, die er im Besitz oder im Gewahrsam hatte und die ihm anvertraut waren, rechtswidrig zugeeignet zu haben (ein weiterer Beschuldigter). Als einzige Floskel, die auf politische Zusammenhänge hindeutet fällt der Halbsatz auf: ‚und zwar, indem er durch die Tat das Wohl des Volkes schädigte und besonders arglistig handelte‘." (Der SPIEGEL 48/66)

Hinzu kam noch der 'Witreu'-Komplex: Lübke hatte die wachsende Zahl seiner Ämter um das eines Geschäftsführers der Wirtschafts- und Treuhandstelle der Deutschen Bauernschaft (Witreu), gleichfalls eine Eigengründung, angereichert. Die ‚Witreu' war eine Vermittlungsstelle für staatliche Kredite aus der sogenannten ‚Preußenkasse' und sollte der Rationalisierung des landwirtschaftlichen Genossenschaftswesens dienen.

„Die von der Witreu bezogenen 1,48 Millionen Mark dienten jedoch zu einem beträchtlichen Teil zur Aufbesserung privater Bezüge der Vorstandsmitglieder der Bauernland AG. Der Reichsführer selbst beispielsweise erhöhte sein Gehalt gleich um das Doppelte. Und als weitere kleine Annehmlichkeit ließ Heinrich Lübke mit staatlichen Geldern die Witreu-Schulden auf seinem nahe Berlin gelegenen Gut Lichtenow in Höhe von 58.400 Reichsmark tilgen. Begründet wurde diese Transaktion mit der Behauptung, Lübke habe das Gut 1924 lediglich ,treuhänderisch' für den von ihm repräsentierten Verband erworben. In der Witreu-Kasse fand sich gleichfalls noch Geld für ein 50.000-Mark-Darlehen an Lübke, um dessen Villenkauf in Berlin zu subventionieren." (Der SPIEGEL, 25. November 1968). Seine ,Siedlungsgesellschaft Bauernland AG' war Anfang 1933 zwar bilanzmäßig gedeckt, doch fehlte es offenbar an genügend flüssigem Kapital zur Einlösung laufender Verbindlichkeiten. So kam Direktor Heinrich Lübke auf die Idee, die bereits an die ,Deutsche Siedlungsbank' als Sicherheit vergebenen Aktien ein zweites Mal zur Kreditdeckung zu benutzen. Als Geschäftsführer der ,Witreu' trat Lübke seine formellen Rechte über die Aktien der ,Siedlungsgesellschaft AG' am 9. Dezember 1933 an die ,Heimbank AG' ab. Diese wahrhaft verblüffende Art der Kreditierung hätte zweifellos noch fortgesetzt werden können, wenn nicht am 5. Februar ein Haftbefehl gegen Heinrich Lübke vollstreckt worden wäre.

Die Anklagebehörde verdächtigte Lübke, fast 100.000 RM aus öffentlichen Mitteln zur ,Stützung notleidender Genossenschaften' illegal der Zentrumspartei gegeben zu haben. Auf Anraten seines Anwalts verweigerte Lübke kohlesk jegliche Auskunft über die Empfänger dieser Gelder, denn er habe *bei der Weitergabe der Beträge sein Ehrenwort abgegeben, daß er weder den Zweck... noch den Empfänger jemals nennt.* Frau Wilhelmine bestätigte diesen Vorgang: „Mein Mann fühlt sich den Mitgliedern seiner Organisation, an deren Verbände er Geldmittel gab, gegenüber zum Stillschweigen verpflichtet." Ja, sie setzte später noch einen drauf, nachdem der zuständige Richter ein zugesagtes Ehrenwort von Lübke als ,nicht verpflichtend' bezeichnet hatte: „Sie tun mir leid; Sie sind preußischer Offizier gewesen und sagen, das Ehrenwort verpflichtet nicht." Ob Helmut Kohl von diesen Vorgänge wußte?

All diese Vorwürfe lassen sich heute nicht mehr überprüfen. Aber wie hieß es doch in ,Die Grüne Front': „Heinrich Lübke, der Bauernsohn, ist nun einmal nicht zum Kaufmann geboren – noch nicht einmal zum Bauern. Ganz unbäuerlich sieht dieser Mann aus; er könnte, mit der etwas forciert-soliden Eleganz seiner persönlichen Erscheinung, am ehesten noch eine literarische Erfindung von Thomas Mann sein.

Charakteristisch dafür, wie sehr er den Kontakt zum Bauerntum verloren hat, ist die wahrhaft großzügige Art, mit der er seinen organisatorischen Apparat hingestellt hat – unter einem fabelhaften Sunbeam-Wagen tat er es nun einmal nicht." Vielleicht war bei seinen Denunzianten, auf die wir gleich noch kommen werden, sogar Neid im Spiel?

„Aus seiner beruflichen Tätigkeit in der Deutschen Bauernschaft bis 1933/34 in Berlin ist kaum ein Schriftstück erhalten. (Auch alle Unterlagen über die von Lübke mitbetreute Wirtschafts- und Treuhandstelle der Deutschen Bauernschaft sind durch Kriegseinwirkung vernichtet worden.) Bei einer Haussuchung am 17. Januar 1934 beschlagnahmte die Kriminalpolizei private und geschäftliche Unterlagen, einzelne Briefe auch in seinem Elternhaus in Enkhausen; sie sind nicht wieder aufgetaucht. Im Verlauf der Vernehmungen während seiner Haftzeit 1934/35 ließ Lübke erkennen, wie froh er war, daß alle Briefe ‚politischen Inhalts‘ bei der Deutschen Bauernschaft rechtzeitig vernichtet werden konnten."[6]

Die DDR meldete später: „Lübke verschweigt, w a r u m er dort in Untersuchungshaft saß. Wir sind im Besitz der gesamten Unterlagen des Gerichtsverfahrens gegen Lübke. Es war allerdings nicht leicht, an sie heranzukommen, denn sie fanden sich keineswegs unter den politischen Strafverfahren. Der später höchste Repräsentant Westdeutschlands saß nicht aufgrund antifaschistischer Gesinnung, sondern wegen Veruntreuung und Unterschlagung von Geldern und wegen Urkundenbeseitigung in Untersuchungshaft. Hier kurz der Hergang nach den Gerichtsakten: Bei einer geschäftlichen Überprüfung wurde festgestellt, daß der Bruder Lübkes, Fritz Lübke, als Leiter der Zweigstelle Schwerin der Siedlungsgesellschaft Bauernland AG umfangreiche Veruntreuungen begangen hat. Anfang Februar 1934 ergab eine Revision bei der Berliner Zentrale dieser Siedlungsgesellschaft, daß deren Direktor, Heinrich Lübke, von den Veruntreuungen seines Bruders unterrichtet war und selber ähnliche Delikte beging. Heinrich Lübke wurde von seiner Funktion suspendiert, am 5. Februar in Untersuchungshaft genommen und am 19. März von der Siedlungsgesellschaft fristlos entlassen."

Nach der späteren Aussage seines früheren Mitarbeiters Artur Müller, der im Herbst 1933 in die Tschechoslowakei und 1934 nach Brasilien (Rolandia) emigrierte, beschäftigte sich Lübke *schon im Juli 1933* mit Plänen einer Auswanderung nach Südamerika. Er informierte sich durch einschlägige Literatur über die *Verhältnisse in Brasilien*, während sein Bruder Fritz – zusammen mit Erich Koch-Weser und Johannes Schauff – am 5. Januar 1934 eine ‚Erkundungsreise‘ dorthin antrat. Im Urwaldgebiet von Nord-Parana kauften sie Land bzw. ließen es sich reservieren. Fritz hatte sich zuvor bei seinem Anwalt mit der Erklärung verabschiedet, er ginge für einige Wochen nach Brasilien, um dort *Siedlungsland zu erkunden und bereitstellen zu lassen*.

Einem ehemaligen Mitschüler gestand Lübke im Dezember '33, daß er mit seinem Bruder über eine Auswanderung nach Brasilien gesprochen habe, vorher *aber erst seine hiesigen Verhältnisse regeln* wolle. Lübke konnte sich jedoch nicht zur großen Reise entschließen, wie er 1957 begründete: *Meine ganze weitere Familie blieb in Deutschland, und ich wollte mich nicht trennen, was auch immer geschehen mochte.*

Ein Johannes Schauff kaufte später den Anteil von Fritz Lübke und schrieb 1988 an Lübkes Biografen Morsey: „Dieser Teil unserer Farm heißt heute noch das ‚Lübke-Land‘."

Lübke erinnert sich doch!

Als Bundespräsident gab er 1967 einer Gruppe amerikanischer Austauschschüler Folgendes mit auf den Weg: *„Wenn man Ihnen sagt, wir hätten einen Hitler gehabt, dann müssen Sie sagen, daß Hitler gar kein Deutscher war und daß er auch nicht normal war.“*

Fast wäre Lübke doch noch zum großen deutschen Helden geworden – 16 Jahre, bevor er Bundespräsident wurde. Eigenen Angaben zufolge versagte er jedoch. 1978 verriet Bundestagspräsident a.D. Dr. Gerstenmeier, Lübke habe ihm eröffnet, daß er, als *erklärter Gegner Hitlers* von seinem Büro *hoch oben in einem Haus Unter den Linden in Berlin* Adolf in einem offenen Wagen habe vorbeifahren gesehen hätte. „Er hätte ihn von einem Dachfenster aus… ohne weiteres erschießen können. Er habe lange mit sich gerungen, ob er es tun solle, dürfe, müsse. Er habe sich aber nicht entschließen können. Später klagte er sich selber an, weil er zu keiner Entscheidung gekommen war." In einen ähnlichen, wenn auch nicht in diesen Gewissenskonflikt kamen in jener Zeit wohl Tausende, aber ohne Konsequenzen. Im Nachhinein auch verblüffend, wie langsam damals noch die Autos fuhren, wenn sie einem Zeit gaben, ‚lange mit sich zu ringen‘.

Am 16. Januar 1934 wurde Lübke von der Staatsanwaltschaft Berlin wegen des Verdachts unsachgemäßer Verwendung öffentlicher Mittel vernommen. Dabei ging es auch um die Herkunft der für politische Zwecke verwandten Gelder; gemeint waren die Wahlkampfmittel für die Wiederwahl Hindenburgs 1932 durch die Deutsche Bauernschaft. Lübke verweigerte die Aussage, *weil die von den früheren Stellen veranlaßte Verwendung des Geldes heute wahrscheinlich für unrichtig angesehen wurde.* Am 17. darauf begann um 7.30 Uhr eine Durchsuchung sowohl seines Hauses als auch der Geschäftsstelle der Witreu. An beiden Stellen wurden Unterlagen beschlagnahmt, am 2. Februar sein Pass eingezogen und Lübke drei Tage später wegen ‚Verdunklungs- und Fluchtgefahr‘ auf der Straße, vor seinem Haus, verhaftet. Der Kriminalbeamte, der ihn verhaftete, erhielt für seine Auslagen 12,70 RM erstattet.

Den Anstoß für diese Aktion lieferten offensichtlich Denunziationen von zwei früheren Angestellten der 'Siedlungsgesellschaft Bauernland' in Schwerin. Sie stammten bereits aus dem Juli und August 1933, waren aber erst auf Umwegen an die Staatsanwaltschaft Berlin gelangt. Beide Ankläger behaupteten, daß im Bereich der Siedlungsgesellschaft Bauernland AG und der mit ihr in Verbindung stehenden Organisationen öffentliche Mittel nicht ordnungsgemäß verwendet worden seien (u.a. zur Propaganda gegen die NSDAP) und daß sich deren Leiter, Heinrich Lübke und Artur Müller, persönlich bereichert hätten. Die Denunzianten unterstrichen ihre Glaubwürdigkeit durch den Hinweis auf ihre Mitgliedschaft in der Nationalsozialistischen Deutschen Arbeiterpartei und bezogen sich auf eine

Meldung im ‚Völkischen Beobachter' vom 30. Juni 1933 über die Aufdeckung der Korruptionssünden des vergangenen Systems. Bereits am 30. Mai 1933 hatte das Preußische Justizministerium allen Denunzianten für die Mitarbeit bei der 'Bekämpfung der Korruption' ausdrücklich gedankt.

Erst am 3. September 1934, sieben Monate nach Lübkes Verhaftung, wurde die gerichtliche Voruntersuchung eröffnet und Lübke vom 6. September bis zum Januar 1935 insgesamt 48mal vernommen. Insgesamt kam es in dieser Sache zu ‚etwa 500' Vernehmungen von 89 Zeugen und zu Hausdurchsuchungen bei 70 Personen. Nach einem Personalwechsel bei der Staatsanwaltschaft versuchte der Neue, das aus den Fugen geratene Verfahren abzuschließen – notfalls auch ohne Anklageerhebung. Als der spätere Oberreichsanwalt beim Volksgerichtshof, Lautz, erklärte: „Lübke ist doch ein politisches Schwein", soll der damalige Staatssekretär des Justizministers (& der Volksgerichtshof-Richter von '44!), Freisler, erwidert haben: „Damit kann man keine Anklage erheben."

Damit ging Lübkes - für so einen Fall extrem lange - Leidenszeit zu Ende. Er saß erst in Moabit, ab 16. Juli '34 in Alt-Moabit und seit dem 24. Juni '35 in Plötzensee. Er schrieb viele Briefe an Wilhelmine, so am 9. 2. '34: *Mein liebes Minchen... In den ersten Tagen meinte ich, ich müßte verrückt werden.* - 14. 2.: *Ich warte auf bessere Zeiten...* - 26. 2. Er studierte nebenher Buchführung, *die mir bisher leider nicht geläufig war* und seine *geringen englischen Sprachkenntnisse* aufzubessern. - 2. 3. *Ich arbeite und lese, so gut ich kann.* - 13. 3.: *Das Herbringen von Wanzenbekämpfungsmitteln ist genehmigt.* 5. 4.: *Man lernt bescheiden werden,* äußerte er sich zur Kant-Lektüre.

Auch Wilhelmine lernte zwischenzeitlich Sprachen, besuchte ihn (3x wöchentlich) und schickte ihm regelmäßig Briefe – von denen einige beschlagnahmt wurden, u.a. der vom 7. 7. '34, in dem sie schrieb: „Je mehr man uns unmenschlicherweise zu quälen versucht, um so tapferer wollen wir bleiben... Wir finden noch einen gerechten Richter."

Nach 20 Monaten Untersuchungshaft verließ ein um 31 kg leichter gewordener Lübke am 11. Oktober 1935 Plötzensee. Sein ehemals rötliches Haar hatte sich schlohweiß gefärbt.

Später hat er nur selten über seine Inhaftierung gesprochen: *Als ich während meiner Haft im 3. Reich in der Einsamkeit meiner Zelle eine erste Bilanz meines Lebens zog, hat es mich mit großer Befriedigung erfüllt, daß ich mit meinen Mitarbeitern Tausende von Siedlerstellen hatte schaffen können, die an Menschen vergeben wurden, die frei und unabhängig auf eigener Scholle wirken konnten.*

Auch Walter Henkel kolportierte Infos über das tägliche Knastleben Lübkes: „Wenn sie täglich im Gänsemarsch ihre Runden über den Gefängnishof in Plötzensee marschierten, ließ ihm ein Kommunist den Vortritt. Er kam neben einen Landsmann aus dem Sauerland, einen katholischen Geistlichen, einen Prälaten aus Arnsberg. Flüsternd gab der ihm Trost und Zuspruch. Nach Anlage, Geistesart und

Gemüt nämlich mußte den Untersuchungsgefangenen Lübke das, was er hier erlebte, im Tiefsten trennen... In Plötzensee war er in eine Zelle geraten, die unmittelbar bei der Hinrichtungsstätte lag."

Lübke hatte Glück. Er wurde nämlich nicht, wie er weismachen will, nur zum Opfer, sondern auch zum Nutznießer der faschistischen Machtergreifung. Aufgrund des 'Gesetzes über die Gewährung von Straffreiheit' vom 7. August 1934 beschloß die Strafkammer 24 des Landgerichts Berlin am 19. November 1935, das Verfahren einzustellen. Ausdrücklich aber wird vom Gericht festgestellt:

„Den Angeschuldigten Heinrich Lübke und Fritz Lübke wird eine Entschädigung wegen der erlittenen Untersuchungshaft nicht zugebilligt, weil das Verfahren weder ihre Unschuld ergeben noch dargetan hat, daß gegen sie ein begründeter Verdacht nicht vorliegt, und weil die zum Gegenstand der Untersuchung gemachten Taten des Angeschuldigten Heinrich Lübke eine grobe Unredlichkeit in sich geschlossen haben."

Gegen 'Männer der Systemzeit', - insbesondere der organisierten Arbeiterbewegung (Gewerkschaften) und Kommunalpolitiker (Bürgermeister, Landräte, Direktoren von Eigenbetrieben) - waren solche Verfahren wegen Korruption etc. keine Seltenheit. Ihr Zweck war, der aufgehetzten Parteibasis und der SA das Maul zu stopfen. Soweit die Angeklagten keine Juden waren, passierte ihnen nur das, was infolge des Machtwechsels zu erwarten gewesen war. Nach dem 20. Juli 1944 erinnerte sich die Gestapo ihrer wieder, soweit sie sich zwischenzeitlich nicht zum Staat Adolf Hitlers bekannt hatten und für den Endsieg einsetzten.

Ein Bonner Staatssekretär fertigte 1967 ein Gutachten an, aus dem hervorging, daß dieses Amnestiegesetz in Lübkes Fall „überhaupt nicht anwendbar [war], weil Handlungen aus politischen Beweggründen nicht in Frage standen. Wahrscheinlich sah die Staatsanwaltschaft in der Heranziehung jenes Gesetzes... das einzige Mittel, um das ausgeuferte Verfahren zu beenden."

Also war nichtmal die Einstellung des Verfahrens rechtens.

„Das ist, in wenigen Worten, die Wahrheit über die Haft des Heinrich Lübke. Es ist wirklich kein Wunder, daß er sich stets peinlich gehütet hat, Gründe für die Haft anzugeben. Als die Westberliner CDU-Zeitung 'Der Tag' am 16. Juni 1959 über Lübke schrieb. 'Nach 1933 sei er zweimal von den Nationalsozialisten eingesperrt worden (wovon er nicht gerne redet)', ahnte der Verfasser wahrscheinlich nicht, welche Ironie dieser Nachsatz beinhaltet, denn Heinrich Lübke stolperte 1934 nicht über einen politischen Inquisitor, sondern über einen gewiß unpolitischen Zensor."[13] – „Ob der Bauernfunktionär Lübke wirklich straffällig geworden war, ist mithin vor Gericht nie geklärt worden."[17]

Später reaktivierte Lübke die Mär vom Widerständler selbst. Er sollte nach eigener Aussage im August 1944 nach dem Stauffenberg-Attentat auf Hitler verhaftet werden. *Aber man hat mich dann glücklicherweise vergebens gesucht.* Sein Pressereferent ergänzte, man habe Lübke in dessen Haus gesucht, aber nicht angetroffen. Nun, zu jener Zeit war er als Baumeister in Sachen KZ unterwegs.

Gustav Heinemann fand später versöhnliche Worte:

„Heinrich Lübkes Ablehnung des Nationalsozialismus ist von seinen politischen Gegnern außerhalb der demokratischen Parteien angezweifelt worden. Ganz gewiß zu Unrecht. Die Nationalsozialisten haben ihn, wie die damaligen Gerichtsakten noch heute ausweisen, unbestreitbar als einen ihrer Gegner angesehen und behandelt. Wie viele andere – und ich selbst schließe mich dabei nicht aus – mag auch er sich in späteren Jahren die Frage gestellt haben, ob er, der ja während seiner eineinhalbjährigen Haft in der berüchtigten Haftanstalt Plötzensee Zeuge von Hinrichtungen wurde, den Widerstand so kompromißlos geführt hat, wie sein Gewissen als Christ und Demokrat das gebieten mochte. Ich weiß es nicht, und ich meine, Sie und ich, wir alle haben nicht das Recht, hier zu urteilen. Es gibt Dinge, die jeder für sich allein auszumachen hat."

Auf diesem Foto der Baugruppe Schlempp ist Zivilist Heinrich Lübke noch einwandfreier zu identifizieren als auf dem wohl retuschierten Umschlag der auf Seite 32 abgebildeten DDR-Broschüre.

4. KZ-Baumeister

Ich wußte genau,
was uns am Ende erwarten würde

WER VON UNS will heute den ersten Stein werfen?

Lübke als Nazi einzustufen scheint angesichts seiner Bautätigkeiten einfach. Doch da paßt seine Aufmüpfigkeit zu Anfang des Dritten Reiches nicht so recht ins Bild. Problem: Wieviele Millionen unserer Eltern und Großeltern, deren Gedächtnis ob ihrer Jugend oft nicht besser funktionierte als das von Lübke, waren nun wirklich brauner als Heinrich?

OK, er war ein opportunistischer Feigling und Duckmäuser – wie einige Menschen, nachdem sie 20 Monate im Knast gesessen haben.

Aber ich bezweifle, daß er, wie 92,2% der Deutschen, bei der Reichstagswahl am 11.12.1933 für Hitler gestimmt hat. Es gibt keine Belege, daß er seine Arbeiten als Bauleiter im KZ mit politischer Überzeugung ausgeführt hat. Aber, und daran bestehen heute keine Zweifel, mehr: er hat sie ausgeführt.

Ich kann mich nicht mehr erinnern, wie überraschend später die DDR-Veröffentlichungen über Lübkes Tätigkeit in KZs für die westdeutsche Öffentlichkeit kamen. „In der Umbruchsituation am Ende der sechziger Jahre bot sich die ‚Affäre Lübke‘ geradezu an als symbolhafter Konflikt für die kritische Auseinandersetzung mit dem ‚restaurativen Adenauer-Staat‘."[35] Anfang 1965 startete die DDR mit einer weiteren internationalen Pressekonferenz mit Albert Norden eine neue Lübke-Kampagne. „Die Bemühungen der SED zielten vor allem darauf, ‚daß Lübke eines Tages wie Oberländer und Globke sein Schweigen brechen muß, was bei den beiden bekanntlich der Anfang vom Ende war‘."[35] Ein Jahr später beschloß die ‚Arbeitsgruppe Lübke‘ eine erneute Propagandaoffensive. Diesmal konzentrierte man sich darauf, Lübke gezielt im Ausland zu diskreditieren. Es reichte nur zu einigen Zeitungsseiten in Griechenland, Italien, Frankreich, Indien und Japan. „In einer Zwischenbilanz mußte man gleichwohl einräumen, daß bislang keine ‚durchschlagende Aktion‘ erfolgt sei, die dazu angetan gewesen wäre, die ‚Angelegenheit Lübke‘ in die große internationale Presse zu bekommen."[35]

Aus heutiger Sicht erscheint der von SED-Politbüromitglied Albert Norden auf seiner Pressekonferenz am 24. Januar 1966 verwendete Begriff ‚KZ-Baumeister‘ durchaus zutreffend zugespitzt, wenn sich auch ein Großteil der DDR-Veröffentlichungen über Lübke inzwischen als recht ungeschickt grob formuliertes bis übertrieben unsägliches Propagandagesülze liest. Die westliche Führungsspitze schien

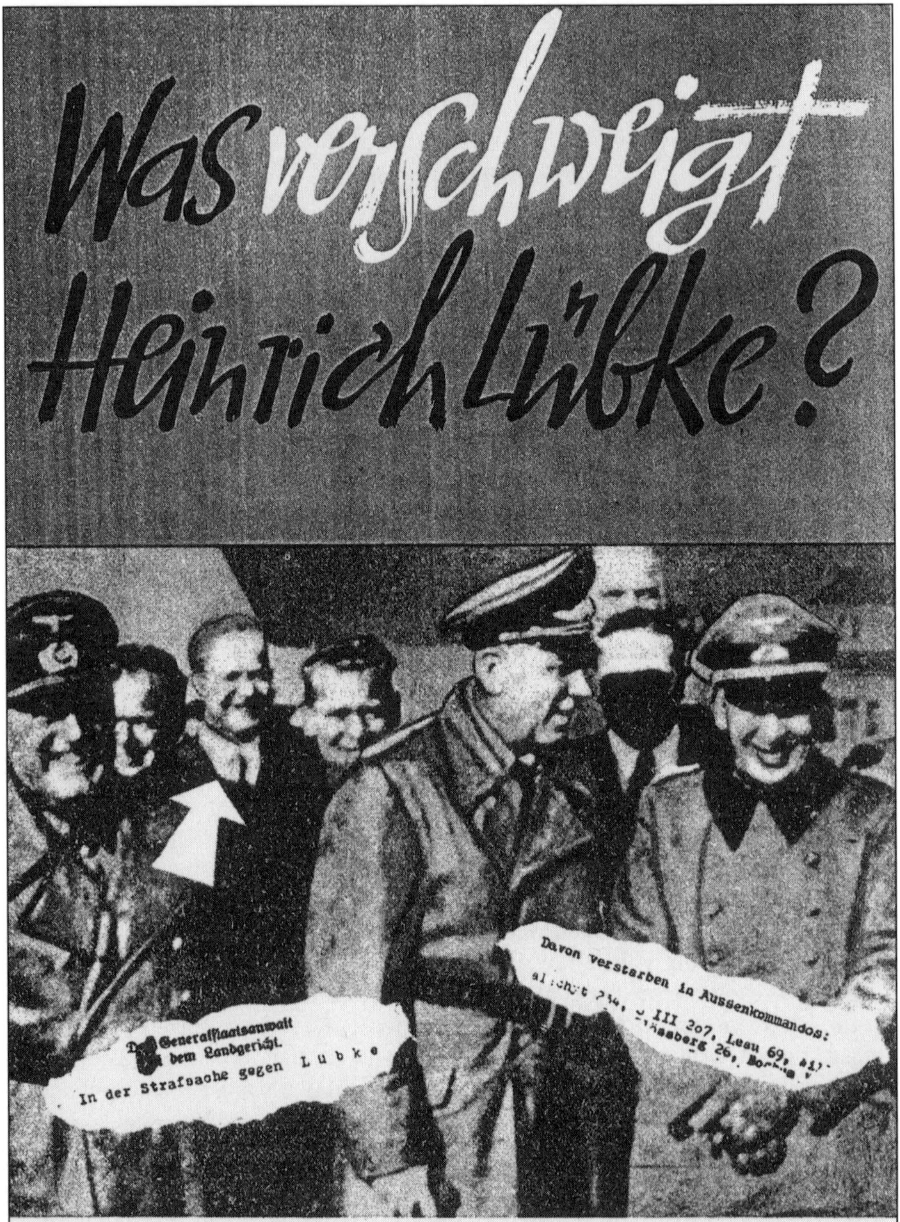

Was verschweigt Heinrich Lübke?

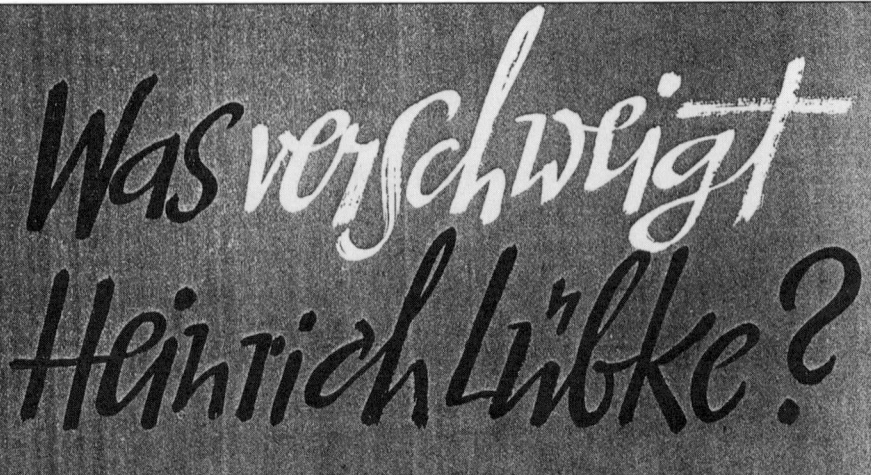

ZUR BIOGRAPHIE DES WESTDEUTSCHEN BUNDESPRÄSIDENTEN

ob der Vorwürfe gelähmt und sprachlos. Wer weiß, welcher von den Kollegen befürchten mußte, daß über ihn ähnliches ans Tageslicht käme? In der Tat standen uns ja bräunliche Typen wie Kiesinger und Filbinger noch bevor.

Robert Neumann schrieb damals in *KONKRET*: „Kein Kommentar zunächst. Der Satz, Lübke habe ‚Hunderte KZ-Häftlinge zu Tode schinden lassen‘ ist wieder einmal das dialektische ‚Zuende-Denken‘, die halbe Schraubendrehung zuviel – gemeint ist, was qualifizierend im nächsten Satz gesagt wird: er ‚forderte Arbeitskräfte an‘ – wissend, daß es KZ-Häftlinge waren.

Auch wissend, daß derart eingesetzte KZ-Häftlinge geschunden und zum Teil zu Tode geschunden wurden? Viele Deutsche im Hinterland beteuern glaubwürdig, daß sie nicht wirklich wußten, was in den KZs geschah. Anderseits: Sehr viel mehr, die heute beteuern, sie hätten nichts gewußt, wußten sehr wohl – die meisten von diesen lügen, manche haben es ‚echt‘ verdrängt.

Hat auch Lübke etwas verdrängt? Wie wahrscheinlich ist es, daß ein Erbauer eines Außenlagers für KZ-Häftlinge aus Buchenwald nicht wußte, was dort geschah? Ein solches generelles Nichtwissen um das allgemeine Schicksal von KZ-Insassen wird ja aber von Lübke auch gar nicht behauptet. *Die Baustäbe haben nichts mit dem Einsatz der Arbeitskräfte zu tun gehabt*, sagte Lübke im Dezember 1965 zum SPIEGEL – eine meiner Überzeugung nach in dieser Form durchaus zutreffende Feststellung.“

Das Problem der Wahrheitsfindung: Stasi und Verfassungsschutz verbreiteten die jeweils eigenen Wahrheiten offensiv: beide Seiten schossen aus allen Propagandarohren, so daß die Fakten kaum unter den Kollateralschäden zu entdecken waren. In diesem Kapitel zitiere ich erst exemplarisch Ost, dann West und zum Schluß den heutigen Stand der Ermittlung. Im nächsten Kapitel werden dann die peinlichen Weißwaschversuche dokumentiert, die in ihrer Verlogenheit schließlich – eventuell mehr als die wirklichen Vorwürfe – zu Lübkes Ende beitrugen.

Am 29. 1. 1965 hielt Albert Norden seine berüchtigte Rede: ‚Was verschweigt Heinrich Lübke?‘, mit der er Gerüchte um Lübkes ‚faschistische‘ Vergangenheit erstmals durch Beweise erhärtete:

„Was verschweigt Heinrich Lübke?"

Als Vertrauensmann der faschistischen Führungsclique inspizierte Lübke bereits am 25. Mai 1944 das Geheimobjekt in Peißen bei Bernburg. Um die Fertigstellung für die faschistische Luftwaffe schnell anlaufen zu lassen, forderte er, ohne die elementarsten menschlichen Existenzbedingungen geschaffen zu haben, 2000 KZ-Häftlinge an, die schwerste Betonierungs- und Transportarbeiten unter Tage in zwei Schichten zu je 12 Stunden ausführen mußten. Die ersten 500 Häftlinge, die für Lübkes Bauvorhaben aus dem KZ Buchenwald in Marsch gesetzt wurden, wurden in einem großen Zelt untergebracht und sogleich von einer Ruhrepidemie dezimiert. Für weitere Häftlinge wurde ein unterirdisches KZ in 400 m Tiefe angelegt. Hier siechten 500 Menschen auf einem Raum von etwa 1200 m^2 unter fürchterlichen Bedingungen, unter quälendem Sauerstoffmangel und schwerster Arbeit dahin. Inzwischen wurde bei dem Dorf Leau ein großes KZ speziell für die von Lübke angeforderten Häftlinge neu errichtet. [...] Anläßlich der Besichtigungen der unterirdischen Anlagen inspizierte Lübke auch das in Bau befindliche KZ Leau. Am 4. 9. '44 leitete Lübke eine spezielle Besprechung über den weiteren Ausbau des KZ und den Einsatz der KZ-Häftlinge. Darüber liegt eine als ‚Geheime Kommandosache' gekennzeichnete Besprechungs-Niederschrift vor, in der Lübkes Name an der Spitze genannt wird und in der es heißt:

‚Festgelegt wurde, daß das Lager unterteilt wird für a) 1000 KZ-Männer, b) 1000 KZ-Frauen, c) 500 Ausländer. Eine Holzbaracke war bereits bestellt, drei weitere werden im Laufe der Woche stehen, die übrigen Baracken werden im Mauerwerk erstellt und so beschleunigt, daß die KZ-Häftlinge schnellstens nach Leau kommen. 80% der KZ-Häftlinge leiden unter starkem Durchfall.'

[...] Es gibt erschütternde Unterlagen darüber, wie sie nach der Parole ‚Vernichtuung durch Arbeit' zu Tode geschunden und gehungert wurden.

Sie erinnern sich: Am 4. 9. '44 war von je 1000 männlichen und weiblichen KZ-Häftlingen die Rede, die beim ‚Unternehmen Leopard' eingesetzt wurden. Am 30. 10. aber wird in einem Geheimschreiben der ‚Allgemeinen Transportanlagen GmbH' über den ‚Stand der Verlagerungsaktion' nur noch von 1486 KZ-Häftlingen gesprochen, davon 1000 im KZ Leau und ‚486 Mann in der Grube Solvay in Peißen im früheren Materialmagazin westlich des südlichen Ausschlages, 427 m Sohle'. [...] Nach letzten Meldungen des KZ Buchenwald vom 10. 3. 1945 ist das ‚Kommando Leau' bis zu diesem Termin infolge der Todesfälle auf 1047 Gefangene abgesunken. (Von den 500 Ausländern starben mindestens 174 Polen, 58 Franzosen, 5 Sowjetbürger, 18 Italiener und Menschen anderer Nationalitäten.) [...] Addiert man die Todesziffer des Lagers Leau vom 29. 1. bis 1. 4. 1945, dann ergeben sich für einen Zeitraum von acht Wochen allein 279 Sterbefälle. Jeder weiß, was hinter solchen Ziffern steht. In Leau waren es die 12-Stunden-Schichten, Tag und Nacht im unterirdischen Tunnel. Ein Liter Wassersuppe, 400 Gramm Brot und Prügel für jede Atempause. [...] Lübke war während der gesamten Dauer des Hitlerkrieges vom Militärdienst freigestellt, weil er sich als der Vertraute der Nazis bei ihren geheimsten Rüstungsvorhaben bewährte." Oder weil er einfach mit 50 Jahren zu alt zum Soldaten war.

Am 24. 1. 1966 wurde in OstBerlin eine Pressekonferenz abgehalten, in der die nun seit länger als einem Jahr bekannten KZ-Vorwürfe gegen Heinrich Lübke mit neuen Fakten erhärtet wurden:

USA wollten Lübke verhaften:

„Meine Damen und Herren

Es ist Tatsache, daß selbst die Amerikaner am Ende des Zweiten Weltkrieges nach Lübke fahndeten, ihn verhaften und vor Gericht stellen wollten. Als sich die amerikanischen Truppen in den letzten Apriltagen des Jahres 1945 Bernburg näherten, stießen sie auch auf die unterirdische Rüstungsproduktion des „Jäger-Programms' in den Plömnitzer Schächten der Solvay-Werke. Hier hatte Herr Lübke für Junkers und andere Rüstungsbetriebe unter dem Decknamen ‚Leopard' die Produktion von Jagdflugzeugen vorbereitet. Die USA-Truppen fanden die Spuren der Zwangsarbeit unter Tage. Über Tage entdeckten sie das Konzentrationslager Leau.

Im Rahmen einer als ‚Operation Justice' (Operation Gerechtigkeit) bezeichneten Aktion wurde eine Sondereinheit des amerikanischen Abwehrdienstes mit der Aufklärung der Verbrechen in Leau beauftragt. Wie in Neu-Staßfurt und an anderen grauenhaften Wirkungsstätten des Baustabes Schlempp sprang den CIC-Leuten aus den vorgefundenen Dokumenten immer wieder ein Name ins Auge: Lübke, der Chef des Baustabes Schlempp.

Lübke hatte Ende 1944 nach den verstärkten Bombenangriffen auf Berlin seinen Amtssitz nach Bernburg verlegt und in Baalberge, in der Nähe des von ihm erbauten Konzentrationslagers Leau, Quartier bezogen. Deshalb begannen die amerikanischen Truppen in diesem Gebiet mit einer Großfahndung nach ihm. Nach einigen Tagen fieberhafter Suche wurde Lübkes Spur entdeckt. Die Amerikaner verhafteten ihn. Genauer gesagt, sie glaubten, den Chef des Baustabes Schlempp, den Kriegsverbrecher Lübke, dingfest gemacht zu haben. Die amerikanischen Behörden fielen jedoch einer Namensverwechslung zum Opfer. Verhaftet wurde in der Tat ein Mann namens Lübke, aber es war nicht der gesuchte Heinrich Lübke. Der seinerzeit irrtümlich verhaftete Herr Lübke ist hier anwesend, um über seine damalige Festnahme zu berichten. Eine Erklärung des damaligen Bürgermeisters von Leau bestätigt seine Angaben.

Der Großindustrielle Flick, der damalige Besitzer eines der Rüstungsbetriebe, in dessen Schächten die Häftlinge des KZ-Lagers Leau schufteten, mußte sich vor dem Nürnberger Tribunal verantworten. Der Stuhl für Herrn Lübke blieb in Nürnberg leer. Er sitzt, zwanzig Jahre nach Nürnberg, auf dem höchsten Stuhl der Bonner Hierarchie als Bundespräsident des Staates der Rüstungsmonopole.

Der Leiter des SS-Wirtschafts-Verwaltungshauptamtes, SS-Obergruppenführer Pohl, sagte vor dem Nürnberger Tribunal aus, daß „über die Erlangung solcher unterirdischer Betriebsstätten der Flugzeugindustrie ein lebhafter Wettstreit zwischen den einzelnen Firmen bestand", und daß SS-Gruppenführer Kammler, der engstens mit der Baugruppe Schlempp zusammenarbeitete, noch vor dem IG-Farbenkonzern die größte Zahl von KZ-Häftlingen ‚besonders für die Verlagerung der Flugzeugindustrie in unterirdischen Ausweichstätten' beschäftigte.

Fassen wir zusammen:

• Die geheimen Baupläne für die Errichtung des Konzentrationslagers Neu-Staßfurt bei Magdeburg wurden vom heutigen Bundespräsidenten Lübke entworfen und eigenhändig unterzeichnet.

• Die geheimen Baupläne zur Errichtung von Zwangsarbeitslagern für sogenannte jüdische Mischlinge und ins faschistische Deutschland verschleppte Bürger fast aller europäischen Nationen wurden vom heutigen Bundespräsidenten Lübke entworfen und eigenhändig unterzeichnet.

• Der heutige Bundespräsident Heinrich Lübke wurde im April 1945 vom CIC (Counter Intelligence Corps) – dem Abwehrdienst – der amerikanischen Armee als Kriegsverbrecher gesucht.

• Der heutige Bundespräsident Heinrich Lübke war damals und ist heute Verbündeter, Handlanger und Förderer der Kriegsverbrecher und Rüstungskonzerne.

Lübke wäre entsprechend der Kontrollratsdirektive Nr. 38 vom 12. Oktober 1946 als Hauptschuldiger eingestuft und nach Kontrollratsgesetz 10 vom 20. Dezember 1945 vor ein internationales Gericht gestellt worden. Es hätte ihn nach denselben Rechtsbestimmungen bestraft, nach denen seine Vorgesetzte, die Hauptkriegsverbrecher Sauckel und Speer, vom Internationalen Tribunal in Nürnberg abgeurteilt wurden."

Rowohlt plante 1967 ein Buch über Lübkes Baumeister-Jahre. Bedingung: die Dokumente müßten von einem bestimmten Schweizer Schriftsachverständigen, dem Chef des Wissenschaftlichen Dienstes der Stadtpolizei Zürich, geprüft werden, man fordere eine ,absolute Garantie für die Echtheit', so Lektor Raddatz. Auf eine Intervention der Deutschen Botschaft lehnte dieser Sachverständige ab, ein Gutachten zu erstellen. Das Buch erschien nie.

Die Dokumentation des Nationalrates der Nationalen Front des demokratischen Deutschland 1969 trug den Titel:

„Aufstieg und Fall des Heinrich Lübke"

Es fällt besonders auf, daß bei den Projekten der Baugruppe Schlempp die damalige Straßenbau AG Niederlahnstein, genannt Strabag, durch Lübke bevorzugt mit Aufträgen versehen wurde. Diese Firma, die etwa über ein Dutzend Filialen verfügte, war mit umfangreichen Arbeiten an den Projekten ,Reh' in Neu-Staßfurt, ,S3' in Ohrdruf/Crawinkel in Thüringen und besonders durch ihre Stettiner Filiale in Peenemünde beteiligt. Sie befand sich zu je 35 Prozent im Besitz des Werhahn-Konzerns und des Bankhauses Pferdmenges. 20 Prozent kontrollierte die Deutsche Bank, deren führender Kopf bekanntlich Hermann Josef Abs ist.

RUDÉ PRÁVO

ZAPADONEMECKEHO PRESIDENTA

Lübke – stavitel koncentračních táborů

Lübke byggde slavläger på beställning av Hitler

NY DAG

Le Monde

NOUVELLES ACCUSATIONS DE BERLIN-EST CONTRE LE PRÉSIDENT LUEBKE

"Heinrich Lübke krigsförbrytare"

Η ΑΥΓΗ

Ο ΠΡΟΕΔΡΟΣ ΛΥΜΠΚΕ ΤΗΣ ΔΥΤ. ΓΕΡΜΑΝΙΑΣ ΕΙΝΑΙ ΚΟΙΝΟΣ ΕΓΚΛΗΜΑΤΙΑΣ ΠΟΛΕΜΟΥ!

FRIHETEN

l'Humanité

PRESIDENT LÜBKE bygget konsentrasjonsleirer for Hitler

Lübke hentet sine slave-arbeidere fra Buchenwald

LE PRESIDENT DE L'ALLEMAGNE DE L'OUEST

Heinrich LUEBKE accusé de crimes de guerre

Östtyskland anklagar "Lägerbyggarn Lübke"

ΧΑΡΑΥΓΗ

ΣΥΓΚΛΟΝΙΣΤΙΚΕΣ ΑΠΟΚΑΛΥΨΕΙΣ ΓΕΡΜΑΝΟΥ ΚΑΘΗΓΗΤΗ

NY TID

Σχεδιαστὴς ναζιστικῶν στρατοπέδων συγκέντρωσης, ἦταν ὁ σημερινὸς Πρόεδρος τῆς Δυτικῆς Γερμανίας

Lübke, el presidente acusado de genocidio **MARCHA**

PAESE SERA

Costruiva lager per Hitler il tranquillo ing. Luebke

Andra har dömts till döden för samma brott – men Heinrich Lübke blev västtysk president!

Tidsignal

GÖTEBORGS HANDELS- OCH SJÖFARTS-TIDNING

Västtyske presidenten beskylls för att ha byggt ett kz-läger

Diese drei Großen der westdeutschen Finanzwelt haben Herrn Lübke nach dem Kriege für die lukrativen Aufträge, die er ihrer Strabag AG zugeschoben hatte, ausreichend honoriert. Von Adenauer protegiert, der einen Werhahn zum Schwiegersohn hatte, mit dem CDU-Mitbegründer Pferdmenges befreundet war und der ausgezeichnete Beziehungen zu Abs besaß, wurde Lübke, nach 1945 in der Öffentlichkeit noch unbekannt, Zug um Zug nach vorn geschoben.

In der klerikal-faschistischen Clique des Werhahn-Konzerns, zu der auch der Kölner Kardinal-Erzbischof Frings gehört, hat Lübke seine ideologische Heimat gefunden. Das Machtimperium des Werhahnkonzerns ist in der Öffentlichkeit weitgehend unbekannt geblieben.

Die wenigsten Westdeutschen und Westberliner wissen, daß ihr Geld in die Taschen der Werhahn fließt, wenn sie ihre Lebensmittel in den Filialbetrieben ‚Schade und Füllgrabe' oder ‚Georg Schätzlein' einkaufen, wenn sie zur Meierei ‚C. Bolle' gehen oder das Bier von ‚Schultheiß', ‚Engelhardt', ‚Löwenbrauerei' oder ‚Wicküler' konsumieren. Werhahn-Konzern – das sind aber auch ‚Hoesch' und die ‚Rheinisch-Westfälischen Elektrizitätswerke' (hier besitzt der Konzern die größte Privatbeteiligung), das sind Braunkohlenwerke und Maschinenfabriken, Supermärkte und Druckereien, Versicherungsgesellschaften, etwa fünfzig Mühlenwerke, sind Kalischächte und Großhandelsgesellschaften. Heute ist die Strabag AG bereits zu 60 Prozent im Besitz des Werhahn-Konzerns und verfügt neben dem Hauptbetrieb in Köln-Deutz über 16 große Filialbetriebe in Westdeutschland. Sie ist ein Glanzstück des Konzerns. Auch die Deutsche Bank hat ihren damaligen Kapitalanteil an der Strabag erhöht.

Dieser Betrieb, um den sich Herr Lübke heute noch genauso verdient macht wie in der Zeit des Faschismus, hat es mit einem erweiterten Bauprogramm, das den Bauprojekten des Herrn Lübke im Faschismus ähnlich ist, zum drittgrößten westdeutschen Baubetrieb gebracht. Nicht der Straßenbau schlechthin, wie der Name der Firma sagt, ist ihr Geschäft, auch nicht nur ‚Straßen-, Tief-, Hoch- und Ingenieurbau', wie es im westdeutschen Firmenadressbuch umschrieben wird. Gebaut werden von der Strabag hauptsächlich Rollbahnen, Dämme, Stollen, Eisenbahnanlagen, strategische Autobahnen und andere militärische Objekte. Kamen früher die Aufträge von faschistischen Rüstungsministerien, so kommen sie heute vorwiegend vom Bundesverteidigungsministerium. Der Vermittler ist der gleiche geblieben: Heinrich Lübke.“

Im September 1966 publizierte der ‚Freundeskreis des deutschen Widerstandes' in Karlsruhe eine 18-seitige Dokumentation DER FALL DR. HEINRICH LÜBKE.

In ihr wird u.a. dargelegt, was genau Lübkes Aufgabe im Baubüro Schlempp war und worum es grundsätzlich ging. Schlempp, ein Architekt und Dipl.-Ingenieur bekam für sein Baubüro von Reichsminister Speer anfangs lohnende Großbauten in Berlin zugeschustert. Später erledigte er geheime Rüstungsbauten und unterstand nun seinem engen Freund, dem ‚Reichsminister für Rüstungsbauten und

Kriegsproduktion' Albert Speer, der beim Nürnberger Prozeß als Hauptkriegsverbrecher zu 20 Jahren Zuchthaus verurteilt wurde.

Die Stellung Lübkes in der Baugruppe Schlempp war schon im Jahr 1940 eine führende. Schlempp ließ von Speer für einen Teil seiner Mitarbeiter Sonderausweise zum Betreten der Rüstungsfabriken ausstellen, für die er baute. [...] Nur drei Leute erhalten den ‚großen Sonderausweis': Schlempp, Lübke und ein Mann namens Bremer; den kleinen Ausweis erhalten 16 Leute. [...]

Eine der Baustellen war die sogenannte V-Waffen-Station Peenemünde. Damals, in den Jahren 1936-43, war das Projekt streng geheim. Technischer Leiter: der (spätere) SS-Sturmbannführer Wernher von Braun. Rund 300 Millionen Mark verschlang allein die Errichtung der Forschungs- und Testanlagen von Peenemünde. Das Baubüro Schlempp stieg bezüglich der Bauarbeiten unter maßgeblicher Beteiligung von Heinrich Lübke ganz groß in dieses lukrative Geschäft ein. [...] Am 18. August 1943 ließ die Royal Air Force in einem Nachtangriff 1500 Tonnen Bomben auf das als hochgefährlich erkannte V-Waffen-Zentrum niedergehen. Fast alles fiel in Trümmer.

Luftwaffenchef Göring und Rüstungsminister Speer ordneten im März 1944 an, die entsprechenden Industrien unter die Erde zu verlegen und für diese Verlagerungsaktion massenhaft KZ-Häftlinge als Arbeitskräfte einzusetzen. Das war das ‚Jägerprogramm'."

Im Sommer 1944 wurde Schlempp nach Prag abgerufen und Lübke übernahm in Berlin stellvertretend dessen Position. Die V-Waffen-Herstellung wurde nach Thüringen ausgelagert, doch immer mehr Produktionsstätten, u.a. von Junkers-Jagdflugzeugen, wurden im Rahmen des sog. ‚Jägerprogramms' unter Tage verlegt. „Dokumente beweisen, daß die Baugruppe Schlempp auch während dieser Zeit ständig mit Arbeitskräftefragen zu tun hatte: Beschaffung, bzw. Anforderung, Einzeilung, Aufsicht, Krankenfälle, Postkontrolle usw. Es mangelte wegen der geforderten hektischen Durchführung des Jägerprogramms ständig an Arbeitskräften... Der Umfang der Baugruppe Schlempp an den sehr zahlreichen Verlagerungsobjekten des Jägerprogramms ist beträchtlich. Für das persönliche Engagement Lübkes hierbei könnte, da er gewissermaßen als Geschäftsführer fungierte, daßelbe gelten; doch dies ist nicht erwiesen." Siehe KZ Leau. So fragte der ‚Freundeskreis des deutschen Widerstandes' in seiner Dokumentation auch rhetorisch: „Sind die DDR-Veröffentlichungen über Dr. Lübke zutreffend?" und kam zu der Antwort: „Der Tatsachen-Kern der Veröffentlichungen aus Ostberlin trifft zu. Stellenweise wird aber übertrieben. So heißt es beispielsweise in der Broschüre ‚Lübke baute Hitlers KZs': „Lübke besaß weitgehende Sondervollmachten zur Beschaffung der KZ-Häftlinge..." Das ist irreführend. Lübke hatte gewiß Vollmachten für die Beschäftigung der KZ-Häftlinge, aber nicht für die Beschaffung. Lübke konnte den ‚Bedarf' an Häftlingssklaven melden, oder selber welche anfordern, aber Vollmachten sie selbst zu ‚beschaffen' hatte er offensichtlich nicht."

Haben sich Lübke und der spätere amerikanische Weltraum-Hero Wernher von Braun eigentlich nach 1945 nochmal getroffen?

Insgesamt waren diese Lager mit (Zwangs-)Arbeitern bzw. 'Bruchteiljuden' seit damals (fast) ganz der Willkür der Leiter/Kommandanten ausgeliefert und da gab es sonne und solche. 1944/5 war kaum mehr ein Unterschied zwischen Barackenlagern und KZ.

Lübkes Biograph Morsey war nicht bereit, die Tragweite der aus dem Osten vorgelegten Beweise zu erkennen. So heißt es bei ihm: „Unmittelbar nach Kriegsbeginn im September 1939 wechselte Heinrich Lübke als Vermessungsingenieur in das Berliner Büro des aus Freiburg stammenden selbständigen Architekten Walter Schlempp in Berlin, Bellevuestraße 5a, über. Schlempp suchte einen Mann, der ihm den Schriftverkehr mit den Ministerien und Behörden abnehmen sollte." Über die unterirdischen Anlagen für das Jägerprogramm weiß er zu sagen: „Deren unterirdische Fabrik- und Tunnelsystem, das größte der Welt, war bis April 1944 weitgehend fertiggestellt... Die in den Stollen eingesetzten KZ-Häftlinge, Zwangsarbeiter und Kriegsgefangene lebten und arbeiteten unter menschenunwürdigen Bedingungen. [...] In diesem Zusammenhang erwähnte Lübke auch sein erstes Zusammentreffen mit einigen KZ-Häftlingen, die nach einem Bombenangriff auf Berlin einen Blindgänger, der unmittelbar neben seinem Haus [wahrscheinlich im ländlichen Marienfelde, Emilienstr. 16; Anm.d.A.] in neun Meter Tiefe im Boden steckengeblieben war, hätten ausgraben müssen. Seine Frau und er hätten an sie, ohne daran von den Wachmannschaften gehindert zu werden, Zigaretten verteilt, dann auch an die Bewacher, und anschließend die Häftlinge im Haus mit Kuchen und Kaffee bewirtet (,*auf unserem besten Prozellan*') und so, *mitten im Kriege, mitten in dieser entsetzlichen Verfassung, in der die Konzentrationshäftlinge waren, eine Stunde Weihnachten gespielt.*"

Morsey vermutete eine Verschwörung. „Um dieses Zieles willen griff die ,linke Tendenzpresse' in der Bundesrepublik" (Karl Carstens) die von der SED inszenierte und gesteuerte Rufmordkampagne auf und verstärkte sie. Der Bundespräsident konnte sich an Einzelheiten seiner Tätigkeit in Mitteldeutschland während der Kriegsjahre, über die er keinerlei eigene Unterlagen besaß, nicht erinnern und beging den Fehler, zunächst Unterschriften selbst unter Barackenzeichnungen global als gefälscht zu bezeichnen. Er wußte sich schuldlos, vermochte es aber nicht, seine beruflich bedingte Verstrickung in die Rüstungsanstrengungen des ,Dritten Reiches' überzeugend zu begründen.

Die Bundesregierung weigerte sich, die ,Originale' der in Ost-Berlin vorgelegten Lübke-,Dokumente' – vor allem Bauzeichnungen von Baracken, die zu ,KZ-Barackenlagern' umgefälscht wurden, um daraufhin die Rufmordkampagne ,KZ-Baumeister' einleiten zu können – prüfen zu lassen. Sie wollte, aus grundsätzlichen Erwägungen, auch in diesem Fall nicht mit Behörden der ,Sowjetzone' in Kontakt treten. Der Bundespräsident beugte sich ihrem Rat, gegen die Verfechter dieser

Sehen Sie selbst

Berlin (NBZ): Sehen Sie selbst nach! Überzeugen Sie sich von der Richtigkeit der Dokumente gegen Lübke! Sie sind öffentlich ausgelegt! Täglich von 10 bis 12 Uhr und von 14 bis 17 Uhr im Hause des Nationalrats
Berlin, Thälmannplatz 8/9.

Fahrverbindungen: U-Bahn Linie A bis Thälmannplatz oder ab S-Bahnhof Friedrichstraße mit Bus A 59 bis Endstation.

NEUE bild ZEITUNG

Februar 1966   10. Jahrgang   Nr. 6

Die „Neue Bild-Zeitung" kommt auch zu Ihnen regelmäßig ins Haus, wenn Sie für jede Ausgabe eine 10-Pf-Briefmarke der Bundespost einsenden
Berliner Büro Dr. M. Hell   1066 Berlin postlagernd

DDR-Generalstaatsanwalt Streit bietet die Originaldokumente an

Wann endlich antwortet Lübke?

Berlin (NBZ). Wann endlich antwortet Lübke? Wann endlich bricht er sein Schweigen? Als Oberhaupt der Bundesrepublik darf er die von der DDR vorgelegten Beweise nicht ignorieren! Oder seinen Kanzleirat läppische Dementis fabrizieren lassen!

Auf einer Pressekonferenz des Nationalrats wurde der derzeitige westdeutsche Bundespräsident Heinrich Lübke (CDU) schwerer Kriegsverbrechen angeklagt. Die von Prof. Albert Norden dazu vorgelegten Dokumente sind hieb- und stichfest. Sie tragen Lübkes Unterschrift bzw. Signatur!

Der Generalstaatsanwalt der DDR, Dr. Josef Streit, hat im Namen der Justiz die Originaldokumente angeboten. In dem Schreiben an den Leitenden Staatsanwalt beim Landgericht Bonn, Dr. Drügh, heißt es:

„Seit einiger Zeit befasse ich mich mit Vorermittlungen wegen der im Raum Peenemünde sowie im Raum Bernburg, Leau und Staßfurt im Rahmen bedeutsamer Rüstungsvorhaben des Nazi-Regimes begangener Kriegsverbrechen und Verbrechen gegen die Menschlichkeit.

Nach dem mir bisher vorliegenden umfangreichen Beweismaterial wurden in den genannten Orten KZ-Häftlinge, Kriegsgefangene und zwangsverschleppte Angehörige europäischer Staaten, insbesondere aus Frankreich, Holland und Polen, in gegen das Völkerrecht eklatant verstoßender Weise sowohl bei der Errichtung von Konzentrations- und Zwangsarbeitslagern, bei der Errichtung von Rüstungsbauten als auch in der Rüstungsproduktion (V-Waffen und „Jägerprogramm") unter Bedingungen zur Arbeit gezwungen, die den Tod von Hunderten von ihnen zur Folge hatten.

Verantwortlich dafür war die Baugruppe Schlempp. Und ihr stellvertretender Leiter ab 1941 und hauptverantwortlicher Leiter ab Sommer 1944 war Heinrich Lübke!"

„NBZ" veröffentlicht erneut Lübke belastende Dokumente. „NBZ" fragt: Wann endlich antwortet Lübke?

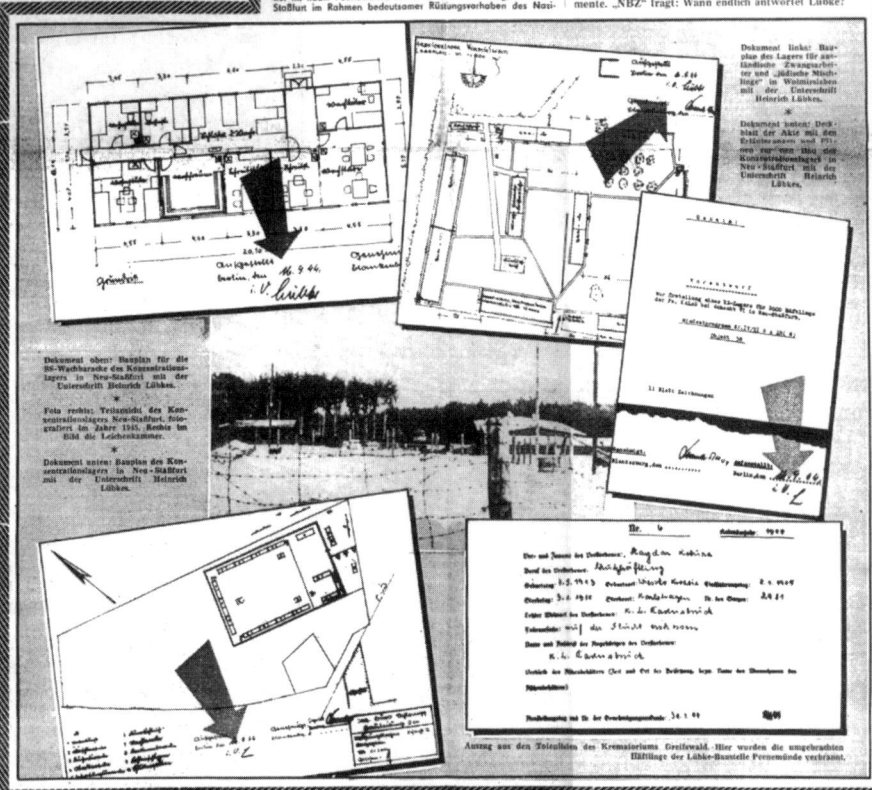

Dokument links: Bauplan des Lagers für ausländische Zwangsarbeiter und „jüdische Mischlinge" in Wolmirsleben mit der Unterschrift Heinrich Lübkes.

Dokument unten: Deckblatt der Akte mit dem Erläuterungen von Plänen von und aus den Konstruktionsbüros in Neu-Staßfurt mit der Unterschrift Heinrich Lübkes.

Dokument oben: Bauplan für die SS-Wachbaracke des Konzentrationslagers in Neu-Staßfurt mit der Unterschrift Heinrich Lübkes.

Foto rechts: Teilansicht des Konzentrationslagers Neu-Staßfurt, fotografiert im Jahre 1945. Rechts im Bild die Leichenkammer.

Dokument unten: Bauplan des Konzentrationslagers in Neu-Staßfurt mit der Unterschrift Heinrich Lübkes.

Auszug aus den Totenlisten des Krematoriums Greifswald - Hier wurden die umgebrachten Häftlinge der Lübke-Baustelle Peenemünde verbrannt.

Kampagne in der Bundesrepublik (‚Verleumder') nicht gerichtlich vorzugehen, weil deren eigentliche Initiatoren nicht greifbar, die Möglichkeit immer neuer ‚Dokumenten'-Funde nicht auszuschließen und ein langwieriger ‚Schauprozeß' zu befürchten waren. Auf diese Weise verblieb er in einer ausweglosen Defensivposition, die Kommunisten und Magazin-Journalisten gleichermaßen erbarmungslos nutzten, um das Staatsoberhaupt zum Prozessieren oder zum Rücktritt zu zwingen."[6]

Der SPIEGEL hatte derweil noch anderes aus Lübkes Zeit als Schlempp-Vize zu vermelden: „Regelmäßig fuhr er mit dem Dienstwagen in die Stadt, um seine ‚Speer-Pakete' abzuholen – Sonderrationen mit Tee, Kaffee, Schokolade. ‚Er hatte auch immer Obst', erinnerten sich die Hausgenossen von damals, und ‚die Zigaretten verschimmelten in seinem Schrank'.

Wie jeder, dem sich in Zeiten der Not Gelegenheit bot, nutzte Heinrich Lübke die Vorteile, die ihm sein Amt verschaffte. ‚Bei uns', so ein ehemaliger Mitbewohner, ‚ging es zu wie im Frieden. Es fehlte weder an der Seife noch an Stoffen oder an Fleisch.' Gegen Kriegsende setzte sich Heinrich Lübke aus Berlin ab. Er hatte den 2. Weltkrieg durchlebt, wie ihn viele Deutsche gern überstanden hätten – mit dabei, aber in Deckung. Er sympathisierte, wie viele Deutsche, nicht mit dem Hitler-Staat, aber er machte davon kein Aufhebens. Er war, wie viele, unbeteiligt an den Verbrechen des Nazi-Regimes, doch er beteiligte sich, wie viele andere, an Unternehmungen, die diese Verbrechen ermöglichten."

„Nach Rücktritt des ehemaligen Bundespräsidenten Lübke im Juli 1969 kann die politische Kampagne als beendet angesehen werden", hieß es im MfS. Vier Wochen später sandte der Leiter der Abteilung Agitation des MfS die mühsam zusammengetragenen Dokumente zurück ins Archiv der Hauptabteilung IX/11. Dort wurde am 24. 4. 1985 handschriftlich vermerkt, daß man keine Originale mehr besitze, sondern nur noch Kopien der Abt. Agitation. „Allein in den Archiven des Bundesbeauftragten für die Stasi-Unterlagen ist zu seiner Person ein Aktenkonvolut von sechs Metern geblieben. Der Bestand wurde in den sechziger Jahren von der Abteilung Agitation des MfS angelegt, verwaltet und im Zuge der Auflösung dieser Diensteinheit im Jahr 1985 archiviert."[35] Unerklärlich, wie die Stasi-Akten im Jahr darauf nochmal in einem Prozeß gegen den Axel Springer-Verlag von einem Sachverständigen geprüft (& als echt befunden) wurden. „Danach verliert sich die Spur der Unterlagen – ein nach den Bestimmungen des MfS erforderlicher Kassationsbeschluß ist nicht überliefert."[35]

32 Jahre später wird Lübke noch einmal SPIEGEL-Thema. In Ausgabe 22/2001 findet sich ein Interview mit dem Historiker Jens-Christian Wagner, Verfasser des Buches ‚Das KZ Mittelbau Dora' über Lübkes Rolle beim Einsatz von KZ-Häftlingen in Peenemünde abgedruckt.

Wagner bestätigt Heinrich Lübkes Rolle als oberster Bauleiter in Peenemünde. Dieser habe von 1943 bis 1945 die Mitverantwortung für den Einsatz von KZ-Häftlingen getragen. Lübke habe in Peenemünde die Planung vorangetrieben, die verschiedenen Firmen koordiniert und sei als Bauleiter für den Einsatz des Personals verantwortlich gewesen.

SPIEGEL: „Der Historiker Rudolf Morsey behauptete vor fünf Jahren in seiner großen Lübke-Biografie das Gegenteil. Der spätere Bundespräsident habe keinen Einfluß auf ‚Einsatz und Behandlung' der Gefangenen gehabt.

Wagner: Das können wir jetzt einwandfrei widerlegen. Im Archiv des Internationalen Suchdienstes in Bad Arolsen liegt ein Dokument, das von einem Vorarbeiter der Baugruppe Schlempp stammt, der selber ein KZ-Häftling war. Die Existenz dieses ‚Kapo BGS' bedeutet, daß unter Lübke eigenständig ein Häftlingskommando beschäftigt wurde.

SPIEGEL: Was schreibt der KZ-Vorarbeiter?

Wagner: Er berichtet, daß die Häftlinge 30 Zentner schwere Wasserrohre 400 Meter weit auf den Schultern tragen mußten, weil ein ziviler Lkw-Fahrer der Baugruppe Schlempp sich weigerte, die Rohre nahe genug an die Baustelle zu fahren.

In einer Notiz aus dem Jahr 1942 heißt es: „Herr Lübke, der am 21. 7. nochmals mit HAP/L (Leitung der Heeresanstalt Peenemünde) verhandelte, hofft, 500 Holländer Anfang August zu erhalten."

Und zu Lübkes Aussage, er habe an Häftlinge sogar Kuchen und Zigaretten, die er als Nichtraucher offensichtlich ansonsten verschimmeln ließ, verteilt und sie vom ‚unserem besten Porzellan' essen lassen, schätzt Wagner wie folgt ein: „Das ist der übliche Mythos vom ‚Brot zustecken'. In Wahrheit mußten die Gefangenen schwerste Arbeit verrichten. Sie wurden auf dem Flugplatz und am Kraftwerk eingesetzt und verrichteten Transportaufgaben – ein Zwölf-Stunden-Tag, der schnell zu körperlichen Erschöpfung führte."

Dr. Norbert Podewin, Historiker in Berlin kommentierte Wagners Forschungsergebnisse in der ‚Zeitung für linke Debatte und Praxis' (AK – analyse & kritik Nr. 454 / 27.09.2001) folgerichtig: „‚Das neue Beweismaterial' – präsentiert in einem aus dem MfS-Nachlass gespeisten Buch des Leiters der Gedenkstätte Dora-Mittelbau Jens-Christian Wagner. Als oberster Bauleiter von Peenemünde ließ Lübke Flugpisten, Prüfstände und Gebäude errichten. Unter seiner Regie wurden Tausende Zwangsarbeiter geschunden. Wagner: „Fest steht, daß Lübke von 1943 bis 1945 die Verantwortung für den Einsatz von KZ-Häftlingen hatte." Das Nachrichtenmagazin weiter: „Die Stasi hatte Lübke schon 1966 im Visier. Die SED-Propaganda nannte ihn einen ‚Kriegsverbrecher'."

Frage: „Die DDR-Kampagne brach allerdings in sich zusammen, weil die Stasi - Dokumente gefälscht haben soll." Wagner: „Die Unterlagen aus Neu-Staßfurt waren authentisch. Doch das reichte Ost-Berlin nicht, weil das Wort KZ in den Unterlagen nicht vorkam. Also stellte die Fälscherwerkstatt der Stasi zwei Aktendeckel her, auf denen das böse Wort vom Konzentrationslager zu lesen war. Dieser Schwindel flog auf. Damit war das gesamte Material diskreditiert."

Diese Schlußfolgerung bleibt ein Trugschluß, wohl dem Geburtsjahrgang Wagners (1966) geschuldet. Beim Gegenpart Benz ist nachzulesen, daß die DDR-Kampagnen „nicht nur den vorzeitigen Rücktritt des zermürbten und gesundheitlich angeschlagenen Bundespräsidenten 1969 zur Folge (hatten), sondern (sie) demontierten auch dessen Autorität nachhaltig."

Lübke selber sprach zum am 31. März 1965 zu einer internationalen Delegation ehemaliger KZ-Häftlinge und klärte diese auf, nicht bei allen Deutschen habe es sich um *so eine Art Henker oder Schinder* gehandelt, *diese Dinge* seien von einer *Bande von Menschen* gemacht worden, *die vielleicht aus dem Abschaum kamen*. Hitler und seinen *Menschenschlächtern* sei es gelungen *gerade diesen Abschaum mobilzumachen*, den man *nun immer* mit dem deutschen Volk gleichsetzen würde. Diese Form der Geschichtsinterpretation wird damals vielen älteren Zeitgenossen gefallen haben, heute scheint sie gruseligerweise auch wieder jüngeren zu gefallen.

Interspezielle Kommunikation ohne Berührungsängste.

Sauerländer Milch macht müde Männer munter.

5. Der gefallene Unschuldsengel

Ich habe heute morgen mein
Rückgrat in Ordnung gebracht

HEUTE LÄßT SICH nur noch spekulieren, wer denn 1959 anstelle Lübkes Präsident geworden wäre. Fest steht jedoch, daß die Geschichte der Bundesrepublik einen anderen Verlauf genommen hätte. Er bat von Anfang an um Nachsicht, so an seinem 65. Geburtstag: *Wenn Sie von dem neuen Bundespräsidenten etwas Negatives hören, dann denken Sie: Er ist noch in der Lehre.*

Wie effektiv die Stasi-Kampagne gegen Lübke vom Verfassungsschutz und seinen Verbündeten ausgekontert wurde, zeigt, daß fast 40 Jahre später viele der vom Autor Befragten davon ausgingen, bei den KZ-Vorwürfen gegen Lübke habe es sich um Fälschungen aus der DDR gehandelt – vom MÄRZ-Verleger Schröder hin bis zum taz-Kolumnisten Stefan Reinecke. Alle Achtung! Dabei war es nicht einmal die Stasi, die den ersten Stein warf; ohne sie nun als Trittbrettfahrer bezeichnen zu wollen, denn immerhin dokumentierte sie auch folgenden Vorfall 1969 in ihrer Broschüre ‚Aufstieg und Fall des Heinrich Lübke‘.

Die in Hof erscheinende Zeitung ‚Frankenpost‘ hatte am 17. September 1959 einen umfangreichen Artikel unter dem Titel „Weidener Ingenieur will von Lübke der Strafkompanie überstellt worden sein" veröffentlicht. Zitat: „Einen Tag, bevor der neue Bundespräsident, Dr. h. c. Heinrich Lübke, im Schloß Brühl bei Bonn seinen Amtsantritt feierte, startete das Nachrichtenmagazin ‚Der SPIEGEL‘ (Nr. 38/1959) gegen ihn den ersten Angriff. In einem, mit dem Titel ‚Bundespräsident‘ überschriebenen Artikel gibt die Zeitschrift die Behauptung des Elektroingenieurs Albin Teichmann aus Weiden wieder, Lübke sei dafür verantwortlich, daß Teichmann im Jahre 1943 nach einem alliierten Bombenangriff auf Peenemünde, als Deserteur und Saboteur zur Frontbewährung entlassen wurde."

In dem von der ‚Frankenpost‘ abgedruckten eingeschriebenen Brief Teichmanns an Lübke vom 24. August 1959 – also noch vor dessen Amtseinsetzung als Bundespräsident! – heißt es:

„Sehr geehrter Herr Lübke!

Sie werden sicher erstaunt sein, von einem Ihnen völlig Unbekannten ein ‚Einschreiben‘ zu erhalten. Deshalb gestatten Sie mir gleich am Anfang, Ort und Zeit unserer Bekanntschaft zu erwähnen: Ostseebad Zinnowitz, Ende August 1943, Großer Saal des ‚Hotels Schwabe‘. Pg. Lübke [Pg. = Parteigenosse] von der Baugruppe Schlempp war aus Berlin-Schmöckwitz gekommen, um nach Sündenböcken und

Saboteuren zu suchen, denen man vielleicht die Schuld an den noch rauchenden Ruinen der ,Versuchsstelle Peenemünde' in die Schuhe schieben könnte...

Über mein ahnungsloses Haupt entlud sich nun der Zorn des Pg. Lübke. Er nannte mich einen Deserteur und Saboteur, sprach von Fahnenflucht, Feigheit usw. und wollte mich unbedingt einem Volksgerichtshof überstellen. Das hätte, wie jeder wußte, die Guillotine oder KZ bedeutet. Erst dem Zureden des guten Baurates Hähnlein und meines Freundes und Vorgesetzten, des Nicht-Pg. und Hitler-Hassers Dipl.-Ing. M., gelang es, Pg. Lübke so weit zu beruhigen, daß er von seiner Volksgerichts- und KZ-Legende abging und ,gnadenweise' Bewährung an der Front bis zum sicheren Endsieg gestattete...

Nie hätte ich es für möglich gehalten, daß unser zukünftiges Staatsoberhaupt mit dem Pg. Lübke identisch ist. Seit vielen Jahren ahnte ich es, jetzt weiß ich es gewiss.

Selbstverständlich, Herr Lübke, besitze ich die entsprechenden Dokumente, zum Teil mit Ihrer persönlichen Unterschrift, ohne die ich es nicht wagen könnte, Ihnen, dem künftigen Staatsoberhaupt, diesen Brief zu schreiben. Ich frage Sie, Herr Lübke, halten Sie noch heute Ihre damalige Handlungsweise für gerechtfertigt?"

„Um es vorweg zu nehmen: Fast zehn Jahre später, am 29. April 1968, bestätigte Erwin Maß – ein früherer Kollege Lübkes, der im Zuge des Skandals zunächst als Entlastungszeuge auftrat und sodann als Mittäter an den von Lübke begangenen Verbrechen überführt wurde – gegenüber dem Deutschlandsender, Lübke habe mit ihm über das Schreiben Teichmanns gesprochen. Teichmann jedoch wurde keiner Antwort gewürdigt, es sei denn, man wertet mehrmalige intensive Besuche von Kriminalbeamten einschließlich Haussuchung als gehöriges Echo auf die schweren Anklagen. Konsequenzen für Lübke hatte die erste Enthüllung seiner Vergangenheit nicht."[7] Die Vorhaltung, Lübke sei P.G. gewesen, habe ich anderswo nicht bestätigt gefunden.

Die DDR legte im Laufe der Jahre heftig nach; hier ein paar typische Pröbchen, bei denen der Übergang von Fakten zur Propaganda verschwimmt:

„Wo Kriegsverbrecher Trettner Generalinspekteur der Bundeswehr, wo Hitlers Wehrwirtschaftsführer Flick der reichste Konzernherr ist, wo die Abrüstung verlacht und abgelehnt wird [...] Wenn Lübke wieder seine Reisen antritt, dann wird die DDR dafür sorgen, daß ihm voraus die Kunde zu den Westdeutschen und den Völkern fliegt: Achtung! [...] Es kommt der Politiker, der Lumumbas Mörder Tschombe als Freund empfangen hat. Es kommt der Rassist, der vor fünf Jahren der faschistischen Verwoerd-Regierung Südafrikas bestätigte, daß bei ihr ,das Eingeborenenproblem in guten Händen liegt.' Es kommt der Feind des Friedens! Wir, die DDR und ihre Bürger, werden jedenfalls dafür sorgen, daß die Bäume der Lübke und Ehrhard nicht hoch, geschweige im Osten oder in den Himmel wachsen. [...] Nach alledem ist es nicht erstaunlich, daß die westdeutschen Ultras in

Lübke den Mann ihrer Wahl sehen. Das regelrecht faschistische, in Westdeutschland legal erscheinende Blatt ‚Der Stahlhelm', Organ jener militaristischen Organisation, die Hitler mit zur Macht trug, bescheinigte dem Präsidenten Lübke das Vertrauen und die Zuneigung der Faschisten mit den Worten: „So wie wir ihn kennen, wissen wir, daß unsere Wünsche in der richtigen Hand liegen."

Im Laufe der Zeit hinterließen die permanenten Sticheleien aus dem Osten Spuren im Westen. Im Mai 1966 erdreisteten sich die Kabarettisten des Düsseldorfer ‚Kommödchen' in einer Sendung im jungen ZDF einige entsprechende Lübke-Pointen zu setzen. „Mit dieser Verunglimpfung sah der Fraktionsvorsitzende der CDU im Landtag von Rheinland-Pfalz, Helmut Kohl, eine ‚freie Vereinbarung' der Rundfunkanstalten verletzt, die Person des Bundespräsidenten von ‚persönlichen Rüpeleien' freizuhalten."[6] Der Intendant des ZDF, Karl Holzamer, versprach am 31. Mai '66, daß er „in Frage kommende Abteilungen des Programms noch einmal eingeschärft habe", den jeweiligen Bundespräsidenten „nicht zum Gegenstand kabarettistischer Darstellungen" zu machen. Nur wenig später nahmen sich die Kollegen des Bayerischen Senders des Themas in der ARD an. Worauf Holzamers Kollege beim ARD Lübke mitteilte, daß es nach Intervention des Programmbeirates beim Bayrischen Rundfunk „keine Live-Sendungen einer Veranstaltung des politischen Kabaretts mehr geben würde". Im August '66 beschlagnahmte die Polizei im Schaukasten des Rational-Theaters in München Kopien der ‚Beweise' aus Ost-Berlin. Später kam es zu einer öffentlichen Demonstration der Zeitschrift PARDON, in deren Verlauf mehrere Personen festgenommen wurden. Die Proteste nahmen zu, Heinrich schwieg beharrlich.

Am 29. September 1966 konstruierte die Bundesregierung eine neue Rückzugslinie in Gestalt einer ‚Ehrenerklärung', verbunden mit der ‚Empfehlung', auf eine gerichtliche Klärung bestehender oder künftig erhobener Vorwürfe zu verzichten. Parallel dazu legte das Bundesinnenministerium am 28. Oktober Material vor, in dem vor allem ehemalige Akteure des NS-Rüstungsprogramms Heinrich Lübke Untadeligkeit bescheinigten. „Innenminister Lücke begründete im Fernsehen Lübkes Verzicht, ‚die Hilfe der Gerichte in Anspruch zu nehmen', mit dem entsprechenden Rat der Bundesregierung; es sei ‚unter der Würde des Staatsoberhauptes', sich mit der Verleumdungskampagne auseinanderzusetzen. Deren Urheber in Ost-Berlin könnten ohnehin durch ein Strafverfahren ‚nicht gefaßt' werden; ein Vorgehen gegen deren Kolporteure in der BRD hingegen würde nur dem ‚erklärten Propagandaziel der SED-Drahtzieher ‚entgegenkommen'. Als Bundespressechef von Haase diese Erklärung des Bundeskabinetts am selben Tage mit der Formel erläuterte, daß die Justiz nicht ‚zum Träger der Zonenpropaganda gegen das Staatsoberhaupt der BRD gemacht werden sollte', gab es Ärger. Einige Juristen und Richterverbände protestierten gegen die Annahme, daß Richter in der BRD nicht etwa korrekt entscheiden würden".[6]

So blieb es nach wie vor unter der Würde Lübkes, rechtlich gegen Personen, die ihn ‚KZ-Baumeister' nannten, vorzugehen.

Am 28. Oktober 1966 (mit ‚Sperrfrist 19.30 Uhr') nahm Innenminister Lücke im Blatt ‚Innere Sicherheit – Informationen zu Fragen des Staatsschutzes' Stellung ‚zu der kommunistischen Verleumdungskampagne gegen den Bundespräsidenten'. Vorangestellt war dieser Volksaufklärung passenderweise ein Lenin-Zitat: „Die politischen Enthüllungen sind... eines der wirksamsten Mittel der Zersetzung des feindlichen Regimes... zwischen den ständigen Trägern der absolutistischen Regierung Haß und Mißtrauen zu säen."

In einer Art selbstgesprächigem Frage- & Antwortspiel vertrat er die offizielle Regierungsmeinung. Zur Frage, was man gegen die Personen tun könne, die ‚Verleumdungsmaterial der SED-Propagandazentrale' verteilten, meinte er z.B.:

„Wer sich den Sinn für Proportionen bewahrt, kann es schwerlich für angemessen halten, daß sich das Staatsoberhaupt mit diesen Kolporteuren der Verleumdungsaktion vor Gericht auseinandersetzt." Außerdem handele es sich bei den Nestbeschmutzern um einen ‚berufslosen ehemaligen Studenten; ...in München sind es Mitglieder eines ‚bis dahin ganz unbekannten Kabaretts – zum Teil gescheiterte Studenten, von denen einige führend in einer radikalen Studentenorganisation tätig waren, die der revolutonären chinesischen Richtung des Weltkommunismus nahesteht. In Frankfurt war es ein Altkommunist...'

Zum ‚zweiten Komplex der Verleumdungskampagne, Lübkes Tätigkeit als ‚KZ-Baumeister' wußte er: „Bei der Planung für die Rüstungsproduktionsstätten waren selbstverständlich auch, wo dies erforderlich war, Arbeitsunterkünfte vorgesehen. Diese Unterkünfte waren aber in keinem Fall als Konzentrations- bzw. Zwangsarbeiterlager angelegt. Aufträge für die Planung derartiger Anlagen hat das Architekturbüro in keinem Fall erhalten. [...] Bundespräsident Lübke war während des Krieges in der gleichen Situation wie alle Deutschen, die in dieser Zeit in Deutschland leben und arbeiten mußten. Obschon stets Gegner des Nationalsozialismus, wurde er in die Kriegsanstrengungen des ehemaligen Reiches einbezogen."

Über die vorgelegten Dokumente wußte er zu vermelden, daß man ja schon vorher von der Existenz von KZ und der unmenschlichen Behandlung der Häftlinge gewußt habe, „Das ist ein Sachverhalt, der ebenfalls allgemein bekannt war... Es gibt ‚Dokumente', die eine Verbindung von Bundespräsident Lübke zu der Erstellung von Konzentrationslagern und der Verwendung von Häftlingen im Arbeitseinsatz herstellen sollen, insbesondere Pläne, welche angeblich die Unterschrift von Heinrich Lübke tragen. Diese Kategorie, auf die es allein ankommt, besteht samt und sonders aus Fälschungen und Verfälschungen. [...] Die Kommunisten und die Leute, die hier in der BRD ihre Geschäfte besorgen, werden mit Sicherheit... die Verleumdungsaktion fortsetzen... Die Fälscherzentrale in Ost-Berlin kann weitere ‚Dokumente' oder angebliche Belastungstatbestände in unbegrenzter Folge fabrizieren. Zweifellos wird dort alsbald auch die Produktion von Material anlaufen, das meine Dokumentation widerlegen soll. Wenn der Bundespräsident oder die Bundesregierung stets von neuem mit Dementis reagieren wollten, so gäbe das der Verleumdungskampagne die Publizität und damit genau den Erfolg, den die Kommunisten anstreben. Ich halte es daher für allein richtig, künftige Rufmordaktionen als Mittel des politischen Kampfes gegen unseren Staat durch Nichtbeachtung unwirksam zu machen."

War das nun glatt gelogen, zynische Hilflosigkeit oder einfach Ignoranz und Dummheit? Das werden wir wohl nie erfahren. Zumal in Bonn vermehrt echte alte (Ex?-)Nazis, u.a. der neue Bundeskanzler Kiesinger antraten.

Noch einmal versuchte der Westen, Lübke reinzuwaschen: Die Unterschriften auf den ‚Stasi-Dokumenten', KONKRET den ‚sogenannten' Bauplänen für das Nazi-Konzentrationslager Leau, seien einwandfrei gefälscht. Das habe eine Untersuchung ergeben. Nun, die zuständigen Westkriminologen des Bundeskriminalamtes gaben sich bei ihren ‚Untersuchungen' mit Fotokopien der Dokumente zufrieden, obwohl jeder Fachmann weiß, daß man Fälschungen nur anhand von Originalen herausfinden kann. Aber wer wollte schon die Originale im Osten einsehen? Nun, die Kollegen vom STERN: „Während sich Heinrich Lübke in Bonn Ende 1967 mit der Vorbereitung seiner Silvesteransprache an die *lieben Landsleute* herumquälte, setzte im fernen New York die Notarin Eleanor P. DeVito ihr Dienstsiegel unter eine peinliche Neujahrsüberraschung für den Präsidenten der Bundesrepublik Deutschland. Sie beglaubigte eine Expertise, in der nachgewiesen wird, daß die Unterschriften auf Bauplänen für das Nazi-Konzentrationslager Leau tatsächlich von dem 1959 zum Bonner Staatsoberhaupt gewählten Bauingenieur Heinrich Lübke stammen."

In Ausgabe 4/68 wies der STERN nach, daß es mit dem Zeugenbeweis, der in der Entlastungsbroschüre des Bundesinnenministers für Lübke angeboten wird, nicht besser steht. Die beiden ‚Entlastungszeugen', die Architekten Erwin Mahs aus Bad Godesberg und Heinrich Sander aus Bonn, waren während des Krieges Angestellte des Baubüros Schlempp gewesen, dem auch Heinrich Lübke in leitender Funktion angehört hatte. Aber ihre ‚an Eides Statt' gegebene Versicherung, das Büro Schlempp und damit auch Lübke hätten sich niemals mit Planung und Errichtung eines KZs befaßt, ist falsch; Dokumente beweisen es (Vgl. STERN 47/1967: ‚Die Zeugen des Herrn Präsidenten')."

Lübkes Stellungnahmen zu einem möglichen Rücktritt lasen sich wie folgt: *„Das wäre ein Schaden für das deutsche Volk!" – „Ich wende mich an Sie persönlich…, weil ich der Auffassung bin, daß man eine einmal übertragene Aufgabe erfüllen muß." – „Über meinen Rücktritt brauchen wir gar nicht erst zu reden. Ich fühle mich verpflichtet, bis zum letzten Tag im Amt zu bleiben."*

Doch allmählich kippte die Stimmung. Zum einen kam eine große Koalition, zum andern häuften sich Lübkes Fettnäpfchen-Tritte. Und schließlich wurde nicht nur die Jugend aufmüpfiger. „Im Hintergrund immer die beiden Undiskutablen, die beiden Untragbaren und Unerträglichen: Lübke und Kiesinger", schrieb Heinrich Böll 1968 angesichts der Verabschiedung der Notstandsgesetze in KONKRET.

Dabei tat er Lübke wohl unrecht, ihn mit einem Ex-Nazi in einen Pott zu werfen – in dem sich, laut Informationen aus der DDR, doch sehr viele Ex-Nazis tummelten: „Neben Regierungschef Kiesinger stehen an der Spitze der Bonner Regierungsexekutive zwanzig weitere aus der Nazizeit belastete Personen, darunter elf Staatssekretäre. Allein im Bundesinnenministerium des gegenwärtigen CDU-Ministers Benda – der an den Lügen zugunsten Lübkes persönlich außerordentlichen Anteil hat, aber keineswegs daran denkt, die Konsequenzen zu ziehen – sind über sechzig ehemalige Gestapo- und SS-Offiziere sowie andere NS- und Kriegsverbrecher tätig. Hierbei sei hervorgehoben, daß die Bonner Notstandsgesetzgebung fast ausschließlich von solchen Beamten entworfen sowie in den Einzelheiten und Kommentaren ausgearbeitet wurde, die während der Nazizeit – zum Teil in gleicher Funktion – die faschistische Ausnahmegesetzgebung in Unrechtsnormen fassten. Im Bonner Auswärtigen Amt sind unter dem Vorsitzenden der Sozialdemokratischen Partei, Brandt, 244 frühere Nazidiplomaten tätig, davon 62 als Botschafter. Die Zahl aus der Nazizeit schuldbeladener Juristen im Justizwesen beträgt mindestens 1118. Bei der Bundeswehr können noch immer 189 schwerbelastete Nazioffiziere nachgewiesen werden, von den Nazi-Wehrwirtschaftsführern an den Schalthebeln der Macht nicht zu sprechen."[7]

„Die etablierte Öffentlichkeit, der es vor zwei Jahren noch ganz egal war, ob Lübke ein großer oder ein kleiner Nazi war, weil sie selbst aus Leuten besteht, die kein Interesse daran haben können, daß man sie fragt, ob sie große oder kleine Nazis waren, diese etablierte Öffentlichkeit hat gemerkt, daß sie der entstehenden Gegenöffentlichkeit etwas bieten muß, wenn sie nicht von ihr verdrängt werden will, daß sie wenigstens den Gestus von Opposition annehmen muß, wenn sie überhaupt noch von denen, die angefangen haben, politisch zu denken und zu arbeiten, beachtet werden will", erklärte Ulrike Meinhof im April 1968 das plötzliche Interesse der Medien am ‚Fall Lübke'. Zwei Jahre zuvor hatte niemand wissen wollen, daß Lübke in einem Architekturbüro des Stabes Speer beim Rüstungsministerium tätig gewesen war, hatte niemand Fotodokumente, die Lübke unter anderem mit NS-Rüstungsminister Todt zeigten, wahrgenommen.

Im März '68 lieferte der SPIEGEL die Titelgeschichte ‚Überall ist Sauerland' – geradezu eine Demontage des Präsidenten. Über dessen TV-Beichte kurz zuvor heißt es da: „...erschien er dem deutschen Volk auf dem Fernsehschirm und bekannte, bleich, aber gefaßt: *Selbstverständlich kann ich mich nach Ablauf von fast einem Vierteljahrhundert nicht mehr an jedes Schriftstück erinnern, das ich unterzeichnet habe.*

In allen anderen Punkten machte der Präsident Ausflüchte – darauf berechnet, dem unkundigen Volk als Märtyrer zu gelten. [...] Mitglieder des CDU-Präsidiums kamen zu dem Schluß: Eine Klage des Bundespräsidenten gegen die ‚Verleumder' könnte angesichts der Sachlage womöglich mit deren Freispruch enden."

Lübke-Freund Lücke kam ob seiner Verteidigungsstrategie unter Druck: „So hab er Lübke geraten, einen behandlungsbedürftigen Leistenbruch schon am Rosenmontag operieren zu lassen. Dadurch wäre die öffentliche Erklärung des Präsidenten verhindert worden. Doch Lübke habe nur erwidert, er denke jetzt nicht an seine Gesundheit." Da war er wohl wirklich schon zu krank.

Ein Jahr später war er abgedankte Geschichte – der einzige Bundespräsident, der seinen Job vorzeitig abgegeben hat. Daß er versuchte, die ganze Sache über Jahre hinweg schweigend auszusitzen und damit auch fast noch fast ungeschoren davonkam, ist heute, angesichts der gewandelten Medienlandschaft, kaum noch nachvollziehbar.

Doch schon bald darauf war er weitgehend verdrängt und vergessen.

Dann kam die ‚Wende‘ und mit ihr neue Gerüchte. In ihrem Haß auf den Klassenfeind übertrieb die DDR überflüssigerweise manchmal, wodurch der Wahrheitsgehalt der eigentlichen Botschaft als unglaubwürdig abgetan werden konnte. „Nach der Wende erklärte dann einer der beteiligten HVA-Offiziere, Günter Bohnsack, das Konvolut der Barackenbaupläne sei so ‚ergänzt‘ worden, "daß es zweifelsfrei ‚bewies‘, was wir beweisen wollten [...] Die Verfälschungen seien mit großer Sorgfalt angefertigt worden, damit sie einer Prüfung standhielten. So seien die Deckblätter derart geschickt bearbeitet worden, daß sogar Kriminalisten der Humboldt-Universität die Fälschungen nicht erkannten."[35] Im Unterschied zu den später gefälschten ‚Hitler-Tagebüchern‘ entsprach jedoch der Inhalt der Ordner der Wahrheit. Wie Bo Diddley schon rockte: ‚You can't judge a book by looking at its cover‘.

Die Wende weckte offenbar bei der CDU-Führung die Hoffnung auf eine späte Ehrenrettung. Lübke als Opfer einer ‚Stasi-Intrige‘ hätte wunderbar in die Strategie der politischen Totaldemontage der DDR gepaßt. Die Kohl-Regierung beauftragte die Gauck-Behörde, bitte alle Lübke-Unterlagen herauszurücken. Dem Wunsch wurde entsprochen und seitdem schweigen alle Informierten stille. Nur die BERLINER ZEITUNG meldete am 9. März 1994: „Daß sich die CDU bislang nicht regt, mag mit den aufgefundenen Unterlagen über Lübke zu tun haben. Diese nämlich scheinen noch eindeutiger als die bislang bekannten zu belegen, daß Heinrich Lübke sehr wohl wissentlich und tatkräftig an der Konzipierung und dem Aufbau von Arbeits- und Konzentrationslagern in Deutschland beteiligt war [...] Anhaltspunkte für Fälschungen gibt es nicht." Der eigentlich zu erwartende Widerspruch blieb aus.

Dann bezeichnete der international renommierte Wissenschaftler Wolfgang Benz, Leiter des Zentrums Antisemitismusforschung an der FU Berlin in den von der Bundeszentrale für Politische Bildung herausgegebenen ‚Informationen zur politischen Bildung‘ (Nr. 27/2001) Heinrich Lübke als das unschuldige „Opfer einer Kampagne aus der DDR, der sich auch westdeutsche Medien anschlossen. Lübke wurde im Juni 1964 in einer Verleumdungskampagne vorgeworfen, ‚KZ-Baumeister‘ gewesen zu sein, ein ‚Gehilfe der Gestapo‘, ein ‚Kriegsverbrecher‘. Die unsinnigen Vorwürfe... wurden mit präparierten ‚Dokumenten‘ unterfüttert..." Doch Beweise für seine These lieferte er nicht.

In einem TAZ-Kommentar (12.8.2003) über eine mögliche Stasi-Vergangenheit von Günter Wallraff hieß es: „Die Stasi versuchte überdies, die Westlinke für Desinformationskampagnen einzuspannen. Sie fälschte Dokumente über die Nazi-Vergangenheit von Westpolitikern – berühmt wurde etwa die Legende, daß Heinrich Lübke KZs entworfen hatte. Sich damit zu befassen ist notwendig."

„Hoppla", schreibe ich, „fällt die TAZ heute lieber staatstreu auf die alten Lügen des Verfassungsschutzes rein?" Redakteur Stefan Reinecke fällt sich – alle Achtung! – selbst in den Rücken und antwortet: „Sie haben Recht. Meine Information fußte auf der erinnerten Lektüre des Buches von Hubertus Knabe über die Stasi im Westen. Wenn ich recht sehe, ist Knabes Darstellung unhaltbar geworden, spätestens durch die Arbeit des Historikers Wagner über Peenemünde. Kommentare werden, wie Ihnen vielleicht erinnerlich ist, in 20, 30 Minuten geschrieben. Da kommt so etwas vor. Leider. Fakt ist aber, daß es Desinformationskampagnen der Stasi gab, mit recht viel Aufwand betrieben, allerdings ohne viel Erfolg. Im Fall Lübke war es so, daß die Stasi, zwecks Deutlichkeit, das Wort ‚Konzentrationslager' auf zwei Aktendeckeln fälschte, und damit jenes echte Material unglaubwürdig machte, das sie im Westen lancieren wollte – ein eklatantes Beispiel für den Mangel an Effektivität der Stasi-Kampagnen."

Kurz darauf äußert sich Reinecke noch einmal in der TAZ über Lübke, stellt einiges richtig, versteigt sich aber meines Erachtens zum Schluß. Da klingt es fast so, als ob er Lübke zur NS-Elite zählt: „In deutschen Zeitungen wird der Begriff ‚KZ-Baumeister Lübke' heute manchmal in Anführungszeichen gesetzt, offenbar um Distanz zu dem Versuch der DDR zu markieren, Lübke zu denunzieren. Doch die amateurhafte Stasi-Fälschung [zweier Akteneinbände] ist nur die Randepisode: Die Hauptgeschichte handelt von der Kontinuität der NS-Eliten in der BRD nach 1945."

„Die so überaus verdienstvollen Braunbücher der DDR haben, indem sie massenhafte Präsenz von Nazis aller Ränge in so gut wie jeder Führungsetage skandalisierten, der falschen Geschichtsschreibung Vorschub geleistet. Der Skandal, wenn es einmal einer wurde, bestand darin, daß da einer als General, Generalstaatsanwalt oder Generaldirektor amtierte, obwohl er doch ein großer Nazi gewesen war. Die Wahrheit, daß er da saß, <u>weil</u> er ein Nazi gewesen war, ging in der Empörung verloren." (Hermann L. Gremliza, KONKRET 2/2004)

Verlassen wir den braunen Sumpf und wenden wir uns dem Nachkriegs-Lübke zu, der sich ab sofort völlig anderen, grünen ‚Baustellen' widmete. Getreu dem politisch unkorrektem, sehr wohl aber biologisch korrektem Motto des Alten Forstmeisters Fabricius ‚Alle Grünen Zweige wachsen auf braunen Ästen'.

6. Der Grüne Heinrich

Patenonkel der Grünen

Wir müsen uns ernsthaft fragen, wie hoch der Preis ist,
den wir für die Entfernung von der Natur zu zahlen bereit sind.
[1964, Eröffnung Naturpark Rothaargebirge]

DER BEGRIFF ‚UMWELTSCHUTZ' war den meisten Politkern, Medienschaffenden und Bürgern noch fremd, als Gustav Heinemann am 13. April 1972 im Bundestag seines Vorgängers im Amt gedachte:

„Von 1922 an betrieb er den organisatorischen Zusammenschluß der Bauernschaft in seiner westfälischen Heimat […] In seinem Kampf für die Interessen der Pächter und Siedler mußte er zum Gegenspieler der Guts- und Großgrundbesitzer werden […] Der Landtag von Nordrhein-Westfalen ist der einzige, der ein Bodenreformgesetz beschloß. Heinrich Lübke hat es erkämpft. […]

Als Bundesernährungsminister in der Zeit von 1953 bis zu seiner Wahl zum Bundespräsidenten im Jahre 1959 war Heinrich Lübke darauf bedacht, die gegensätzlichen Interessen der Landwirtschaft einerseits und der Verbraucher andererseits zu einem erträglichen Kompromiß zu bringen. Der erste **Grüne Plan**, der seitdem Grundlage unserer Landwirtschaftspolitik ist, wurde von ihm entworfen und gegen manchen Widerstand von Großgrundbesitzern, auch im Bundeskabinett und in der eigenen Fraktion durchgesetzt.

In die Zeit seiner Amtsführung fielen auch die Verhandlungen über die Gründung eines gemeinsamen Agrarmarktes der Europäischen Wirtschaftsgemeinschaft. Für ihn bedeutete das: Auseinandersetzungen mit dem Bauernverband, mit dem Bundesfinanzminister, mit der eigenen Fraktion, mit der Opposition und nicht zuletzt mit den Landwirtschaftsvertretern der Europäischen Kommission und seinen Kollegen im Ministerrat. Wer Heinrich Lübke in dieser Zeit gekannt hat, mußte den Eindruck gewinnen, daß er sich trotz aller Umstrittenheit als der rechte Mann am rechten Platz verstanden hat. Daß Landschaftsschutz und Kampf gegen Umweltverschmutzung stets ein weiteres Feld seines persönlichen Einsatzes waren, ergab sich für ihn, als einem Menschen vom Lande, dem ein Gefühl für gesunde Natur von Hause aus mitgegeben war, wie von selbst."

Die **Grünen Pläne** galten der Förderung der deutschen Landwirtschaft, um deren naturgegebenen und wirtschaftlichen Nachteile gegenüber anderen Wirtschaftsbereichen auszugleichen. Teile davon wurden später von der EWG übernommen. In Bonn trugen ihm seine Umweltaktivitäten schon früh den Spitznamen **Grüner Heinrich** ein. Aber ich greife vor.

Lübke hatte sich rechtzeitig und geschickt aus seinem Wirkungsfeld während der Kriegsjahre entfernt und in Höxter ein Baubüro eröffnet. Doch schon bald zog es ihn sowohl in die alte Heimat, wie auch wieder in die Politik. Später beschrieb er die Nachkriegssituation mit folgenden Worten: *Der Staat war den meisten Menschen zunächst einmal ein großes Obdachlosenasyl, eine Sammelstelle der Notleidenden, [eine Einrichtung] deren wichtigste Aufgabe es sein mußte, die Trümmer zu beseitigen.* Später wird er klagen: *Früher hieß es ‚Wir sind alle Diener des Staates'. Heute hat man den Eindruck, daß der Staat unser aller Diener wäre.*

Im Januar 1947 - über ein Entnazifizierungsverfahren wissen wir ebensowenig wie über eine Internierung - wurde er mit der notwendigen Einwilligung der britischen Militärregierung Ressortchef für Landwirtschaft und Ernährung im ersten Landeskabinett in NRW. Lübkes älterer Bruder Friedrich Wilhelm, CDU-Politiker und von 1951-54 Ministerpräsident von Schleswig-Holstein, zweifelte, ob er „von Sinnen sei, ein solch hoffnungsloses Amt anzunehmen, bei dem man doch höchstens die Möglichkeit hätte, den Mangel mehr oder weniger gerecht zu verteilen."

Lebensmittel waren flächendeckend Mangelware, und wo doch Vorräte lagerten, fehlte die Infrastruktur für eine Verteilung. Kaum ein Stadtbewohner erreichte die angepeilten 1500 Kalorien täglich, die als Minimum angesehen wurden. Die Winter 45/46 und 46/47 waren ungewöhnlich kalt, so daß auch die Kanäle als Transportwege ausfielen. Die 13 Millionen Menschen in NRW waren unter dem Motto: ‚Kartoffeln gegen Kohle' auf Kompensationsgeschäfte mit Süddeutschland angewiesen. Lübke werkelte unter dem Druck von hungrigen Konsumenten und überforderten Bauern, und erstaunlich oft wurden seine Bemühungen von Erfolg gekrönt.

Er kandidierte als CDU'ler für den ersten Landtag von NRW und erhielt im April 1947 im Wahlbezirk Arnsberg 47,1% der Stimmen. Durch seine Arbeit als Landwirtschaftsminister machte er einen solch guten Eindruck, daß er kurzeitig gar als Ministerpräsident im Gespräch war. Er lehnte diesen Posten jedoch ab, da ihm die Zusagen der Militärregierung ‚zur Sicherstellung der Ernährung' nicht langten und er den Posten als Ernährungsminister als wichtiger empfand.

Doch noch immer war Hunger der alles überschattende Faktor. In der konstituierenden Sitzung des ersten frei gewählten Landtages stand die Bewältigung dieses Problems vordringlich vor den Abgeordneten, und von hier aus richtete Heinrich Lübke nach detaillierter Schilderung der verzweifelten Lage einen eindringlichen Appell an die Verantwortlichen in aller Welt: *Wo Hungersnot ist, kann keine Ordnung aufrechterhalten werden, wo Hungersnot (ist), kann keine Planung wirksam sein, wo Hungersnot ist, helfen auch keine Versprechungen für die Zukunft. Deshalb rufen wir die Hilfe der Welt für unser notleidendes Land!*

Einige Ereignisse bzw. Maßnahmen, die geeignet sind, die Persönlichkeit Heinrich Lübke deutlicher als jede langatmig psychologische Studie zu zeichnen, sollen im folgenden als Beispiel für viele stehen. Im Hungerjahr 1947 überlegte er, welche

Vormals Grüner Heinrich

»Ein Jammer, Wilhelmine - wenn man bedenkt, daß jedes dritte Korn von der Industrie bezahlt wird!«
Henry Meyer-Brockmann (1961)

Möglichkeiten sich für eine Sonderration zu Weihnachten bieten könnten. Es gelang ihm, die erforderlichen Mengen für eine größere Zuteilung an Zucker aufzutreiben. Ehe es jedoch zur Auslieferung kam, schaltete sich die britische Militärregierung ein.

Die Briten erließen ein striktes Zucker-Vertriebs-Verbot. Lübke, der schon einiges über die Sonderration hatte verlauten lassen und sie nunmehr in Gefahr sah, protestierte. Schließlich drohte er mit dem Rücktritt. Die Militärregierung, über diese Widersetzlichkeit aufgebracht, sprach von Verhaftung des Ministers und ließ klar erkennen, daß sie dieses drakonische Mittel anwenden würde. Als sich Lübke dessen ungeachtet beharrlich weigerte, die Forderungen der Besatzungsmacht zu akzeptieren und auf der Zuckerlieferung bestand, siegte schließlich die Einsicht bei den Briten. Auf einen Eklat wollten sie es nicht ankommen lassen. Lübke wurde nicht in Haft genommen, die Bevölkerung erhielt zu Weihnachten die in Aussicht genommene Sonderzuteilung an Zucker, eine Maßnahme, die nach Auffassung des Ernährungsministers möglich, aber auch gerechtfertigt war."[15]

Hungernden Demonstranten im Kohlenpott erzählte er 1948: *Wenn in früheren Zeiten eine Hungerkatastrophe wie heute bei uns eintrat, hat man den Verantwortlichen lebendig begraben oder aufgehängt. In der Regel soll dann auch eine Besserung eingetreten sein. Wenn wir dies hier auch so halten wollen, dann bitte sofort, dann kann ich mir die Rede ersparen.* Er durfte weiterreden.

Im August 1949 wählte man ihn mit 40,7% auch in den Bundestag – damals war eine Mitgliedschaft in zwei Parlamenten noch rechtens. Auch hier wurde er als Kandidat für den Ministerposten für Ernährung, Landwirtschaft und Forsten gehandelt, den Job bekam jedoch vorerst ein Kandidat aus Bayern. Im Herbst 1953 berief Adenauer jedoch seinen ‚ungemein dickschädligen Parteifreund' zum Minister – gegen Widerstände seiner alten Feinde, des Adels: Eine Gräfin Leutrum von Ertringen warnte in ihrer Eigenschaft als Präsidentin der deutschen Landfrauen ebenso wie seine Abgeordnetenkollegen Gutsherr Graf von Galen oder Otto Fürst von Bismarck. Adenauer jedoch widerstand dem Drängen des Adels und selbst Lübkes offenherzige Warnung *Lassen Sie mich fallen, Sie würden mit mir nur Ärger haben… Das wird für Sie eine teure Sache* konnte ihn nicht davon abbringen, den Kandidaten des Deutschen Bauernverbandes in sein Kabinett aufzunehmen. Der CSU'ler Graf Henckel von Donnersmarck verteidigte Lübke gar gegen Kritiker, die ihm vorwarfen, er sei ‚ein verkappter Kommunist' und würde einen ‚Linkskurs' einschlagen. Lübke habe in „seinen chaotischen Jahren die sozialen Momente sehr stark betont, vielleicht auch überbetont [aber nie mit kommunistischer oder sozialistischer Tendenz, sondern] aus dem tiefen Schmerz über die leider so oft in Erscheinung tretende hartherzige Verständnislosigkeit mancher Christen für wirtschaftliche und soziale Not."

„So wurde er zum Vater des **Grünen Planes**, wozu er sich auch berufen fühlte."[17] – „Bei der Einführung des ersten **Grünen Planes** vor dem Bundestag 1956 sprach Lübke davon, daß dieses Entwicklungsprogramm nicht im Sinne einer

‚Glasglockenhilfe' aufgestellt worden sei, die vor Gefahren bewahrt und damit auch die Verantwortung und Selbständigkeit des einzelnen mindert. Die Aktion soll vielmehr den Glauben der bäuerlichen Bevölkerung an sich selbst wieder stärken und ihr damit neuen Mut geben zur Weiterführung ihrer schweren Aufgabe…"[9]

Der Landwirtschaftsminister machte sich an die Arbeit. Ein Beispiel: „Bei einer Besichtigungsreise, die den Minister durch Baden-Württemberg führt, sagt er vor der Presse, der durch den Bau des Rhein-Seitenkanals mehr oder weniger auf die Abwässer der Stadt Basel und der angrenzenden Gemeinden beschränkte Oberrhein habe auf ihn einen niederdrückenden Eindruck gemacht. Das Bedenklichste sei die Senkung des Grundwasserspiegels, die stellenweise bis zu 8 Metern zu gehen drohe – ein Zustand, bei dem kein Baum mehr gedeihen oder gar tragen könne. Man hoffe noch immer, daß von französischer Seite dieses Projekt in einer weniger schädlichen Form durchgeführt würde. Würde es aber durchgeführt, so sei die notwendige Hilfe für die betroffene Landwirtschaft außerordentlich schwierig und kostspielig, sie sei dann eine Aufgabe nicht allein für Deutschland, sondern für ganz Europa.

Und schon wenige Tage später fordert Lübke auf der 5. Landeskulturtagung der ‚Deutschen Landwirtschaftlichen Gesellschaft' in Bremen eine durchgreifende Reinigung aller Flüsse durch Klärung und Umleitung der Abwässer. Dabei ist er ehrlich genug zuzugeben, daß die Aufbringung der hierfür notwendigen Mittel von 660 Millionen DM nicht den Verursacher-Betrieben allein aufgebürdet werden kann, da man diese früher oft sogar zur Ableitung der Rückstände in die Flüsse ermuntert, zumindest aber davon nicht abgehalten habe. Damit ist sein speziell erlerntes Interessengebiet angesprochen, und Lübke nennt auch sofort einen Katalog von Aufgaben, die es zu bewältigen gilt: Landwirtschaftlicher Wasserbau, Meliorationen, Moor- und Ödlandkultivierung, Wegebau und Trinkwasserversorgung; Voraussetzung all dieser Aufgaben aber ist die Flurbereinigung. Es muß für ihn bitter sein zu erfahren, daß seine Bemühungen auch von denjenigen, denen sie vornehmlich gelten, den deutschen Bauern, oft nicht erkannt und verstanden oder sogar strikt abgelehnt werden, wie dies auf einer Großkundgebung des Deutschen Bauerntages auf dem Stuttgarter Killesberg im Oktober 1954 der Fall ist. Darüber berichtet die DEUTSCHE BAUERNZEITUNG in ihrer Ausgabe vom 8. Oktober 1954: ‚Nicht eine einzige Hand rührte sich …, als der Bundeslandwirtschaftsminister Dr. h. c. Heinrich Lübke die Bauernschaft vor übersteigerten Forderungen warnte. Nicht ein einziges Wort sagte dieser hartgesottene und intelligente Westfale zu dem Hauptanliegen der deutschen Bauernschaft, zu dem Anspruch auf soziale und wirtschaftliche Gleichstellung der Landwirtschaft mit den gewerblichen Berufen'."[15]

Lübkes agrarreformerische Vision, ein ‚landwirtschaftliches Grundgesetz' wurde nach langem Ringen im Juli 1955 bei nur zwei Gegenstimmen vom Bundestag angenommen. Jährlich gab er in einem **Grünen Bericht** Rechenschaft über Erfolge und Mißerfolge. Mit dem schon erwähnten Grünen Plan sollten bäuerliche

Familienbetriebe gestärkt und deren Eigeninitiative gefördert werden, damit das Einkommensgefälle zu anderen Berufen endlich beseitigt würde. Dabei beharrte Lübke immer auf der Wichtigkeit der Förderung einer Selbsthilfe. Er blieb davon überzeugt, daß eine von Subventionen abhängige Landwirtschaft das *Ansehen des Berufsstandes auf das schwerste gefährden* würde. Seit dem ist ein halbes Jahrhundert vergangen und der zwischenzeitlich eingeführte Subventionsregen gilt heute als eines der großen Gesellschaftprobleme.

Er erkannte noch ein anderes dringendes Problem, für das viele seiner Kollegen erst ein offenes Ohr haben, seit sich über zwanzig Jahre später eine neue Partei durch allein diesen Themenbereich fürs Parlament qualifizierte: den Umweltschutz, damals noch Landschafts- und Naturschutz genannt. Als Bundespräsident nutzte er jede Gelegenheit, werbend und mahnend für den Gedanken des Naturschutzes einzutreten und in der Öffentlichkeit auf die Notwendigkeit einer sinnvollen und zweckmäßigen Landschaftspflege hinzuweisen. So äußerte er 1964 bei der Eröffnung des Naturparkes Rothaargebirge, gerade von einer anstrengenden Afrikareise zurückgekehrt: „... *Wir müssen uns ernsthaft fragen, wie hoch der Preis ist, den wir für die Entfernung von der Natur zu zahlen bereit sind.*" Diese Rede wird am Ende dieses Kapitels dokumentiert.

Ich will hier nicht den Eindruck erwecken, Lübke habe den Naturschutz erfunden. Frühe Vordenker gab es schon im 19. Jahrhundert, selbst bei Goethe & Schiller tauchten erste Hinweise auf. Naturschutz stand hoch auf der Agenda der frühen Wandervögel, von Monte Verita bis zur Eden-Kolonie. 1909 kam es – nach amerikanischem Vorbild – zu einer deutschen Naturschutzpark-Bewegung. Perverserweise konnte man den Schutzpark ‚Etoscha-Pfanne' in der blutig errungenen Kolonie Deutsch-Südwestafrika als ersten Erfolg verbuchen. Dort waren alle Menschen vertrieben worden, um den Wildtieren paradiesische Verhältnisse zu schaffen.[33]

In der Verfassung der Weimarer Republik wurde erstmals der Schutz der Natur und der Landschaft als Staatsaufgabe formuliert, konkret: Die zur Industriekloake verkommene Wupper erhielt 1930 als erster Fluß rechtlichen Klärungsbeistand.

Im Dritten Reich mehrten sich Bestrebungen, die rassenreine deutsche Natur zu schützen – auch vor der eigenen Industrie. 1933 ernannte die Zeitschrift NATURSCHUTZ Hermann Göring inoffiziell zum ‚Obersten Naturschützer'. Der Reichsarbeitsdienst räumte die Natur ordentlich auf, fing u.a. an, Bäche zu begradigen. „Kommunisten, Sozialdemokraten, Deutschnationale usw.: alle nahmen sie mehr oder weniger lebhaft an dem Naturschutz Anteil, aber streng unter dem von der jeweiligen Parteidoktrin vorgeschriebenem Gesichtswinkel", klagte 1934 der Reichssachleiter für Naturschutz, Dr. Schönichen. Er frohlockte, da es jetzt ja nur noch eine Partei gäbe.[31] ‚Kraft durch Freude' in der deutsch-jungfräulichen Natur, das war der Traum – vom dem 1945 nichts blieb. Zerbombtes Menschenwerk wurde wieder aufgebaut, das Wirtschaftswunder erforderte Kraft, keine Zeit für

Freude – und, angesichts der zertrümmerten Städte, erst recht nicht für den Naturschutz. 1958 entschied das Bundesverfassungsgericht: ‚Das Reichsnaturschutzgesetz gilt nicht als Bundesrecht fort'. Doch es dauerte, bis ein neuer rechtlicher Schutz der Natur verbrieft wurde. Über vier Jahre zogen sich die Treffen von Politikern, Wissenschaftlern und Wirtschaftsvertretern auf der Insel Mainau hin, bis sie 1961 ein ‚aufrüttelndes Dokument zur Rettung von Natur und Landschaft' erformulierten, das von Heinrich Lübke vorgestellt wurde. Ihm war dieses Thema ein großes Herzensanliegen. Doch ein Thema für die aktive Politik wurde der Umweltschutz – ein Begriff, der 1969, Monate nach Lübkes Ausscheiden aus dem Amt, im Innenministerium geprägt wurde – erst anläßlich des ‚Europäischen Naturschutzjahres', 1970. Die DDR erließ ihr erstes Naturschutzgesetz 1954, die BRD brauchte etwas länger, hier erließ man das ‚Bundesnaturschutzgesetz' erst 1976, nach Lübkes Tod.

Zu Lebzeiten war er ein einsamer Rufer im Walde und ein geradezu sturer Vorkämpfer des Umweltschutzes. Er setzte sich immer wieder für die *grünen Rechte* der Natur ein. Er sorgte z. B. dafür, daß die neue Erdöl-Pipeline im Gebiet des Bodensees so verlegt wurde, daß für den See *jede Gefährdung* auszuschließen sei. Er förderte den Wettbewerb ‚Unser Dorf soll schöner werden' und riet den Gemeinden, eine angemessene **Grünplanung** nicht zu vergessen. Immer wieder mußte er betonen, daß es ihm dabei nicht um den romantischen Aspekt ginge, sondern daß es sich bei diesen *Maßnahmen der Daseinsvorsorge schon für unsere allernächste Zukunft* handle. Immer wieder machte er darauf aufmerksam, daß die Schäden durch eine in *alarmierendem Ausmaß verbrauchten Landschaft* unsere Zukunft bedrohe.

Stur ging er – gefeiht gegen alle Anmachen – seinen bodenständigen grünen Weg. Die Presse beschrieb den **grünen Heinrich** hämisch als „akademisch fortgebildeten Ackerbürger, der einen Konzertflügel im Hause hat und hinterm Haus einen Küchengarten, in dem Dill, Majoran und Pimpernell wachsen"[17]. What's so funny 'bout Dill, Majoran & Pimpernell? Er wußte um die richtige Pflege des Lebens im Untergrund: *Einen Teil des Laubes liegen lassen, weil es für die Überwinterung der Wurmkulturen im Erdreich unerläßlich ist,* riet er den Gärtnern von Schloß Bellevue. Hat Frau Künast heute, im Zeitalter des manischen Laubsaugens, schonmal ein Plädoyer für den Wurm abgeliefert? Für Lübke hörte die Natur nicht bei den Creepy-Crawlies auf. Er hätte den Grünen vielleicht die Deutsche Kakerlake (blatella germanica) als Symbol empfohlen - den definitiven Recycler in Gottes Plan.

Er warb, wo er konnte – und auf offene Ohren hoffen durfte – für seine grünen Ideen: Beim Deutschen Wandertag, am ‚Tag des Baumes', im Rat für Landpflege, oder vor dem Deutschen Städtebund (1965): *Die Unwirtlichkeit mancher Städte stiftet... ständig Unfrieden und Unzufriedenheit unter ihren Bewohnern. Solange noch unerträglicher Lärm bis in die Wohnungen vordringt, Abgase die Gesundheit bedrohen und das Weichbild durchquerende Wasserläufe Auge und Nase belästigen, vermag die beste Wohnkultur nicht zu befriedigen.*

Bei der Eröffnung der Bundesgartenschau 1969 stellte er die Frage, ob die riesigen Aufwendungen an Geld, Mühe und Arbeitskraft für die Schaffung gärtnerischer Anlagen in den Zentren unserer Städte als richtige und sinnvolle Investition gelten könnten: *Die Antwort darauf kann nur ein mit Nachdruck ausgesprochenes Ja sein. Die Gartenschauen sind weit mehr als Augenweiden schaulustiger Besucher für ein Jahr. Sie sollen den Bewohnern der Städte in einer Umgebung, die vielfach von Asphalt und Beton, von Geschäfts- und Bürohäusern, Fabriken und Schornsteinen gekennzeichnet ist, in grünenden Stätten Entspannung und Erholung bieten. Im Zeitalter der Industrialisierung und des schnellen Bevölkerungswachstums ist die steigende Verstädterung ein nicht aufzuhaltender Prozeß.*

Wovor viele noch die Augen verschließen – der Präsident sieht die *grausame Zerstörung. Dürfen wir uns noch als Kulturnation bezeichnen, wenn wir so etwas dulden?* fragt er und fordert den *Mut zum Umdenken.* Was heute als Grundlage der Landespflege und des Umweltschutzes gilt, hatte Lübke (schon) anläßlich des 4. Mainauer Gesprächs 1960 mit seinem Referat *Gesunde Luft, gesundes Wasser, gesunder Boden* zum Ausdruck gebracht. Tja, im Gegensatz zu vielen Grünen der Grün-Gründerzeit oder auch im heutigen Parlament kannte sich Heinrich Lübke - natürlich! - im Grünen aus. Für seine grünen Visionen erhielt er damals jedoch nur Hohn und Spott - von vielen seiner Kollegen, wie auch von der Jugend. Vor allem in den Städten fand man, verwirrt ob der Folgen des Wirtschaftswunders, seine grünen Ideen lächerlich, ja reaktionär.

Wir kennen uns doch schon, meine Freunde.

Wo Gefahr ist, wächst das Rettende auch...

Ansprache zur Eröffnung des Naturparks Rothaargebirge
[Laasphe, 30. Oktober 1964]

Meine sehr geehrten Damen und Herren! Liebe Jugend!

Obwohl ich nach einer anstrengenden Afrikareise ein wenig Ruhe notwendig gehabt hätte, bedeutet es für mich ein Erlebnis, an dieser Feierstunde zur Eröffnung des Naturparks Rothaargebirge teilnehmen zu können. Ich nutze gern jede Gelegenheit, werbend und mahnend für den Gedanken des Naturschutzes einzutreten und in der Öffentlichkeit auf die Notwendigkeit einer sinnvollen und zweckmäßigen Landschaftspflege hinzuweisen.

*Am 20. April 1961 haben unabhängige und verantwortungsbewußte Männer aus den verschiedensten Bereichen des Öffentlichen Lebens in der **Grünen Charta von der Mainau** eindringlich darauf hingewiesen, daß persönliche und letztlich auch politische Freiheit nur in einem Lebensraum mit gesunder Daseinsordnung gedeihen kann. Dort heißt es: „Die Grundlagen unseres Lebens sind in Gefahr geraten, weil lebenswichtige Elemente der Natur verschmutzt, vergiftet und vernichtet werden, und weil der Lärm uns unerträglich bedrängt. Immer häufiger werden lebendiger Boden vernichtet, Oberflächen und Grundwasser verdorben, Luft verunreinigt, Pflanzen und Tierwelt gestört und offene Landschaft verunstaltet." Jeder Deutsche sollte diese Charta kennen und beherzigen. Sie sollte in den Lehrstoff unserer Schulen einbezogen und ihre Beachtung gesichert werden.*

Wer meinen Entwicklungsgang kennt, wird verstehen, daß Natur und Natürliches mir sehr viel bedeuten. Es ist mir stets als eine Gunst des Schicksals erschienen, daß ich meine Jugendjahre in ländlicher Umgebung verbringen durfte. Der feierliche Ernst der heimatlichen Wälder, die Anmut eines Wiesenrains und das frohe Rauschen eines klaren Bachwassers gehören mit zu den ersten Erinnerungen meiner Jugend. Die bäuerliche Umwelt, in der ich aufgewachsen bin, hat mich aber auch vor romantischer Naturschwärmerei bewahrt. Ich weiß sehr wohl, wieviel Arbeit und unsägliche Mühen vieler Generationen notwendig waren, damit eine Kulturlandschaft entsteht. Wer die weiten Ödflächen, die riesigen Wüsten, die menschenfeindlichen Urwälder und die gnadenlosen nackten Gebirgsketten Asiens, Nord- und Südamerikas und Afrikas gesehen hat, wird sich dem romantischen Sehnsuchtsruf ‚Zurück zur Natur' nur mit Vorbehalt anschließen können.

Als ich vor einiger Zeit in einem lieblichen und stillen Waldtal den Flußlauf der Fränkischen Saale verfolgte, blickte ich, statt in klares Gebirgswasser, in eine trübe Flüssigkeit, die noch dazu einen durchdringenden, üblen Geruch verbreitete. Die Abwässer von Fabriken und Haushaltungen haben das Wasser verdorben und alles Leben in ihm ausgelöscht. Eine so grausame Zerstörung der Natur läßt sich nicht mit Gedankenlosigkeit entschuldigen. Sie schafft berechtigten Zweifel daran, ob ein Volk, das so etwas zuläßt und duldet, sich noch als Kulturnation bezeichnen darf.

Wir müssen uns ernsthaft fragen, wie hoch der Preis ist, den wir für die Entfernung von der Natur zu zahlen bereit sind. Niemand kann und will die technische Entwicklung rückgängig machen. Ihr verdanken wir unseren Lebensstandard und die Möglichkeit, die sich ständig vermehrende Erdbevölkerung zu ernähren. Konnten aber Leben, Kultur und Technik bis vor kurzem noch als Verbündete angesehen werden, so zeichnet sich, wie der spanische Philosoph Ortega y Gasset erkannt hat, immer deutlicher die Tendenz ab, daß die Technik eine dem Lebendigen entgegengesetzt gerichtete Entwicklung nimmt. Besonders beachtlich ist dabei das große Gefälle dieser Entwicklung. Aufgrund der neuesten Ausgrabungsergebnisse nehmen unsere Archäologen an, daß der Mensch seit etwa 300 Tausend Jahren existiert und es seit etwa 15 bis 20 Tausend Jahren primitive Kultur und Zivilisation gibt. Die technische Entwicklung von der ersten Dynamo-Maschine bis zum Entstehen des ersten Atomkraftwerkes brauchte aber kaum mehr als 100 Jahre. Es ist daher nur allzu gerechtfertigt, wenn uns die Frage quält, wie wird die Entwicklung weitergehen?

*Glücklicherweise werden die Gefahren, die aus der modernen Hochzivilisation für Leib und Seele des Menschen entstehen, gesehen und erkannt. Die Losung **Hilfe durch Grün** ist zu einem umfassenden Programm geworden, das bereits praktische Ergebnisse gezeigt hat.*

Alle Freunde der Naturschutzbewegung wissen, daß mit all diesen Bemühungen ein guter Anfang gemacht wurde. Aber alle Anstrengungen von privater und behördlicher Seite werden ohne Erfolg bleiben, wenn wir nicht den Mut zum Umdenken aufbringen. Wir müssen begreifen und danach handeln lernen, daß technischer Fortschritt und steigender Lebensstandard nicht mit schweren Schäden an Leib und Seele erkauft werden dürfen. Von Friedrich Hölderlin stammt das schöne und sicherlich zutreffende Wort: „Wo Gefahr ist, wächst das Rettende auch." Sorgen wir dafür, daß dieses trostvolle Wort durch unsere Trägheit und Gleichgültigkeit nicht Lügen gestraft wird.

Hat es in den 30 Jahren nach Lübke bis über Töpfer hinaus im Bund einen überzeugenderen christdemokratischen Umwelt-Politiker gegeben? Wer ruft hier ‚Angie!'? OK, Frau Merkel könnte durchaus als Lübkes Cousine ‚von drüben' durchgehen, aber als Umweltministerin hat sie nun kaum dauerhafte Spuren hinterlassen. Und die politischen Enkel Lübkes aus seiner Region? Vom CDU-Generalsekretär verdränge ich leichter den Namen, als mich an eine umweltpolitische Aussage zu erinnern.

10. Der Lübkenbüßer

Vom christdemokratischen Märtyrer zur demokratischen Marionette

Wenn man, wie ich, auf einem Stuhl sitzt, an dem so viel Politik vorbeiläuft, muß man sich eine Art Märtyrergesinnung zulegen.
[auf dem Neujahresempfang des Kabinetts, 6.1.65]

„Der Vorsitzende Heinrich spricht zu allen Lebensfragen.
Deshalb sind seine Worte geeignet, auch in allen Lebenslagen
zu echten Nothelfern zu werden". [Gebrüder Grimmig]

KAUM JEMAND WUßTE, daß Lübkes Gesundheitszustand schon bei seinem Abschied aus Düsseldorf (Ende '52) stark angeschlagen war. Er litt an einem chronischen Magenleiden und zeitweiliger Herzschwäche. In Bonn trat er ein Jahr später als ein im Grunde kranker Mann an. Lübke klagte immer wieder in brieflichen Äußerungen über Herz- und Magenbeschwerden, erwähnte Grippeanfälle und *angegriffene Nerven* sowie *unerfreuliche Untersuchungen*. Häufig äußerte er seine Vorfreude auf einen unbedingt notwendigen Urlaub. Er sprach von seinem *von Alter und Krankheit geschwächten Kräftevorrat* und über sein ab 1953 *ständig schlechter werdendes Gedächtnis*. Ergebnislos konsultierte er deswegen zahlreiche Ärzte, die lange Jahre unfähig waren, ihn richtig zu diagnostizieren und begab sich seit Ende der fünfziger Jahre mit seiner Frau regelmäßig zu längeren Kuraufenthalten nach Bad Kissingen. Auch lebte er in ständiger – wie sich später herausstellte berechtigter – Angst vor einer Krebserkrankung.

1958 starben einige Freunde Lübkes, darunter Karl Arnold. Daraus zog er zwar eine einsichtige Folgerung (*wenn man klug wäre, konnte man das als Warnung betrachten*), verdrängte sie jedoch umgehend, denn *unsere Familie hat leider diese Art der Klugheit nicht mit auf den Weg bekommen* ... Wie schon 1956/57 befreundete er sich mit dem Gedanken, sich am Ende der laufenden Legislaturperiode des (dritten) Bundestages (1961), aus der Politik zurückzuziehen.

> ## Verkohlt
>
> ...Weil unser lieber Bundeskanzler Helmut Kohl doch der Enkel schlechthin ist, ja? Das ist doch kein Bundeskanzler, es ist ein Bundesenkel. (Gelächter) Und dieser Bundesenkel hat sich den falschen Geist gesucht. Es ist nicht Adenauers Enkel. Es ist Heinrich Lübkes Enkel!
>
> *(Gelächter, Gejohle, Beifall, Getrampel)*
> Sie sind ja ein boshaftes Publikum!
>
> *(Wolfgang Neuss live)*

Doch sein Schicksal, manifestiert durch Rest-Volk und Teil-Vaterland hatte anderes mit ihm vor.

Bevor am 12. September 1959 die zweite Amtsperiode des ersten Bundespräsidenten Theodor Heuss auslief, brauchte die CDU einen Nachfolgekandidaten. Die interne Wahl fiel auf den Parteivorsitzenden und Bundeskanzler Konrad Adenauer. Der akzeptierte zunächst. Als der jedoch merkte, daß die Partei drauf und dran war, seinen ungeliebten Vize Ludwig Erhard zu seinem Kanzlernachfolger zu machen, zog Adenauer drei Wochen vor der Wahl die Kandidatur zurück. Ihm war klar, daß die Befugnisse des Präsidentenamtes nicht ausgereicht hätten, einen Kanzler Erhard in Schach zu halten. „Wie viele Sozialdemokraten (‚es ist zu schön, um wahr zu sein‘) hatten auch manche Unionspolitiker den angekündigten Wechsel des inzwischen 85jährigen Regierungschefs in die Villa Hammerschmidt begrüßt, um einen Generationenaustausch des politischen Führungspersonals einleiten zu können. Adenauers Kehrtwendung vom 4. Juni 1959 löste ein politisches Erdbeben aus, schockierte die zu Statisten degradierten Unionspolitiker und führte zu einem eklatanten Prestigeverlust des Bundeskanzlers, zum ‚Abstieg seiner Autorität‘. Die Unionsparteien gerieten in Zugzwang. Angesichts des bedrohlich nahegerückten Termins für die Wahl des Bundespräsidenten (1. Juli 1959) mußten sie, gleichsam über Nacht, einen Ersatzmann präsentieren. Gesucht wurde ein Politiker ‚mit möglichst viel politischer Erfahrung und möglichst wenig politischen Feinden‘, zudem einer, der auch noch für den kleinen Koalitionspartner, die Deutsche Partei, akzeptabel war; denn CDU und CSU fehlten in der Bundesversammlung einige Stimmen an der absoluten Mehrheit."[6]

Einige Namen tauchten auf und wieder ab – mal waren sie konfessionell nicht genehm, mal zu eigenwillig – und die Staatspartei CDU wollte unbedingt einen eigenen Kandidaten und nicht für den SPD-Kandidaten Carlo Schmid votieren. Früher spielte auch die konfessionelle Parität im Staat noch eine herausragende Rolle. So brachte der Generalsekretär der CSU den Protestanten Etzel ins Gespräch, aber Adenauer witterte die dahinterstehende Absicht, so den Kanzlerstuhl für den Katholiken Strauß warm zu halten. Also brauchte er einen Katholiken und fand Lübke. ‚Der schlichte Mann wußte, daß er dritte Wahl war, und litt darunter.‘ (FAS)

Lübke kam ins Spiel, weil er ‚mit seinem schlichten Wesen weit eher als ein auf hohen Rossen sich bewegender Professor das Ohr und das Herz des sogenannten kleinen Mannes‘ erreichen, aber auch Bevölkerungsgruppen ‚innerhalb der gehobenen Schichten‘ für sich einnehmen werde. Schließlich spielte auch das ‚von einigen weiblichen CDU-Abgeordneten kräftig unterstütztes Argument‘ eine Rolle, daß die Frauen Lübke wählen würden, ‚weil er, dieser zartgebaute und gegenüber Frauen ein wenig schüchtern wirkende Mann, immer so korrekt gekleidet einhergehe, in einer unauffälligen Eleganz und immer wie eben aus dem Ei gepellt‘.

„14 Tage vor dem Wahltermin verfiel man auf den weißhaarigen Landwirtschaftsminister Heinrich Lübke, der im Fernsehen bekannte, es sei ihm nicht an der Wiege gesungen worden, daß er Bundespräsident würde."[16]

Dieser Ausschneide-Hampelmann lag der PARDON bei.
H. D. Heilmann schnitt ihn damals aus, kolorierte und hängte ihn erst ins Kinder-
zimmer, dann bis zum heutigen Tag neben Johnson und Erhardt ans Buchregal.

Sogar der Vorsitzende der Evangelischen Kirche in Deutschland, Otto Dibelius ließ verlauten, daß ,die untadelige Persönlichkeit Lübkes auch in der evangelischen Kirche allerlei Vertrauen' genieße. Diese Würdigung eines Katholen empfand der Vorsitzende der Jungsozialisten, Johannes Rau, als ,belastend und der Unabhängigkeit der evangelischen Kirche nicht gemäß'. Seitdem scheint die vormals so entscheidende Konfession bei dieser Personalentscheidung keine übergeordnete Rolle mehr zu spielen.

Während dieses Buch wächst, scheint das Gerangel um den Nachfolger von Johannes Rau beendet. Nicht als Vorsitzender der Jungsozialisten, sondern als Bundespräsident. Rau hatte Lübke seinerzeit kennengelernt – damals noch als Anführer der Jusos. Damals wie heute beweisen viele Politiker ihre temporäre Unglaubwürdigkeit bei der Wahl des obersten Deutschen. So klagte die FSZ (25. 1. 04): „Wieder wird gemahnt: Das Amt des Bundespräsidenten dürfe ,keinen Schaden nehmen'. Unwürdig seien ,parteipolitische Spielchen'. Mögliche Kandidaten dürften ,nicht verheizt' werden durch vorzeitiges Benennen oder Verschweigen. Nicht innerparteilicher Status oder Geschlecht sollten die Wahl bestimmen, sondern ,Fähigkeit und Persönlichkeit.' Edelgeschwätz, das im Turnus alle fünf Jahre von Politikern zu hören ist. Die meisten wissen, daß die Suche nach dem Bundespräsidenten selten eine nach dem Besten und dem Schlauesten im Lande war. Wichtig ist – und war es bei den vergangenen elf Bundespräsidentenwahlen immer – vor allem eines. Machtpolitik, die hinter der Wahl steht". Das war jedoch schon so, als Lübkes Vorgänger gewählt wurde und findet in der Wahl von Raus Nachfolger einen peinlichen Höhepunkt. Am 3.3.04 fanden sich laut FAZ folgende Begriffe zum Auswahlverfahren des neuen Bundespräsidenten in der deutschen Presse:

Casting • Chaos • Basar • Bubenstück • Deal • Desaster • Eiertanz • Gefeilsche • Gehänge • Gerangel • Gewürge • Gezerre • Hickhack • Hin und Her • Kakophonie • Kungelei • Lachnummer • Machtspiel • Nervenkrieg • unterirdisches Niveau • Poker • Ranküne • Roulette • Schacher • Streit • Teppichhändler • Tricksereien • Höhepunkt der Verkommenheit • Versteigerung • Winkelzüge • Zank ...

Wochen vor der 2004-Wahl sieht es so aus, als ob wieder jemand mit einem 'fremdenfeindlichen' Umlaut, diesmal einem ,ö', wie der Kanzler, Präsident. Bei der Benennung durch die CDU unbekannt wie Lübke, ebenfalls in seiner Biografie einem Grün verbunden, wenn auch eher dem $-Grün als dem sauerländischem.

Am 1. Juli 1959 verhalf eine knappe Mehrheit von CDU- und FDP-Abgeordneten (526 von 1038 Mitgliedern der Bundesversammlung) dem laut SPD-Sprecher Erler ,Mann ohne Feinde' im zweiten Wahlgang gegen den sozialdemokratischen Intellektuellen Carlo Schmid zur Nachfolge von Theodor Heuss. Der Nachfolger empfand keinen Triumph: *Ich bin für das Amt eigentlich wenig geeignet. Es hätte bestimmt bessere Kandidaten als mich gegeben.*[16]

„Vielen Kommentatoren fiel es schwer, dem als ‚Lückenbüßer' oder – wie ‚Der SPIEGEL' ironisierte – ‚Lübkenbüßer', jedenfalls überwiegend als ‚Verlegenheitskandidat' seiner Partei apostrophierten Minister (‚Notlösung!') gerecht zu werden. Er galt ‚allgemeinpolitisch gesehen', wie es die SCHWÄBISCHE LANDESZEITUNG formulierte, als ein ‚kaum beschriebenes Blatt'. Das wiederum empfand Lübke keineswegs als Nachteil: *Ich bin kein Mann der Rampe. Ich bin für das Arbeiten* – so charakterisierte er sich selbst in diesen Tagen. Durchweg lobte man seine bereits am 15. Juni 1959 von Kai-Uwe von Hassel in einer Pressekonferenz erwähnte Fähigkeit zum Ausgleich sowie die ‚schlichte, natürliche Würde', die er ausstrahle, vergaß aber auch nicht seinen *westfälischen* bzw. *sauerländischen Dickschädel*. Im SPD-Organ VORWÄRTS vom 19. Juni 1959 bedauerte Franz Barsig, der Sprecher des SPD-Vorstands, den ‚armen Heinerich', den allerdings kein persönliches Verschulden daran treffe, daß er neben Carlo Schmid wie ein ‚dunkler Erdsatellit neben einem Fixstern' wirke."[6]

• Im Berliner TAG stand am 16. Juni 1959: ‚Nüchtern und sachlich ist dieser Mann allerdings bis zum Überdruß und daher fliegen ihm die Herzen nicht im Sturme zu.'

• Der MANNHEIMER MORGEN kommentierte: ‚Er wird stets so sprechen, daß ihn jeder versteht; die Brillanz der geschliffenen Formulierung ist jedoch nicht seine Stärke.'

• Bonner Journalisten erwähnten Lübkes ‚Elefantengedächtnis, das nicht vergißt'.

• ‚Der SPIEGEL' lobte den ‚aufrechten Mann', der als ‚anerkannter Senior unter den sechs Fachministern der Europäischen Wirtschaftsgemeinschaft' agiere und sich große Verdienste um die westdeutsche Landwirtschaft erworben habe.

• Die FAZ vom 18. 6. 1959 bescheinigte ihm ‚Stehvermögen und Selbstbewußtsein, aber auch Schroffheit und Empfindsamkeit'. Mit einem ausgeprägten Sinn für ‚menschliche Qualität' und einem hervorragenden Gedächtnis verbinde er eine spezifische Art von Mutterwitz, ‚kräftig entwickelt, freilich unintellektuell, eher westfälisch-hintersinnig, selten direkt, aber meist mit mehr als nur einem Quentchen Ironie und Spott vermischt'. Erwähnt wurde aber auch Lübkes Schwäche, die freie Rede, zumal er wenig von vorbereiteten Manuskripten seiner Mitarbeiter halte; in dieser Hinsicht werde er als Bundespräsident ‚wohl umlernen müssen'.

Lübke thematisierte wiederholt, daß ihn die Wahl seiner Parteifreunde vor *ein schweres politisches und persönliches Problem gestellt habe*. Schon früher hatte er entsprechende Anfragen abgelehnt, denn er sei sicher, daß er für die Übernahme eines so hohen Amtes *nicht zugeschnitten* sei. Für das *höchste Amt in Deutschland* solle man doch lieber einen *Würdigeren* aussehen. Dann jedoch gab er nach, denn *wenn jemand in voller Übereinstimmung* vorgeschlagen werde, sei er *des Amtes wegen* verpflichtet, dieses auch anzunehmen, und deshalb sage er *Ja*. ‚Der SPIEGEL', 11/1968: „Es muß zur Ehre Heinrich Lübkes gesagt werden, daß er sich zum Bundespräsidenten nicht berufen fühlte. Er war nur nicht der Mann, nein zu sagen, als der hohe Auftrag an ihn erging..." Über seine Aktivitäten seiner Amtszeit findet sich mehr in anderen Kapiteln dieses Buches. Nach fünf Jahren waren die meisten Bürger davon überzeugt, daß er mit seinem Spruch der Bescheidenheit recht hatte. Kabarettisten und Karikaturisten feierten eine Hoch-Zeit – und das Ausland wunderte sich.

Nach fünf Jahren konnte er erneut nicht *Nein* sagen. Kaum jemand hatte damit gerechnet, daß es für Lübke eine zweite Amtszeit geben würde. Vor allem in der eigenen Partei erhoben sich viele Gegenstimmen, doch diese wurden ausgerechnet vom SPD-Strategen Herbert Wehner ausgekontert. Wehner war während der SPIEGEL-Krise Lübkes Hang zur Großen Koalition aufgefallen. Brandt dagegen favorisierte den Adenauer-Feind Thomas Dehler (FDP). Wehner setzte sich durch und die CDU konnte Lübkes Wiederwahl nur abnicken. Da half es der CDU nichts, daß Conny Adenauer Parteifreunden eröffnete: „Meinen Sie denn, ich hätte vor fünf Jahren für den Herrn Lübke gestimmt?"

Nun rächte sich, daß alle Meinungsmacher und –verbreiter [bis auf die linken Zeitschriften PARDON und KONKRET] demokratisch vereint die Auffassung vertraten, daß die Eignung des Präsidenten weder öffentlich noch offen diskutiert werden sollte. Doch die versteckten Andeutungen und Gerüchte mehrten sich und nahmen eine leicht tückische Färbung an, so daß Lübkes studierter Adoptivsohn Willy Brandt gegen die „häufig in abwertender und persönlich kränkender Weise" vorgetragenen Bedenken Front machte.

Was als Respektserweis für das allseits geachtete Staatsoberhaupt gedacht war, mutierte, sobald die erneute Kandidatur bekannt wurde, ins Gegenteil. Je mehr man sich bemühte, Lübke nicht weh zu tun, desto schmerzhafter trafen ihn die unsichtbaren Pfeile. So offenbarte die Präsidenten-Diskussion weiße Flächen (immer angesichts einer potentiellen Majestätsbeleidigung) im demokratischen Bewußtsein der Parteien und des Volkes.

Theodor Eschenburg brachte am 13. Dezember 1963 in der ZEIT als erster grundsätzliche Bedenken gegen die Wiederwahl eines amtierenden Präsidenten vor. Eine zweite Amtszeit solle nur im Ausnahmefall, als besondere Auszeichnung, erwogen werden, da sonst jeder künftige Präsident sich im Falle der Nichtwiederwahl deklassiert vorkommen müsse.

Der Tübinger Professor für politische Wissenschaften hielt auch dafür, daß die ‚gute Sitte', den Präsidenten nicht in den öffentlichen Streit der Meinungen und Bewertungen hineinzuziehen, daß ‚diese Übung der Tabuisierung' im Wahlkampf eine Unterbrechung erfahren müsse: „Denn es kann in der Demokratie keine Wahl ohne vorausgehende öffentliche kritische Beurteilung des Kandidaten geben."[16] Rolf Zundel am 28. Februar 1964 in der ‚Zeit': „Er (der Präsident) steht zwar über den Parteien, aber nicht über dem Urteil seiner Wähler. Das Kriterium für seine Funktionseignung ist schließlich nicht seine Harmlosigkeit."

Das Kriterium für seine Wiederwahl, d.h. Wehners Unterstützung, lag in Lübkes schon 1961 nach dem Mauerbau geäußerter Meinung, in solchen Situationen müßten alle Deutschen zusammenrücken, konkret: eine große Koalition brauche das Land. Das meinte Wehner ebenso. Vor allem, um auf diesem Wege Willy Brandt aus Berlin nach Bonn holen und ihn auf eine größere nationale Aufgabe vorbereiten zu können. „Am 6. Januar 1964 gab der starke Mann der SPD, von seiner Fix-Idee einer Großen Koalition besessen, ohne Rückfrage bei den Parteiorganisationen die Parole aus: ‚Ich persönlich werde mich dafür einsetzen, daß Heinrich Lübke wiedergewählt wird, sobald unsere Partei darüber berät.' Lübke wurde erst gar nicht gefragt. Das absichtsvolle Vorpreschen des stärksten Sozialdemokraten brachte die CDU/CSU in die Zwangslage, Heinrich Lübke entweder zu desavouieren oder zu nominieren."[16] Wehners Poker hatte Erfolg. Und Heinrichs Abstieg wie Willys Aufstieg nahmen ihren Lauf.

Am 1. Juli 1966 gewann Lübke gegen den FDP'ler Bucher mit 710 von 1042 Stimmen seine Wiederwahl. Es war die letzte Präsidenten-Wahl, in der die Konfession eine Rolle spielte. Ich wage zu behaupten, daß im Jahr 2004 Klaus Töpfer der Lieblingskandidat Heinrich Lübkes gewesen wäre, denn der verbindet bislang die zwei Lieblingsthemengebiete Lübkes: ein Umweltpolitiker, der in und für Afrika arbeitet. Diese Aufgabe hätte sich Lübke gerne im Anschluß an seine Präsidentschaft gestellt – aber da machten Geist und Körper nicht mehr mit.

Welche Folgen diese zweite Amtszeit für ihn und die Republik nach sich zog, steht anderswo. Schon bald mehrten sich die Stimmen, daß er sich doch zurückziehen solle, möge, müßte. Man versuchte die Zahl seiner öffentlichen Auftritte einzuschränken, ihn dazu zu bringen, Reden wirklich nur noch abzulesen, ihm Möglichkeiten zu nehmen, sich unters Volk zu mischen und dort eventuell unüberlegte Statements abgeben zu können. Aber was ein Sauerländer ist, der läßt sich nicht so leicht aufs Abstellgleis schieben.

Lübke weigerte sich zu lange, sein Amt, dem er gesundheitlich schon längere Zeit nicht mehr gewachsen war, vorzeitig aufzugeben. Ein deutscher Amtsträger kapituliert nicht *vor der Straße*. Als er Mitte Oktober 1968 seinen Rücktritt zum 30. Juni 1969 ankündigte, kam dieser Schritt zu spät und sorgte weder für eine politische noch eine nennenswerte persönliche Entlastung. Der Autoritätsverfall war nicht mehr aufzuhalten. ‚Der Marionette waren die Fäden durchschnitten.'6

Seine zehnjährige, während der letzten beiden Jahre wiederholt ins Absurde abgleitende Rolle als Bundespräsident, blieb von einem ‚Hauch von Tragik' umgeben. Mit ihm ging die alte Schule.

Im politischen Theater Bonns brach ein neuer Frühling an, wurden die wichtigen Rollen völlig neu besetzt. Genossen lösten die Biedermänner ab. Statt eines KZ-Baumeisters als Präsident übernahm Gustav Heinemann den Job als erster Mann im Staat und als Kanzler stand ihm plötzlich statt eines NS-Parteigenossen der Ex-Emigrant Willy Brandt zur Seite.

DER SPIEGEL. 20. MAI 1964 · NR.
18. JAHRGANG · 1 D
ERSCHEINT WÖCHENTLICH
IN HAMBURG · C 6380

Heinrich
Lübke

8. Der Bundespräsident

Und heute bin ich plötzlich ein honoriger Mann.

*Zwischen April und Juli dieses Jahres habe ich viel
Böses erlebt. Und heute bin ich plötzlich ein honoriger Mann.*
[an seinem 70. Geburtstag]

DEM DAMALIGEN KANZLER Adenauer wird folgendes Zitat nachgesagt: „**Wir leben
zwar alle unter dem gleichen Himmel, aber wir haben nicht alle den gleichen
Horizont.**" Seit ich mich mit Heinrich Lübke beschäftige, überkommt mich immer
wieder das Gefühl: damit hat er Heinrich gemeint.

Heuss, Lübke, Heinemann, Scheel, Carstens, Weizsäcker, Herzog und Rau: jeder
dieser acht Bundespräsidenten verstand und führte sein Amt auf andere Art und
Weise, setzte eigene Akzente. Von ihnen ist vor allem einer vergessen: Heinrich
Lübke. Obwohl er zu seiner zehnjährigen Amtszeit, 1959 – 1969, zum einen sehr
aktiv war und zum anderen zu Lebzeiten mehr Presse bekam, als seine Kollegen.
Um so bemerkenswerter, daß er nun schon seit Jahrzehnten komplett aus der Medienlandschaft verschwunden ist.

Der Schreiber der umfangreichsten Biographie Lübkes, Rudolf Morsey, berichtet
über den Unglauben vieler, als er mit seiner Arbeit begann: „Eine Biographie über
Heinrich Lübke? – Diese erstaunte, nicht selten skeptisch akzentuierte Frage
(Lohnt sich denn das?), ist mir in den letzten Jahren häufig gestellt worden, wenn
die Sprache auf dieses Vorhaben kam. Eugen Gerstenmaier reagierte nachdenk-
lich: ‚Da werden Sie einigen Schutt wegzuräumen haben.' Gewiß eignet sich der
zweite Bundespräsident – wie viele andere Politiker – nicht für eine biographische
Würdigung, wenn man die Meßlatte an Staatsmänner des 19. und 20. Jahrhunderts
anlegt, die ‚im guten oder auch im schlechten' etwas bewirkt, ‚sich ihrer Zeit bewußt, unbeabsichtigt oder möglicherweise sogar wider Willen anverwandelt und
die sie umgebende Welt' verändert haben. Von ihnen jedoch gibt es in jeder Generation, in jedem Jahrhundert nur wenige."[6]

Lübke folgte dem beliebten schwäbischen Freidemokraten Heuss und das war
keine leichte Aufgabe. Heuss blieb auch nach seinem Rücktritt eine nationale
Autorität, war weiterhin ein gefragter Redner und unternahm 1960 noch vielbe-
achtete Reisen nach Indien, Israel und Frankreich. Im Frühjahr 1961 entschloß er
sich, nicht mehr mit Lübke zusammen aufzutreten, „da ich den größeren Beifall erhalte und im Sprechen halt sicherer wirke". Aber ich greife vor.

Antrittsrede im deutschen Bundestag

[Bonn, 15. September 1959]

Zunächst möchte ich dem Präsidenten des Deutschen Bundestages, Herrn Dr. Gerstenmaier, der mir in seiner Ansprache ein freundliches Willkommen geboten hat, meinen herzlichen Dank sagen. Seine Worte sind mir heute eine Freude und in der Zukunft eine Ermutigung. In dieser Stunde übernehme ich das mir übertragene Amt aus den Händen eines Vorgängers, dessen Scheiden allgemein tief bedauert wird. Nur der Respekt vor der Verfassung war es, der den Wechsel im Amte des Bundespräsidenten bedingte.

Gestatten Sie mir jetzt einige persönliche Bemerkungen. Über mein bisheriges Leben und Wirken ist in den letzten Wochen viel geschrieben worden – sehr vieles, was mir selbst bis dahin völlig unbekannt war. Aber es ist heute nicht der Tag, an dem man sich mit Ungereimtheiten oder Schlimmerem auseinandersetzen könnte.

Dieser Welt, mit der mich tiefe Liebe verbindet, habe ich einen großen Teil meiner bisherigen Lebensarbeit gewidmet. Kindheit und Jugend verbrachte ich in dem mir bis heute nahegebliebenen Dorf Enkhausen im westfälischen Sauerland in einem Elternhaus, in dem man auf tätiger Arbeit ein sparsames und unabhängiges Leben aufbaute. Die wirtschaftliche Basis eines gutgehenden handwerklichen Betriebes mit Landwirtschaft war gesund und bot mir sorglose Kinderjahre, auch nach dem frühen Tode meines Vaters. Neben der guten Mutter, die überall half, wo Not war, hatte mein ältester Bruder den größten Einfluß auf meine Entwicklung. In seiner für dörfliche Verhältnisse beachtlichen Bibliothek fand ich Anregung aus vielen Wissensgebieten. Er sorgte dafür, daß die Ausbildung in geordneter Weise erfolgte. Auch an den Abenden im Familienkreise wurde in Lesestunden mit nachfolgenden Diskussionen oder musikalischen Übungen sozusagen ‚spielend' weitergelernt. So begann ich mit 18 Jahren nach bestandenem Abitur meine eigentliche Berufsausbildung, die dann schon nach kurzem Anlauf durch den Ersten Weltkrieg unterbrochen wurde. Am 1. August 1914 meldete ich mich als Kriegsfreiwilliger in Köln in der irrigen Annahme, ich würde sonst zu spät an die Front kommen.

Erst nach Abschluß des Krieges konnte ich meine Studien fortsetzen, Examina machen und dann meine praktische Arbeit aufnehmen. Seit 1926 war ich Geschäftsführendes Vorstandsmitglied der Deutschen Bauernschaft. Von 1931 bis 1933 war ich Mitglied des Preußischen Landtages. Am 1. April 1933 wurden alle landwirtschaftlichen Organisationen, natürlich auch unsere, aufgelöst und ich am gleichen Tage verhaftet und wieder freigelassen. Nach etwa zehn Monaten erfolgte die zweite Verhaftung, die mir mehr als 20 Monate Zeit gab, darüber nachzudenken, was Freiheit und Menschenwürde bedeuten. Im August 1944 sollte ich erneut verhaftet werden, aber man hat mich dann glücklicherweise vergeblich gesucht. Nach meiner Entlassung aus der Haft im Herbst 1935 war ich bis nach dem Zweiten Weltkrieg im Bauwesen tätig.

Meine Damen und Herren! In dieser Stunde drängt es mich, über die Lebensfrage unseres Volkes, die deutsche Wiedervereinigung, zu sprechen. In dieser Sorge sind wir alle verbunden, ungeachtet der Parteizugehörigkeit, der Konfession und des Berufs, aber auch in der Auffassung, daß wir Deutschen nur ein Deutschland kennen. Einem Teil unseres Vaterlandes, der in erzwungener Unfreiheit lebt, wird aber zur Zeit noch das unveräußerliche Recht auf Selbstbestimmung und Heimat vorenthalten. Auf die Dauer wird es aber weder durch widersinnige Grenzen noch durch gewaltsame Unterbrechung der persönlichen Verbindung ausgeschlossen werden können. Denn es wäre ein unlöslicher Widerspruch, wenn diejenigen, die heute den asiatischen und afrikanischen Völkern ihr Recht auf Freiheit und Selbstbestimmung zubilligen, uns Deutschen dieses natürliche Recht versagen. Deshalb trägt jeder einzelne von uns – solange die Zerrissenheit unseres Landes anhält – eine persönliche Verantwortung für die deutsche Einheit. In der tapferen Bevölkerung jenseits des Eisernen Vorhanges muß die Hoffnung lebendig bleiben, daß der Tag des Zusammenschlusses kommen wird. Nach allem, was unsere Landsleute in Mittel- und Ostdeutschland an Leid, Unterdrückung und Enttäuschung in den vergangenen Jahren erlebt haben, sollte jede unserer Erklärungen durch Taten erhärtet werden, Taten, die aus dem Gefühl der natürlichen Zusammengehörigkeit und gegenseitiger Hilfsbereitschaft geboren sein müssen.

Die Bekämpfung des Hungers in der Welt ist dabei aus politischen und menschlichen Gründen das vordringlichste Problem. Sie alle wissen, daß die Entwicklungsländer geradezu eine Bevölkerungs-Explosion erleben und daß sich in diesem Punkte für die Entwicklung in der Welt nicht nur wir Deutsche, sondern auch viele andere interessieren, wissen Sie auch. Das unvermeidliche Heranwachsen von Milliarden hungernder Menschen, die leicht eine Beute kommunistischer Ideen werden können, ist die Schicksalsfrage unserer Zeit. Es ist klar, daß das Nebeneinander von satten Völkern, bei denen täglich Tausende von Tonnen Lebensmitteln verderben oder vernichtet werden, und hungernden, von Seuchen und grenzenloser Armut und Unwissenheit geplagten Menschenmassen auf die Dauer völlig unmöglich ist. So wie der Bruder gegenüber dem Bruder Verantwortung trägt, so haben auch die Völker füreinander einzustehen. Beachten wir dieses Gebot nicht, so wird das ungelöste Problem den Fortbestand unserer Zivilisation in Frage stellen.

Ich möchte mich auch im weltweiten Bereich in meinem neuen Amt im Zusammenwirken mit allen Bevölkerungskreisen und allen zuständigen Stellen um die Durchführung wirksamer Förderungsmaßnahmen zur Bekämpfung des Hungers in der Welt im Wege der ‚Hilfe zur Selbsthilfe‘ bemühen. Das bedeutet praktisch, in Zusammenarbeit mit den Entwicklungsländern deren eigene Nahrungsquellen zur vollen Ausnutzung zu bringen und dadurch aus eigener Kraft die Nahrungssorgen zu verringern. Fassen wir diese Aufgabe richtig an und in uneigennützigem Sinne, dann helfen wir anderen, aber auch uns selbst.

Aus dem Amtseid des Bundespräsidenten:
„Ich schwöre, daß ich... Gerechtigkeit gegen jedermann üben werde".

„Das Amt des Bundespräsidenten ist die höchste Würde, die die BR Deutschland zu vergeben hat", hakte damals Otto Köhler nach. „Wer dieses Amt ertragen will, muß es dulden, daß man ihn zuvor genau prüft. Denn wir alle wären blamiert, wenn der falsche Mann in die Villa Hammerschmidt einzöge. Und wir hätten uns dann am Ende schuldig gemacht, das Amt des Bundespräsidenten verunglimpft zu haben, indem wir den ungeeigneten Mann auf den Präsidentenstuhl hoben. Der Respekt vor dem hohen Amt des Bundespräsidenten zwingt uns zu der Frage: Ist der Kandidat Lübke fähig und würdig, zum Amt des Bundespräsidenten zugelassen zu werden? Ist er in der Lage – so wie sein Amtseid es in einem der wichtigsten Punkte verlangt –, Gerechtigkeit gegen jedermann zu üben?"

Die Frage muß heute leider mit einem klaren ‚Nein' beantwortet werden, denn Heinrich Lübke konnte sich nicht überwinden, gegen Teile der Bevölkerung Gerechtigkeit walten lassen, weder gegen Linke, seine Kritiker, noch die Jugend. Trotzdem, oder gerade deshalb war er genau der richtige Mann, der Repräsentant der schweigenden Mehrheit, der Präsident der Biedermänner und Spießer.

Und was genau ist ein Spießer? Ausgerechnet in einem Beitrag über den Sauerländer Franz Müntefering erklärte die FAS (25.1.04) die Herkunft jenes ‚Standes': „Ursprünglich war der Spießer jener Bürger mittelalterlicher Städte, der bei einem Angriff nicht beritten war, sondern lediglich mit einem Spieß bewaffnet zur Verteidigung antrat. Zur Symbolfigur stilisiert, verkörpert der Spießer Beschränktheit in allem, was er tut. Mäßigkeit, Regelmäßigkeit, bloß kein Risiko eingehen. Das ist genau die Kulturstimmung der Gegenwart." Was Müntefering damit zu tun hat? Dem SPIEGEL erzählte er kürzlich: „Ja, ich bin normal... Das Originelle an mir ist, daß ich ganz und gar nicht originell bin." Er vertritt, wie seinerzeit Lübke, die „habituellen Zwänge des Spießers: Ordnungssinn, Sparsamkeit, Streben nach Sicherheit, Lokalismus." (FAS). Und wo wir schon beim Quasi-Polit-Neffen Lübkes sind, noch eine Zugabe. So meldete der SPIEGEL (4/2004):

„Franz Müntefering, 64, SPD-Fraktionschef im Bundestag, kann sich in diesen schweren Zeiten auch an ganz kleinen Dingen hochziehen. Beim Grünkohlessen der Stadt Oldenburg in der Landesvertretung Niedersachsen hatten es dem SPD-Vordenker die kleinen Zinnlöffel angetan, mit denen die Oldenburger ihren Schnaps zum deftigen Mahl einzunehmen pflegen. Müntefering erkannte auf der Rückseite seines Löffels die Initialen der sauerländischen Firma SKS, die dieses einigermaßen seltsame Trinkgefäß in Handarbeit herstellt. Das sei typisch für seine Heimat, bedeutete der Sauerländer Müntefering seinem Parteifreund Manfred Stolpe, 67, aus Brandenburg: ‚Wenn nichts mehr geht, finden diese ganzen kleinen Firmen im Sauerland immer noch 'ne Nische. Wir sind eigentlich immer die Erfinder des Aufschwungs.'"

Auch Lübke konnte ‚sich in schweren Zeiten an ganz kleinen Dingen hochziehen', oder, in der Sprache seines Biographen: „Der ‚sauerländische Dickschädel', dessen Stärke eine ‚tiefe Humanität' war, erreichte zunächst große Teile der Bevölkerung, nicht nur die ‚kleinen Leute', für die er sich seit Beginn seiner beruflichen Tätigkeit stets besonders eingesetzt hatte. Er erreichte neben dem katholischen Volksteil auch die Vertriebenen und Flüchtlinge sowie Soldaten – also große Gruppen der Bevölkerung, denen gegenüber Heuss eine spürbare, teilweise sogar betonte Reserve und Distanz eingehalten hatte."[6]

Er hatte klare Ein- und Ansichten: *Wir beobachten immer wieder in unserer Umgebung, daß junge Menschen hemmungslos dem materiellen Gewinn nachjagen und ihre Bequemlichkeit über alles stellen.* [Mai '65, Frankfurt; vor Lehrlingen] – *Man kann ja auch wehrpflichtig sein, ohne zu dienen, wenn man die einschlägigen gesetzlichen Bestimmungen erfolgreich studiert hat. Wie ich höre, wird das nicht mehr lange dauern!* [9.3.64] – *Regen sich unter uns nicht Stimmen, die jede Ordnung mit Unfreiheit abtun und im Namen mißverstandener Freiheit Sturm gegen Moral und Anstand laufen?* [7. Mai 1965, Hamburg]. Denn: *Glücklich sind die Staaten, in denen die Bürger wissen wollen, aus welchen geistigen und moralischen Quellen diejenigen ihre Kräfte schöpfen, die führend sind in Gesellschaft und Staat.* [Neujahrsansprache am 31. Dezember 1962]

Als er gute drei Jahre zuvor für seine erste Kandidatur vorgeschlagen wurde, war er den meisten Deutschen noch völlig unbekannt. Sein geringer Bekanntheitsgrad war damals für ihn von Vorteil. Und das Volk sollte ihn bald kennenlernen. So schrieb Peter Gruppe am 15. 9. 1959 unter der Überschrift ‚Von einem hohen Amt hat er nie geträumt' in der WELT: „In einem Monat, am 14. Oktober, wird der neue Bundespräsident Heinrich Lübke fünfundsechzig Jahre alt. Mit fünfundsechzig Jahren wird der normale Bürger unserer Bundesrepublik pensioniert. Das ist der Augenblick, in dem viele Menschen den letzten Versuch unternehmen, den großen Traum ihres Lebens zu verwirklichen. Heinrich Lübke steht in diesem Augenblick vor fünf weiteren arbeitsreichen Jahren. – Er hat nie davon geträumt, einmal in die Villa Hammerschmidt einzuziehen. Es gibt Menschen, für die bedeutet ein solches Amt im hohen Alter die Erfüllung eines Traumes… Lübke gehört nicht dazu. Er arbeitet gern, aber er liebt es nicht zu repräsentieren. Und nicht zuletzt aus diesem Grunde hat er daher auch den Rat seiner Ärzte, in seinem Haus wohnen zu bleiben und nicht in die Villa Hammerschmidt im Rheintal hinunterzuziehen, mit heimlicher Befriedigung begrüßt… Sicherlich bringt dieses Amt neben hohen Pflichten und Ehren auch persönliche Freuden für den Inhaber. So etwa hat die Villa Hammerschmidt vermutlich einen der Würde des Amtes angepaßten, gut gefüllten Weinkeller, und der neue Präsident ist für seine Freude an einer guten Flasche Mosel bekannt."

Bei diesem Thema zuckte Lübke nur betrübt die Achsel: *Ich fürchte, ich habe allen Mosel getrunken, der mir für mein Leben bestimmt war. Er bekommt meinem Magen nicht mehr. Ich habe schon vor einiger Zeit die letzten wirklich guten Flaschen aus meinem Keller meinem Vorgänger herübergebracht, weil ich weiß, wie sehr*

Heuss einen guten Tropfen zu schätzen weiß – und weil er ihn noch trinken kann, ohne daß er ihm schadet.

Nach vier Wochen zog die Frankfurter Allgemeine Zeitung eine erste Bilanz: „Einen Monat erst im Amt, ist er dabei, sich die ihm gebührende breitere Anerkennung seines Wirkens zu erwerben. Die Art, mit der er bei seinem Amtsantritt vor dem Bundestag wie auch zwei Wochen danach vor dem Diplomatischen Korps zu einer der bedeutendsten Fragen unserer Zeit Stellung nahm, nämlich zu der Hilfe für die Entwicklungsländer und gegen den Hunger in der Welt, zeigte, daß er etwas zu sagen hatte, auch wenn er sich sonst hüten wird, sich an der Diskussion von Tagesfragen zu beteiligen. Lübke hatte bereits eine reiche Lebensarbeit hinter sich, als er sein Amt als Bundespräsident antrat. Aber die nationale Bedeutung von Staatsoberhäuptern liegt nicht nur in dem, was sie schon gewirkt und erarbeitet haben, sondern nicht minder in ihrer Persönlichkeit. Das Amt des Bundespräsidenten läßt seinem Inhaber verfassungsrechtlich keinen weiten Spielraum; und doch kann er, wie das Beispiel Heuss bewiesen hat, auf das politische Leben dauernd und erheblich Einfluß ausüben. Heinrich Lübke wird nicht damit rechnen, als ‚glänzender‘ Mann angepriesen zu werden. Aber es stecken in dem nüchternen Westfalen mehr Sauberkeit, Redlichkeit und Gerechtigkeitssinn als in manchen jener Leute, die vor einem halben Jahr an der Auseinandersetzung um die Bundespräsidentenwahl teilgenommen haben. Kein häßlicher Zug ist an seinem Charakter bemerkbar geworden; und Lübke hat ein beträchtliches Maß natürlicher Würde...“

Erst einmal mußte er sich ins Amt einarbeiten. Dabei half ihm sein Vorgänger in mehreren Aufklärungsgesprächen über die Pflichten des Jobs. Ein Liste von entsprechenden – hier verkürzt wiedergegebenen – Stichworten von Heuss ist uns erhalten geblieben:

• Am Tor und im Park der Villa Hammerschmift wacht die Landespolizei (nicht Bundeswehr oder Grenzschutz).
• ‚Vor Weihnachten Bierabend mit Polizei.‘
• ‚Ob Kaninchenjagd im Park? Abfressen von Blüten.‘
• Übergabe aller ‚offiziellen und halboffiziellen Schirmherrschaften‘, aber mit Ausnahmen (‚bei einigen mit meiner geistigen Spezialherkunft wird das wohl anders liegen‘).
• Baldige Fühlungnahme mit dem ‚loyal beratenden‘ Vorsitzenden des deutschen Sportbundes [Ex-Nazi] Willi Daume.
• Große Zurückhaltung bei Interview-Wünschen, ‚gerade auch Ausländern gegenüber‘.
• Beschäftigung mit Gnadenfällen, ‚oft zeitraubend, aber doch auch gelegentlich psychologisch lehrreich‘.

Heuss zeigte sich bei diesem Gespräch im Juli '59 von der ‚ratsuchenden Anhängigkeit‘ seines Nachfolgers beeindruckt. Heuss hielt seine Abschiedsrede übrigens absichtlich nicht im Fernsehen, sondern im Rundfunk. Der Grund: „...da ich nicht eine halbe Stunde lang den Staatsschauspieler darstellen will, sondern in gelassener Unbefangenheit mein Sächlein... erzählen will."

Ein Personenkult um die eigene Figur war Lübke ebenso wie Heuss unwillkommen bis peinlich. Ebensowenig wie seinen Vorgänger drängte es ihn, auf einer Briefmarke verewigt zu werden. Er hätte lieber die Wappen der deutschen Gaue oder die Flaggen der Bundesländer gezackt gesehen, das hielt er *für wesentlich wirksamer, das Zusammengehörigkeitsgefühl... auch in Gesamtdeutschland* zu fördern, die Welt immer wieder auf die deutsche Spaltung hinzuweisen *und unserem Anspruch auf das Selbstbestimmungsrecht für alle Deutschen Ausdruck zu geben.*

Verärgert war er über die ersten satirischen Anmachen, wie über eine Titelkarikatur der satirischen Wochenschrift ‚Simplicissimus' vom 3. Februar 1962. Dort bildete man Lübke auf einer Briefmarke ausgerechnet mit einem Ulbricht-Bart ab. Ein liberianischer Minister hatte den Bundespräsidenten bei dessen ersten Afrikabesuch mit Ulbricht verwechselt. In der Bildlegende hieß es, der Bundespräsident habe nach seiner Afrikareise ‚endlich die Genehmigung zur Verwendung seines entsprechend umgestalteten Porträts auf unseren Postwertzeichen' erteilt. Der Bundesminister der Justiz sah darin einen ‚eindeutig ehrverletzenden Charakter' und erteilte Lübke die ihm nahegelegte Ermächtigung zur Strafverfolgung. Die zuständige Strafkammer in München lehnte jedoch die Eröffnung eines Verfahrens gegen den Herausgeber des ‚Simplicissimus' ab. Noch einmal erhob Lübke Anklage, als ihm ein Bürger unterstellte, seine Wahl wäre wie die eines ‚Vorsitzenden eines Kaninchenzüchtervereins' abgelaufen. Als er damit vor Gericht abermals Schiffbruch erlitt, stellte er alle weiteren juristischen Bemühungen gegen ‚Verunglimpfungen' ein.

Zur Justiz hatte er nicht nur deshalb ein kritisches Verhältnis, schließlich gingen seine eigenen Erfahrungen auf das Jahr 1933 zurück. Daher mag es kommen, daß er sich weigerte, den Berliner Carl Creifels, Ex-Pg. und vormals Beamter des Reichs-Justizministeriums, zum Bundesrichter zu ernennen.

Besser war es um seine Beziehungen zum Militär bestellt, zu dem sein Vorgänger ein eher gespaltenes Verhältnis hatte. Er redete vom *Ehrendienst*, von dem *nachhaltigen Einfluß* seines eigenen Kriegserlebens. Öffentlich sprach er sich dafür aus, daß alle Junglehrer ihren Dienst bei der Bundeswehr zu absolvieren hätten, die für ihn eine *Schule der Nation* darstellte. Selbst der zuständige Minister Hassel war mehr als verblüfft, als Lübke im März 1964 vor der ‚Schule der Bundeswehr für innere Führung' ein Ende der Möglichkeit zur Kriegsdienstverweigerung verkündete: *Man kann ja auch wehrpflichtig sein, ohne zu dienen, wenn man die einschlägigen gesetzlichen Bestimmungen erfolgreich studiert hat... Wie ich höre, wird das nicht mehr lange dauern.*

Zweite Amtszeit

„In die zweite Präsidentschaftsperiode Lübkes fallen die Ereignisse, die einmal als die ‚revolutionären Veränderungen der 60er-Jahre' und bei unserem westlichen Nachbarn sogar als die ‚Zweite Französische Revolution' in die Geschichte eingehen werden."[15]

Im Gegensatz zu seiner ersten Amtsperiode war die zweite überschattet von den Enthüllungen über seine Vergangenheit und seine zunehmend abnehmende Fähigkeit, öffentlich zu reden. Er bezog keine Stellung, er klagte nicht, er ließ – unter dem Vorwand, als Staatsoberhaupt über all dem stehen zu können – alles über sich ergehen.

Robert Neumann kritisierte schon 1966: „Damit ist der Punkt erreicht, von dem ab wir, mangels einer Lübkeschen Stellungnahme, auf Vermutungen angewiesen sind. Wir, hier im Westen, haben ja doch eine einigermaßen klare Vorstellung von diesem Mann, wir lesen seine Reden (wenn wir sie lesen), wir sehen ihn auf dem Bildschirm, wir kennen sein Preislied auf die Zwergschulen, die aus seinem intimen Umkreis emanierende ‚Aktion Saubere Leinwand', all das Kleinbürgerliche, das Spießige, die entwaffnende Naivität seiner politischen Interventionen, dazu den ebenso entwaffnend naiven Gestus, der diesen braven Mann dazu verleitet, immer wieder mit Frau und Friseuse auf hochwichtige Reisen zu gehen und sich als einen ‚Souverän' zu betrachten, gegen den etwas vorzubringen Majestätsbeleidigung ist. Und für eine Majestät liegt die sachliche Beantwortung von Majestätsbeleidigungen natürlich unter der Würde. Sogar die Umstände, unter denen er Präsident geworden ist, hat er vergessen oder niemals begriffen. Adenauer wollte auf den zweiten Blick diesen Sessel nicht – so setzte er dorthin eine harmlose Seele mit, so hoffte er, ‚weißer Weste', einen, der nicht fähig war ihn zu stören. Abwertung durch Aufwertung. Einen Schlichteren fand er nicht – und was der für ein Menschenkenner ist, sieht man ja erst jetzt, da man die Richtigkeit seiner Meinung von den Kanzler-Qualitäten Erhards am Leibe spürt.

Vor allem: ich kenne kein westliches Land (allenfalls mit Ausnahme Spaniens und Portugals), in dem eine massive Dokumentation gegen das Staatsoberhaupt nicht sofort zu intensiven und weithin sichtbaren Reaktionen geführt hätte, seitens des Betroffenen, des Parlaments, des Staatsanwalts, der Presse – gar wenn es gilt, ‚ungeheuerliche Verleumdungen' zurückzuweisen."[12]

Daß Lübke wiederholt naiv Diktaturen wie z.B. in Südafrika mit Worten wie *Die Probleme der Eingeborenen sind bei der Regierung in guten Händen* pries, wurde schon erwähnt. Völlig vergessen scheint der Fakt, daß er nicht nur Südvietnams Ky-Regime lobte, sondern daß die BRD 1965 offenbar sogar Soldaten in den Vietnam-Krieg der Amerikaner schickte. Ein Graubuch dokumentierte später diesbezügliche Aussagen von Panorama (26.6.65), dpa (2.8.66) und der Bielefelder Neuen Presse, die am 8.9.66 berichtet habe, das ‚rund 2000 deutsche Staatsangehörige in Vietnam kämpfen'. Echt?

Gegen Ende seiner zweiten ‚Spielzeit' hüpfte er zunehmend von einem Fett-näpfchen ins andere. „In Santiago zeigte er sich *tief beeindruckt von dieser Stadt, die von einem Erdbeben völlig zerstört und in weniger als drei Jahren wiederaufge-baut wurde.* Er pries den Nationalhelden Simon Bolivar und betonte wiederholt, wie wohl er sich in Peru fühle. Erst die Zeitungen belehrten das deutsche Staats-oberhaupt, er befinde sich in Chile und nicht in Peru; das Erdbeben habe nicht Santiago, sondern den weit entfernten Süden des Landes verwüstet; und Simon Bolivar sei, wie schon der Name sage, nicht Chiles, sondern Boliviens Heros."[17]

Am 19. September 1968 überraschte der Bundespräsident den Kanzler mit der Nachricht, daß er vorzeitig, und zwar am 1. Juli 1969, genau zehn Jahre nach sei-ner ersten Wahl, vorzeitig zurücktreten werde. Die für einige zu lange Frist be-gründete er damit, der Suche nach seinem Nachfolger genügend Zeit einräumen zu wollen. Als er ging, hinterließ er eine gewandelte Republik unter einer Großen Koalition.

Aus Lübkes
„Abschiedsrede im deutschen Bundestag"
[Bonn, 1. Juli 1969]

Eine europäische Friedensordnung setzt eine Lösung der Deutschlandfrage voraus, deren Garant nicht die Gewalt, sondern nur die Billigung durch das ganze deutsche Volk sein kann. Über die Wege, auf denen man zu diesem Ziel gelangen kann, mag man durchaus verschiedener Auffassung sein.

Der dritte Problemkreis, auf den ich in meiner Ansprache am 15. September 1959 einging, war die Bekämpfung des Hungers in der Welt. Es ist dies eine Aufgabe, die nach den jüngsten Erkenntnissen ein noch viel größeres Ausmaß hat, als wir damals wußten. Schon in wenigen Jahren drohen Hungerkatastrophen und damit Hungerre-volten in verschiedenen Teilen der Welt. Wir können sie nur abwenden, wenn die In-dustrieländer sich großen Anstrengungen unterziehen. Sie müssen im eigenen Inter-esse den Gebieten beim Aufbau ihrer Landwirtschaft helfen, die vom Hunger bedroht sind. Andererseits müssen aber auch die Entwicklungsländer ihre ganze Kraft auf die Erhöhung der Nahrungsmittelproduktion konzentrieren. Dazu müssen wir an der Seite der anderen Industriestaaten unsere Erfahrungen, unsere Kenntnisse und unsere materielle Hilfe zur Verfügung stellen.

Ich habe mich deshalb bei meinen Staatsbesuchen in Ländern der Dritten Welt immer darum bemüht, unser Engagement zu verstärken und unsere Auffassung von einer sinnvollen Entwicklungspolitik zu verdeutlichen. Überall fanden wir Verständ-nis für unsere Einstellung, guten Willen der Partner und hatten damit beachtlichen Erfolg.

Als eine der schönsten Früchte dieser Arbeit betrachte ich, daß während meiner Amtszeit in Gegenwart des damaligen amerikanischen Präsidenten John F. Kennedy in der Villa Hammerschmidt der Deutsche Entwicklungsdienst gegründet wurde. Seine freiwilligen Mitarbeiter sind in Afrika, Asien und Lateinamerika für viele Regierungen und für ungezählte Menschen ein Beweis für unser Interesse an der Lösung ihrer Probleme geworden. Junge Deutsche draußen in der Welt, nicht als Eroberer, sondern als Pioniere einer friedlichen und fortschrittlichen Entwicklung – das ist etwas, worauf wir stolz sein können. Ich hoffe, daß sich das Verständnis in unserem Volk für die Notwendigkeit und für unsere Verpflichtung, an diesem Aufbauwerk mitzuarbeiten, vertieft; denn wir helfen damit nicht nur anderen, sondern erweisen auch uns einen Dienst, wenn wir dafür sorgen, daß der Name Deutschlands draußen immer mehr mit Achtung und mit dem Gefühl der Freundschaft genannt wird.

Später

„Nach seinem Weggang aus der Villa Hammerschmidt wird es schnell still um diesen Mann. Nun lebt er wieder mit seiner Frau in dem selbstgebauten Bungalowhaus auf dem Bonner Venusberg; sein Rückzug aus der Politik scheint endgültig. Mag man ihn auch hin und wieder noch bei einem Empfang sehen, so beispielsweise aus Anlaß des französischen Nationaltages auf Schloß Ernich, wo ihm allein bei der Begrüßung demonstrativer Beifall zuteil wird, mag ihn auch noch eine Reihe von Freunden aufsuchen, mag man hie und da sogar noch einmal seinen Rat erfragen, all dies kann die Erschöpfung, Bitterkeit und zunehmende Leere nicht mehr vertreiben. Das Gefühl des Mißverhältnisses von guter Absicht, ehrenhaftem Handeln, steter Arbeit für das Allgemeinwohl zu dem, was von allem übrigbleibt, dem Verlust jeglicher Anerkennung nämlich, in einer Umgebung, für die er schon zu Lebzeiten nicht mehr zu existieren scheint, ist in seiner deprimierenden Realität geeignet, die wenigen, Heinrich Lübke noch verbliebenen psychischen und physischen Kräfte in kurzer Zeit zu zerstören. ‚(Er) hat sich auf die Zeit nach Beendigung seines Amtes gefreut, weil er sich noch eine Reihe persönlicher Aufgaben, insbesondere im sozialen Bereich und auf dem Gebiet der Entwicklungshilfe gestellt hatte. Seine körperlichen Kräfte nahmen jedoch ab, so daß er nur zum Teil an der Erfüllung der selbstgestellten Aufgaben arbeiten konnte‘, teilt seine Frau später dem Verfasser mit."[6a]

Es hat lange gedauert, bis sich herauskristallisierte, daß dieser Mann doch mehr positive Spuren hinterlassen hatte, als man ursprünglich annahm. Seine hohe Wertschätzung und Unterstützung von Forschung und Wirtschaft zur Lösung von Zukunftsaufgaben, seine Konzentration auf Themen wie Altershilfe, Naturschutz und für weltweite Entwicklungshilfe – Themen, die seinerzeit noch teils verächtlich als ‚Marotten‘ abqualifiziert wurden, erhielten im Laufe der Zeit einen ihnen angemessenen höheren Stellenwert.

Am 30. März 1972, ausgerechnet am Gründonnerstag, mußte Heinrich Lübke wegen akuter Magenblutungen in der Klinik am Venusberg in Bonn notoperiert werden. Erst im Laufe dieser Operation erkannten Ärzte, was Lübke schon immer befürchtet hatten – er litt an weit fortgeschrittenem Magenkrebs. Die Metastasen hatten bereits das Gehirn erreicht.

Am 6. April 1972 starb Heinrich Lübke im Alter von 78 Jahren.

Zum Tode von Heinrich Lübke

Aus Gustav Heinemanns Ansprache im Deutschen Bundestag, Bonn, 13. April 1972: „... Wir haben allen Grund, seine Aussage ernstzunehmen, daß er sein Amt als Bundespräsident mit dem Willen übernommen hat, damit dem Gemeinwohl zu dienen. Er hat die Verpflichtung, über den Parteien und über ihren natürlichen Gegensätzen zu stehen, ernstgenommen. Die damit gegebene Gefahr, von seiner eigenen Partei je und dann als unbequemer Mahner empfunden zu werden, hat er um der Sache willen getragen...“

Rolf Zundel schrieb später in der ZEIT (5.7.74): „Der biedere Heinrich Lübke, Präsident nach Adenauers skandalösem Rückzug von der eigenen Kandidatur, dann noch einmal im Zeichen der zu Ende gehenden Kanzlerdemokratie und während der Großen Koalition, hatte wohl die schwerste Rolle als Staatsoberhaupt. Er begleitete den Abschluß einer Ära, sah sich persönlich angefochten und erlebte noch die Studentenrevolte von 1968, ohne den Wandel, der sich darin ankündigte, recht verstehen zu können.“ Dabei erinnerte er sich vor Journalisten durchaus an seine eigene Studienzeit: *Ich kann mich an 1919 erinnern, da war ich im ersten Semester. Da kamen die Leute aus dem letzten Krieg, die sagten so, wie sie es auch heute sagen: ,Das ist unerhört, wir möchten mitbestimmen!' Wir fanden kein großes Echo. Schade, dann wäre uns vielleicht einiges erspart geblieben.*

Sein patriotischer Einsatz für die Wiedervereinigung Deutschlands zählt zu seinem vielleicht wichtigsten politischen Erbe. „Die Geschichte", so resümierte ein Publizist 1994, „hat Lübke bestätigt".

Lützel Jeman

Die Zwergschule tut not

Laßt euch nicht irremachen — ihr lernt hier alles, was ihr zum Leben braucht: etwas Lesen, etwas Schreiben, etwas Hämmern, etwas Hacken ... oder glaubt ihr denn, daß mehr Wissen glücklich macht?

Wer ist Heinrich Lübke?

Eine Einführung in sein Denken
von Robert ‚Paul H. Burg' Gernhardt

STELLVERTRETEND FÜR DIE kritische Lübke-Presse während seiner Amtszeit hier ein beispielhafter Artikel aus der PARDON 8/65, der, zusammen mit der Zeitschrift KONKRET und dem SPIEGEL die Ehre gebührt, heftig aufklärend an seinem Thron gerüttelt zu haben.

Als Bundespräsident Heinrich Lübke in die Debatte um den Bildungsnotstand eingriff und dazu aufrief, *die sogenannten Zwergschulen* nicht *leichtfertig* zu verurteilen, übte selbst eine so zurückhaltende Zeitschrift wie CHRIST UND WELT widerwillige Kritik an seinen Worten. Und auch in anderen Kommentaren schwang ein erstaunter Unterton mit, so als hätten ihre Schreiber solche Worte gerade von Lübke nicht erwartet. Das Erstaunen wuchs, als der Bundespräsident wenige Tage später wiederum in eine aktuelle Diskussion eingriff. In seiner Rede vor dem Kolpingstag reihte er sich in die Schar derer ein, die den Sittenverfall in Deutschland beklagten. Ja, er ging so weit, vor der verderblichen Wirkung der *sogenannten Zeitstücke*, offensichtlich der Werke Hochhuths, Kipphardts oder Walsers, zu warnen. Wieder wurden kritische Stimmen laut, z. B. in der sonst so lübkefreundlichen WELT. Seitdem ist der bedauerliche und unnormale Sachverhalt eingetreten, daß unser Bundespräsident der kraft seines Amtes tabu sein sollte, Zielscheibe nörgelnder Kommentare geworden ist. Doch die Journalisten, die Lübke wegen der zitierten Äußerungen angriffen, bewiesen nur, daß sie den höchsten Repräsentanten unseres Staates schlecht kannten. Denn seine Worte kamen nicht von ungefähr, sie entsprangen einer Weltsicht, die er seit seinem Amtsantritt konsequent gepredigt hat.

Wenn aber schon Journalisten ratlos vor Lübke stehen, wie verwirrt mag dann erst unser Volk zu dem Manne aufsehen, der es repräsentiert. Die Journalisten hätten die Möglichkeit gehabt, im regelmäßig erscheinenden „Bulletin der Bundesregierung" den Wortlaut der Reden unseres Staatsoberhauptes nachzulesen. Der Mann von der Straße ist auf die kargen Nachrichten der Tageszeitungen angewiesen, für ihn kommen die Lübke-Zitate, die irgendeine Agentur willkürlich aus seinen Reden herausgepickt hat, noch überraschender.

Wer also ist dieser vielgerügte Heinrich Lübke? Was denkt er, was sagt er? Anhand von Zitaten aus dem „Bulletin der Bundesregierung" wollen wir ihn dem Volke vorstellen. Wir haben uns dabei fast ausschließlich auf die Reden beschränkt, die er seit dem 1. 1. 65 hielt, die Quellenhinweise, B 1, B 21 usw. beziehen sich auf die verschiedenen Nummern des Bulletins.

Wie war das vor 6000 Jahren?

Das zentrale Thema des Lübkeschen Denkens ist die heutige Zeit. Er begreift sie als eine Zeit der Wandlungen. *„Das 20. Jahrhundert wird in die Geschichte eingehen als ein Jahrhundert der großen Umwälzungen. Auf allen Gebieten der Wissenschaft und Technik verfügt der Mensch heute über Fähigkeiten und Kenntnisse, an die vor 50 Jahren noch niemand zu denken wagte.“* (B 113) Das ist scharf und genau beobachtet. Doch Lübkes Blick kann auch über Jahrtausende schweifen: *„Wenn wir den Stand des Verkehrswesens vor 6000 Jahren mit heute vergleichen, dann stehen wir staunend vor den Errungenschaften der Wissenschaft und Technik“*, erklärte Lübke zur Eröffnung der Verkehrsausstellung in München (B 112), und jeder, der in ähnlichen Zeiträumen zu denken vermag, wird ihm beipflichten.

Lieber arm, aber zufrieden

Freilich sieht Lübke auch die Schattenseiten der heutigen Zeit. Früher reiste man zwar langsamer, aber man verstand es noch, zu dienen. Diese einst so typisch deutsche Eigenschaft ist immer seltener zu finden: *„Früher hieß es: ‚Wir alle sind Diener des Staates.‘ Heute hat man den Eindruck, daß der Staat unser aller Diener wäre...“* (B 1) Das wiederum liegt an zwei Lastern vieler Deutschen: der Begehrlichkeit und der Sattheit. *„Begehrliche Menschen sind immer unzufrieden. Das A und O beider aber ist die Steigerung ihres materiellen Lebensstandards.“* (B 1) Die Jugend macht da keine Ausnahme, besonders in Lübkes Umgebung muß sie es arg treiben: *„Wir beobachten immer wieder in unserer Umgebung, daß junge Menschen hemmungslos dem materiellen Gewinn nachjagen...“* (B 85) Doch diese Verblendeten mögen vielleicht reich, aber sicher nicht glücklich werden. Gold und Geld nämlich haben ihren Besitzern seit den Zeiten der Nibelungen nichts als Kummer und Leid gebracht.

Lübke weiß das aus eigener Erfahrung: *„Ein mir bekannter Millionär, der aus meiner engeren Heimat stammt..., sagte mir einmal: ‚Die Jahre, in denen ich als Lehrling und Geselle meine Groschen aufsparen mußte, waren die schönste Zeit meines Lebens. Jetzt kann ich mir alles leisten und bin unzufrieden und innerlich arm‘.“* (S 102)

Vor diesem Schicksal innerlicher Armut will Lübke die heutige Jugend bewahren. Zwei Gegenmittel hält er für besonders probat: den, wie er ihn nennt, *„Ehrendienst“* in der Bundeswehr und die äußerliche Armut. Der Jugend rät er: *„Treues Ausharren in der Pflicht, auch wenn zunächst keine Erfolge winken, und selbstlose Bereitschaft zum Dienst gewähren Ihnen das Glück eines erfüllten Lebens.“* (B 85) Wie anders würde unsere Gesellschaft aussehen, wenn die Arbeiter seit Beginn des Kapitalismus dieser Einsicht gefolgt wären. Neben einigen unglücklichen Reichen gäbe es die Masse der glücklichen Armen, viel Hader und Streit wäre unserem Volk und der Welt erspart geblieben. Doch Lübke läßt sich durch die Fehlentwicklung, die nun einmal stattgefunden hat, nicht entmutigen. Er kritisiert den Zeitgeist, aber er resigniert nicht vor ihm. Unermüdlich macht er Vorschläge, wie man unsere heillose Zeit und ihre Probleme bewältigen könne. Seine Hoffnung setzt er dabei vor allem in zwei Faktoren: in den Gesang und in die Familie.

Wer singt, handelt politisch

„Jeder von uns kenne die helfende und heilende Kraft des Gesanges", erklärte er vor der Arbeitsgemeinschaft Deutscher Chorverbände in Kassel [B 57]. Diese Kraft ist nach Lübkes Meinung so stark, daß sie selbst politische Wunden zu heilen vermag: *„In der Zeit politischer Zerrissenheit unseres Vaterlandes muß es uns drängen, unserer Liebe zu ganz Deutschland immer und immer wieder, besonders auch im Lied, Ausdruck zu geben. Es ist daher zu bedauern, daß... das Singen vaterländischer Lieder bei der jungen Generation vielfach als veraltet und überholt angesehen wird.* "[B 57] Warum aber singt die Jugend keine vaterländischen Lieder? Weil es ihr zu gut geht: *„Es ist gewiß bezeichnend, daß das deutsche Sangesleben in den ersten Jahrzehnten nach der Gründerzeit, als weite Schichten unseres Volkes ver-*

armt waren, einen großen Aufschwung erlebte. In dem einseitigen Streben nach Wohl-
stand ... " Der Sangesbruder, der sich diesem Streben verschließt, tut jedoch nicht
nur etwas für die deutsche Einheit, er hilft auch der Kunst wieder auf den richtigen Weg.

Künstler, hört die Gesänge

Die moderne, sprich unverständliche Kunst ist nämlich nach Lübkes Auffassung eine recht junge Krankheit. Ihre Ursache sind die *„Bazillen... des Zynismus*
und der Menschenverachtung als Folgeerscheinungen nationalsozialistischer Gei-
stesverwirrung". Indem sich der Sänger den *„helfenden und heilenden Kräften"* zu-
wendet, fördert er den *„Genesungsprozeß"* unserer Gesellschaft. Die Folge: *„Auch*
im Bereich der Kunst... würde sich manches zum Besseren wandeln. Sie könnte wie-
der zu einer für alle verständlichen Aussage über unsere Zeit und ihre Menschen wer-
den. Wir fänden im Kunstwerk das wieder, was uns wirklich bewegt, Leid und Schrek-
ken, Freude und Hoffnung." (B 57) Man mag einwenden, daß die moderne Kunst mit
ihren unverständlichen Aussagen über das, was uns nicht wirklich bewegt, schon
vor dem Ersten Weltkrieg entstanden sei. Man mag auch ganz andere Gründe für
ihr Entstehen anführen, als es Lübke tut. Vor der Tatsache, daß massierter Chor-
gesang diesem Spuk sowieso ein baldiges Ende bereiten wird, sollten Denkspiele
dieser Art verstummen.

Familie contra Bildungsnotstand

Doch der Gesang kann nicht alle Mißstände beseitigen. Daher ist die Rolle der
Familie mindestens ebenso wichtig: *„In den Familien... muß der Keim für die staats-*
bürgerliche Gesinnung eingepflanzt... werden. Kinderreiche Familien bieten die be-
sten Voraussetzungen dafür ..." (B 1) Wohl deswegen, weil sie bei den heutigen Wohn-
und Preisverhältnissen zugleich eine Gewähr dafür bieten, daß Begehrlichkeit und
Sattheit der Familienmitglieder rechtzeitig gezügelt werden.

Doch die Familie kann noch mehr. Sie, und nicht der Staat, soll den auch von
Lübke erkannten Bildungsnotstand abwenden: *„Besonders die Familie muß stärker*
zu ihrer Bildungsfunktion zurückfinden." (B 102) Zurückfinden ist das richtige Wort.
Denn Lübkes Heilmittel gegen Lehrermangel, fehlende Universitäten und unzurei-
chende Bildungsplanung weist in der Tat sehr weit zurück: *„Könnte nicht in unse-*
ren Familien der gemeinsamen Dichterlesung wieder mehr Raum gegeben werden?"
(B 102) Ihr Eltern merkt's euch! Einfacher ist der Bildungsnotstand wirklich nicht zu
beheben.

Die wichtigsten Grundlagen der Bildung werden also in der Geborgenheit der
Familie gelegt. Doch eines Tages wird der junge Mensch sechs Jahre alt und muß
in die Schule. Ist es da nicht natürlich, daß er – sofern er das Glück hat, auf dem
Lande zu leben – die einklassige Zwergschule im eigenen Dorf besucht, auch wenn
in ihr ein Lehrer zur gleichen Zeit vier Klassen in einem einzigen Raum zu unterrichten hat? Es ist natürlich: *„Bildung vollzieht sich in der Gemeinschaft... Je klei-*

ner und überschaubarer solche Kreise sind,... um so fruchtbarer gestaltet sich die Bildungsarbeit... " (B 94) Daher sind die vielerorts eingerichteten oder geplanten Mittelpunktschulen unnatürlich. Sie haben zwar mehr Klassen und Lehrer, doch zwingen sie die Kinder kleinerer Dörfer jeden Morgen dazu, in die anonyme Welt eines zentral gelegenen, größeren Dorfes zu fahren. Wie soll da noch echte Bildungsarbeit möglich sein? Lübkes Plädoyer für die Zwergschulen, das er am 27. Mai vor der Katholischen Arbeiterbewegung hielt, war also kein zufälliger Mißgriff. Er hatte wohl bedacht, was er sagte. Das ist schon daraus zu ersehen, daß er sein Lob der kleinen Landschule trotz aller Kritik am 1. Juli wiederholte.

Lübke und die Mütter

Wem Lübkes Gedankenwelt immer noch ein wenig fremd vorkommt. dem soll ein letztes Zitat die Augen öffnen. Als er dazu aufrief, für die Sammlungen des Deutschen Müttergenesungswerkes zu spenden, sprach er zuerst von der schlimmen Lage vieler Mütter, von ihrer Überarbeitung und der Tatsache, daß die meisten von ihnen „jahrzehntelang" nicht im Urlaub waren. Düstere Worte. Doch was folgerte Lübke daraus? Forderte er einen verbesserten gesetzlichen Mütterschutz? Nein. Mit der ihm eigenen Logik fuhr er fort: *„Es wäre müßig, Untersuchungen darüber anzustellen, warum gerade die Mütter von der allgemeinen Wohlfahrt unter uns am wenigsten profitieren. Was für Gründe dabei auch immer zutage treten, sie haben ihre tiefste Ursache in der Selbstlosigkeit der Mütter.* " (B 81)

Hier nun haben wir Lübkes Weltschau in einer Nußschale: seine Absage an einen übertriebenen Rationalismus und seinen Glauben an die letztliche Unveränderlichkeit alles Bestehenden, weil organisch Gewordenen. Untersuchungen sind müßig. In anderen Ländern mag man durch solche Klügeleien die materielle Lage der Mütter verbessert haben, aber was liegt schon am Materiellen? Oberdies ist den Müttern im Grunde nicht zu helfen. Sie sind von Natur aus selbstlos, staatliche Planung kann da auch nichts ausrichten. Außerdem soll man von dem Staat nichts fordern, sondern ihm dienen. Allzuviel ist ungesund.

Die Kirche muß im Dorf bleiben. Wer diese ewigen Gesetze mißachtet, tut unrecht. Lieber arm und zufrieden.

So spricht der höchste Repräsentant unseres Staates, und nach eigenen Worten spricht er das aus, was er denkt. Die Zeitungen aber, die ihn jetzt kritisieren, hätten ihre Bedenken früher anmelden können. Vor seiner Wiederwahl zum Beispiel. Damals hatten sie bereits vier Jahre lang die Möglichkeit gehabt, sich mit dem Weltbild des Bundespräsidenten vertraut zu machen, doch ihre kritischen Stimmen schwiegen. Ihm nun plötzlich vorzuwerfen, daß sein Denken unserer Zeit nicht gerecht werde, verstößt gegen den Respekt, den wir alle unserem Staatsoberhaupt schuldig sind. Denn letzten Endes haben wir in ihm genau den Bundespräsidenten, den wir verdienen.

Chlodwig Poth

Amadeus Knüll

2. Auftrag: Mit Bundespräsident Lübke in Asien.

Amadeus Knüll
ist ein windiger Boulevard-Reporter.
Seine Reportagen sollte man nie auf die Goldwaage legen.
In diesem Fall aber scheint er auch uns
über das für Revolver-Journalisten
übliche Maß hinausgeschossen zu sein.
Zum einen, was die Methoden anbelangt,
mit denen er diesmal arbeitet,
vor allem aber, weil sein Bericht
über die Staatsbesuche Bundespräsident Lübkes
in Asien als Ganzes völlig unglaubwürdig sind.

Amadeus

Otto

10. Pionier der Entwicklungshilfe

Ich wünsche Ihnen eine gute Entwicklung da unten
[1966 zum Abschied an einen Abgesandten Mauretaniens]

„Heinrich Lübke sah Entwicklungshilfe als eine Aufgabe, Menschen zur Selbsthilfe zu befähigen. Dabei ging er ganz vom Interesse des Entwicklungslandes aus, nicht von deutschen Exportinteressen. Im Grunde war dies die Haltung des Landwirtschaftsministers von NRW nach dem Krieg: was kann ich tun, um die Ernährung von Menschen zu sichern? Besonders war, daß seine Verantwortung keine nationalen Grenzen kannte. Lübke hat versucht, für diese internationale Verantwortung Verständnis zu wecken. Dies ist ihm – genau wie andern – nur teilweise gelungen." So urteilte der SPD'ler Dr. Erhard Eppler, engagierter Minister für wirtschaftliche Zusammenarbeit vom 2. Oktober 1968 bis zum 2. Juli 1974, einer der wenigen, der die naive Wahrhaftigkeit in Lübkes entwicklungspolitischem Engagement erkannte. Die Lübke-Gegner hatten allemal kein Gespür für diesen Einsatz, in großen Teilen der CDU hieß es damals noch abfällig: ,Ach Du und Deine Neger!' Wenn man sieht, wie Afrika heute, auch von der deutschen Politik, ausgegrenzt wird, wünscht man sich auf diesem Gebiet – für Afrika – einen neuen, wenn auch zeitgemäßeren Lübke.

Gleich am 1. Oktober 1959 führte Lübke die ersten vorausschauenden entwicklungspolitischen Gespräche. Dabei ging es ihm um die Frage der finanziellen Sicherung von Entwicklungshelfern im Alter. Im November versuchte er im Gespräch mit dem Außenminister, dem Wirtschaftsminister, dem Minister für Landwirtschaft und dem für Wirtschaftlichen Besitz Wege zu finden, wie man die ,Opferbereitschaft der breiten Öffentlichkeit' motivieren und stärken könne. Damals gab es weder TV-Tombolas für Alles, noch ein Entwicklungshilfe-Ministerium, auch wenn Lübke etwas in der Art vorschwebte. Er gründete die Deutsche Stiftung für Entwicklungshilfe, um staatliche und private Aktivitäten besser koordinieren zu können. Doch damit hatte er, ebenso wie bei seinen Versuchen, die Kirchen stärker mit einzubinden, nur begrenzt Erfolg. Auch so manches ärmere Land blockte ab, fürchtete man doch die Einfuhr ,unerwünschter Ideologien'.

Wohlstand verpflichtet. Von dem persischen Dichter Hafis stammt das Wort: „Kredenze den Wein im Becher der Gerechtigkeit und gib ihn dem Dürstenden, ehe dieser mit seinem Durst die Welt in Brand setzt." Dieses Wort erinnert an die großen Aufgaben, die Hunger, Elend, Krankheit und Unwissenheit in weiten Gebieten Asiens, Afrikas und Südamerikas uns stellen. Die Hälfte der Menschen auf dieser Erde hat zu wenig zu essen. Die Entwicklungshilfe ist ein Werk der Gerechtigkeit, der Mensch-

lichkeit und Nächstenliebe. Unsere deutschen Familien bewiesen durch ihre Opfer-bereitschaft, daß sie die Hilferufe verstanden haben. Unser Dank gilt vor allem den jungen Menschen, die sich für den entsagungsvollen Einsatz in den Entwicklungslän-dern bereit fanden. Wer aber glaubt, Kritik üben zu müssen an dieser großen Mensch-heitsaufgabe, der erinnere sich an die Zeiten, in denen wir froh und dankbar waren, wenn uns Hilfe zuteil wurde. Die Entwicklungsgelder, die wir sammeln, seien unsere Dankspende für den bei uns erreichten Wohlstand, der auch auf die Großherzigkeit anderer Völker, insbesondere der Vereinigten Staaten, zurückgeht. [...] Die Bekämp-fung des Hungers in der Welt ist aus politischen und menschlichen Gründen das vor-dringlichste Problem. Sie alle wissen...[32]

Unter diesem Motto ging er auf Dienst-Reisen, ab 1962 verstärkt in DrittWelt-Länder. Hier einige seiner Ziele:
* 1962 – Liberia, Guinea, Senegal, Pakistan, Thailand, Indien
* 1963 – Iran, Indonesien, Japan, Philippinen
* 1964 – Peru, Chile, Argentinien, Brasilien
* 1966 – Kenia, Madagaskar, Kamerun, Togo, Mali, Marokko, Mexiko
* 1967 – Südkorea, Nepal, Afghanistan (zudem privat nach Thailand und Malaysia)
* 1968 – Tunesien
* 1969 – Elfenbeinküste, Niger, Tschad

In den meisten Ländern kam er mit den jeweiligen Machthabern gut zurecht. Pro-bleme gab es nur in Indien. Er konnte Premier Nehru zwar dazu bewegen, nicht immerzu *von zwei Deutschland* zu reden, indem er ihm eine fiktive Teil-Besetzung Indiens durch die Chinesen als Beispiel nannte, aber Nehru sprach sich gegen die Wiedervereinigung Deutschlands aus. Außerdem hatte Lübke keinen Erfolg mit seinen Bemühungen, vor Ort das Kaschmir-Problem zu lösen. In rein deutscher Gesellschaft ging ebendort der Sauerländer in ihm durch, als er erkannte: *Die beste Entwicklungshilfe für Indien wäre der Bau von Schlachthäusern.*

Sein Biograph Quarta stellte fest: „Man übertreibt nicht mit der Feststellung, daß Heinrich Lübke der erste Staatsmann bei uns war, der die Entwicklungshilfe als große öffentliche Aufgabe ernst nahm und sie geradezu für sich zu einer bei-spielhaften persönlichen Verpflichtung machte. Er hatte diese Verpflichtung gera-dezu gesucht und als alter Mann die Strapazen von Auslandsreisen in viele arme Entwicklungsländer auf sich genommen, um die Nation an ihre Verantwortung gegenüber den Unterprivilegierten zu erinnern, und um das Misstrauen und die Missverständnisse abzubauen, die in der Öffentlichkeit dem Entwicklungs-gedanken in der ersten Zeit entgegenstanden. Bei Auslandsbesuchen ging es ihm nicht nur um die notwendige Repräsentation der Bundesrepublik, die Dar-bietung wohlklingender Gedanken und freundschaftlicher Beteuerungen – hier wurde ein Politiker mit landwirtschaftlichen und genossenschaftlichen Sach-kenntnissen und Erfahrungen tätig, und die wichtige Verbesserung der Agrarstruktur war Gegenstand von Gedankenaustausch mit Präsidenten, Fachministern und Sachverständigen des Landes. [...] Er schilderte – noch ganz unter dem Eindruck seiner letzten Afrikareise [1966] die schrecklichen Folgen einer ungeregelten Natur, sowie der Unwissenheit der Bevölkerung auf die Lebensweise und Wirtschaft eines Landes und begann zu skizzieren, was man durch Nutzung des naturgegebenen Potentials allein auf dem Gebiet der technischen Infrastruktur in dem betreffenden Falle unternehmen sollte. Und dann fügte er hinzu: *Wenn ich meine Amtszeit erfüllt habe und meine Kräfte reichen noch aus, werde ich in Rom bei der FAO mitarbeiten und mich bemühen, auch noch unmittelbar für die Entwicklungshilfe tätig zu werden."*

Nun, seine Kräfte reichten nicht mehr aus.

Lübkes Weisheitenschatz aus der großen, weiten, fremden Welt

- *Ähnlich wie nach dem Zweiten Weltkrieg die Marshallplanhilfe dient heute die Entwicklungshilfe beiden Seiten, den Gebenden und den Nehmenden.* [1964]
- *Es wäre doch unangenehm, wenn wir hier landen müßten, unter lauter Schlangen und anderem Getier.* [am 28. Februar 1966 auf dem Flug von Kenia nach Kamerun zu Lufthansa-Pilot Werner Utter]
- *Schon als junger Student hatte ich Lust, nach Togo zu gehen. Das scheiterte aber daran, daß meine Mutter nicht so lange von mir getrennt sein wollte. So sehen Sie, daß alle Dinge, die jetzt ein Faktum sind, schon vorbestimmt waren.* [1966, in Togo]
- *Ich glaube, es ist schwer, etwas dagegen zu sagen, wenn man den gesunden Menschenverstand arbeiten läßt.*
- *Da steht man plötzlich vor fremden Türen; Frondizi* (ehemaliger Staatspräsident von Argentinien) *sitzt noch immer am Silberfluß-Delta im Gefängnis, und kürzlich ist Prado* (ehemaliger Staatspräsident von Peru) *vom Militär abgesetzt worden.* [1963, vor einer SüdAmerika-Reise]
- *Wer kommandiert ihn da und reitet auf ihm herum?* [1966, angesichts einer indonesischer Statue des Gottes Vishnu mit dem Weltschöpfer Brahma]
- Auf die Anregung von Studenten der Uni Bonn, zwischen Wehrdienst und Arbeit in Entwicklungsländern wählen zu dürfen: *Das geht auf keinen Fall. Das ist nicht durchdacht. Es gehen ja dadurch der Bundeswehr zu viele Offiziere und Unteroffiziere verloren. Die Russen werden nicht immer Frieden wahren, deshalb braucht man eine gut ausgerüstete Armee mit konventionellen Waffen, denn nur die kommen in Frage. Die Studenten würden sich in noch stärkerem Maße ihrer Pflicht, zur Bundeswehr zu gehen und dem Vaterland zu dienen, entziehen, wenn man ihnen statt dessen die Möglichkeit gäbe, in Entwicklungshilfeländern tätig zu sein... Das geht schon unter dem Gesichtspunkt nicht, weil die Gefahr des Kommunismus bei uns größer würde. Denn:*

- *Denken Sie doch an die vielen tausend Agenten bei uns, die man überhaupt nicht erkennen kann. Wieso den Kommunismus in den Entwicklungsländern bekämpfen, solange man im eigenen Land mit ihm genug zu tun hat?* [Oktober 66]
- *Wenn Sie unseren Markt so überschwemmen, machen Sie vielleicht die deutsche Wirtschaft bankrott.* [September 1966, über südkoreanische Importeure]
- *Dann schadet es uns ja nichts, wenn wir ihre Früchte importieren, denn einen deutschen Apfel wird man hier immer noch zwischendurch essen. Wir können tropische und subtropische Obsterzeugnisse ruhig reinkommen lassen.* [1964, als er erfuhr, daß die Dominikanische Republik weder Äpfel, Birnen, Pflaumen noch Zwetschgen ausführt.]
- *Ich würde jedesmal für die Entwicklungshilfe tausend Mark stiften, wenn ich eine solche Reise nicht zu machen brauchte.* [März 64 über den Vorwurf, er fröne seiner Reiselust]

Muß man Lübke deshalb gleich als Rassisten einstufen? Beim flüchtigen Lesen einiger dieser Aussagen drängt sich so eine Einschätzung auf. Wenn man jedoch tiefer in das Lübkesche Universum vordringt, verbietet sie sich wiederum.

Der Filmemacher Martin Baer, u.a. Autor der Dokumentation ‚Befreien Sie Afrika!', bezieht vehement Stellung für Lübke: „Mit seinen Afrikareisen wollte er die Hilfe für die damals nach Unabhängigkeit strebenden oder gerade unabhängig werdenden Länder fördern." Wenn Lübke also zu mauretanischen Abgesandten sagte: *Ich wünsche Ihnen eine gute Entwicklung da unten,* dann klingt das für unsere Ohren vielleicht unerträglich paternalistisch, aber es kam gewiß von Herzen - wahrscheinlich mit einem Augenzwinkern.

In Afrika soll er Ratschläge wie: *Vor allem muß für Sauberkeit gesorgt werden. Keine Klimaanlagen, davon habe ich nämlich meine Heiserkeit* gegeben haben. Trotz der vielen Reisen blieb der Sauerländer Sauerländer und die fernen Länder für Lübke immer fremd. So war er immer wieder froh, in die Heimat zurückzukehren: *Nach meiner Asienreise hat mich die frische, rauhe Luft des Sauerlands umgeschmissen.* Aber geht das nicht jedem ländlichen Mittelgebirgler so, wenn er aus der Großstadt oder vom Flughafen zurückkehrt?

Er reiste nicht zum eigenen Vergnügen. Zwar kann man ihm eine gewisse Neugier auf die Welt nicht absprechen, aber zum einen war er schon ein älterer Herr, zum zweiten reiste man in den 60ern interkontinental noch nicht so bequem wie heute und zum dritten waren seine Reisepläne mit Staatsterminen überfüllt. Und schwer im Reisegepäck wog sein Pflichtbewußtsein, gleich wo er war:

Wir dürfen dort nicht mit einem Gefühl der Überlegenheit auftreten, etwa weil wir im Augenblick über die größeren Hilfsmittel und technischen Möglichkeiten verfügen. Wer sich dieser Aufgabe unterziehen will, muß daran denken, daß er als Sendbote aus einem freien Land kommt und echte Freundschaft anbieten muß, um glaubwürdig zu sein. Dann trägt er für seinen Teil dazu bei, daß die aufstrebenden Nationen

in Afrika und Asien als Freunde Deuschlands in die Gemeinschaft der Völker hinein-
wachsen. In den nächsten Jahrzehnten werden diese Völker den Gang der Weltpoli-
tik maßgeblich beeinflussen. Es wird dann entscheidend darauf ankommen, ob sie
Vertrauen zu uns gefaßt haben. Wenn ja, dann kann es sein, daß wir gerade ihrer Ini-
tiative die Erfüllung unseres eigenen nationalen Anliegens verdanken, nämlich die
Wiederherstellung der deutschen Einheit durch das Selbstbestimmungsrecht, das auch
den jungen Staaten ihre Unabhängigkeit brachte. Dazu brauchen wir Menschen, die
bereit sind, in den Entwicklungsländern zu wirken und zu lehren, und dazu brauchen
wir natürlich Geld. Es wird schon an vielen Stellen durch eine Reihe von privaten Or-
ganisationen gesammelt… Die Bekämpfung des Hungers in der Welt ist dabei aus po-
litischen und aus menschlichen Gründen das vordringlichste Problem.

Kurz und einprägsam faßt ein Journalist aus Heinrich Lübkes sauerländischer
Heimat zu Beginn der zweiten Amtsperiode des Präsidenten im Jahr 1964 dieses
Anliegen zusammen, wenn er schreibt: „Seiner ausgeprägten Grundhaltung ent-
springt auch eines seiner ersten und ernstesten Anliegen, das er als Bundespräsident mit großer Zähigkeit verfolgt und das ihn zusammen mit seiner Gattin stra-
paziöse Weltreisen unternehmen läßt: nämlich die menschliche und materielle
Hilfe für unterentwickelte Völker, das Werben um Freundschaft und Vertrauen in
jenen Ländern, die vor der Entscheidung zwischen Ost und West stehen. Wie jeder
Bauer weiß, was für ihn und seinen Betrieb die Urbarmachung von Ödland und
seine Aufbereitung in Kulturland bedeuten, so weiß Heinrich Lübke, was jene Entwicklungsländer, die über kurz oder lang wirtschaftliche und politische Kompo-
nenten im Weltgefüge werden, was die in sie investierten Mittel an wirtschaftlicher
und menschlicher Hilfe einmal für uns und für die westliche Welt bedeuten werden."

„Lübkes vorletzter Staatsbesuch, vom 25. bis 30. April 1968 in Tunesien, verlief
zwar *im ganzen gut,* wenn ihm auch einige Ungeschicklichkeiten gegenüber Staatspräsident Habib Burgiba unterliefen. Hingegen richtete eine altväterlich-unpas-
sende Ansprache an deutsche Landsleute in der Residenz des Botschafters keinen
Schaden an, auch wenn Hamburger Magazine daran Anstoß nahmen. Wie sehr
Lübke die fortgesetzten Diffamierungen mitnahmen, zeigte sich während dieser
strapaziösen Reise. Bei einem Empfang in der Residenz des Botschafters der
Bundesrepublik formulierte Lübke: *Viele von Ihnen sind wohl gekommen, um die-*
sen Schwerverbrecher einmal zu sehen. Dem Staatssekretär des Auswärtigen
Amtes, Paul Frank, dankte er dafür, daß dieser bereit sei, *mit einem Verbrecher wie*
mir an einem Tisch zu sitzen und ein Glas Wein zu trinken."[6]

Mit dem Titel ‚Kampf dem Hunger in der Welt', 1970 in der Festschrift zum
70. Geburtstag für Theodor Sonnemann erschienen, schrieb Lübke ein literarisch-
politisches Vermächtnis. Er erinnerte an die Fortschritte der Entwicklungspolitik
in den vergangenen Jahren, erwähnte auch deren Finanzierung (1959: 50 Mill. DM,
1968: ca. 6,7 Mrd. DM). Es wäre wichtig, die *Mehrzahl der Zeitgenossen, denen die-*

ses Thema noch unbekannt ist, aufzuklären und zu mobilisieren: *Wo immer wir dafür sorgen, daß die Kluft zwischen armen und reichen, hungrigen und satten Völkern sich verringert, sorgen wir auch für unsere eigene Zukunft.*

On the (african) road again...
mit Heinrich & Wilhelmine

Zwei Reporter der Hamburger illustrierten Zeitschrift STERN begleiten vom 21. Februar bis zum 16. März 1966 das Präsidentenpaar auf seiner zweiten großen Afrikareise; ihr aus der Unmittelbarkeit des Miterlebens heraus entstandener Bericht wird hier – in Auszügen – wiedergegeben. Reisen in andere für Lübke exotische Gegenden der Welt mag sich der Leser anhand des Reiseplanes selbst ausmalen.

Erster Halt: die ehemalige deutsche Kolonie Kamerun. „Kameruns Gendarmerie präsentierte die Pistolen, als Lübke in Jaunde eintraf. Am Abend dieses Tages hatten Strapazen und Fährnisse – Kamerun war nach Madagaskar und Kenia die dritte Station dieser Afrikareise – Deutschlands Ersten Bürger erschöpft. Doch das Protokoll war unerbittlich. Die nächste Runde mußte in drei Minuten beginnen: Ahmadou Ahidjo, Kameruns Staatschef, gab zu Ehren des Gastes aus der Bundesrepublik ein Essen.

Am Morgen war Präsident Lübke von Kameruns Hauptstadt Jaunde in das Provinzstädtchen Garoua geflogen. Als der 71jährige auf der Rollbahn die Privat-Convair Ahidjos verließ und in die grelle Sonne hinaustrat, hielt er unwillkürlich ein paar Minuten inne. Wie ein Feuerstrahl schlug ihm die Hitze ins Gesicht. Das Thermometer zeigte 44 Grad. Müde und regungslos saß er 20 Minuten später auf einer Holztribüne vor dem Rathaus von Garoua. Im Schatten waren es noch 38 Grad. Kamerun-Präsident Ahidjo führte ihm den Stolz seiner kriegerischen Heimatstämme vor: die Fantasia, eine farbenfrohe Parade von 300 blauschwarzen Reitern auf kleinen, sehnigen Pferden... Die Kavalkade der Savannen-Kavallerie war nach einer halben Stunde mit einem letzten Kriegsgeheul beendet. Der Bundespräsident wurde ins Rathaus geführt, hörte sich eine Lobrede des Bürgermeisters auf die gemeinsame deutsch-kamerunische Vergangenheit an, trug sich ins goldene Buch der Stadt ein und trat dann wieder hinaus in die Hitze. Er bestieg mit Ahidjo das weiße Staatscabriolet Nordkameruns, ein Oldsmobile mit roten Kunstledersitzen, und fuhr an begeisterten, hinbefohlenen Savannen-Siedlern vorbei, unter Transparenten hindurch, die eine gemeinsame deutsch-kamerunische Zukunft beschworen: ‚Es lebe die wirtschaftliche internationale Beihilfe' stand da, ‚die Beihilfe sichert den Frieden'.

Das Volk von Garoua, dessen strebsamste Söhne Deutsch aus Wörterbüchern des Jahres 1901 lernen, in denen die Vokabel ‚Entwicklungshilfe' nicht vorkommt, jubelte, als der Präsident zurück zum Flugplatz fuhr. Neunzig Minuten später rollte die Präsidenten-Convair wieder auf dem Flugplatz von Jaunde aus. Der kamerunische Rundfunk spielte für den Gast aus dem Sauerland gut gemeinte Heimatlieder ‚O du schöner Westerwald' und den „Jäger aus Kurpfalz'.

Mit heulenden Sirenen geleitet die zwölfköpfige Motorrad-Eskorte den Staatsgast auf den Mont Febe, den 400 Meter hoch gelegenen Sommersitz Ahidjos. Hier hatte sich Wilhelmine Lübke den Tag über ausgeruht und sich den Ausflug nach Garoua erspart. Der Bundespräsident kam gerade noch rechtzeitig, um sich für die nächste Runde des Protokolls umzukleiden. ‚Empfang für die deutsche Kolonie im Hause des deutschen Botschafters' steht auf dem Programm. An der Seite von Deutschlands First Lady begrüßt der Bundespräsident im bescheidenen Botschaftsgarten deutsche Diplomaten, Ärzte, Missionare und Händler. Erst gegen neun Uhr abends kehren der Bundespräsident und ‚La Presidente', wie seine Frau im französisch geschriebenen Protokoll genannt wird, auf den Mont Febe zurück. Der achte von insgesamt 23 Tagen Staatsbesuch ist durchgestanden.

Über 20000 Kilometer muß der 71jährige in diesen 23 Tagen zurücklegen. Bei strömendem Regen auf der Gewürzinsel Madagaskar, bei drückender Schwüle in Kamerun und Togo, beim gefürchteten Staubsturm Harmattan in Mali, unter sengender Sonne in Marokko. Nur während der beiden inoffiziellen Besuche in Nairobi waren Klima und Wetter erträglich. Man fragt sich, wie Heinrich Lübke und seine nur scheinbar jüngere Frau diese Strapazen durchstehen. Journalisten und Delegationsmitglieder, die Enkel des Präsidentenpaares sein könnten, sind oft schon nach Ablauf eines halben Besuchstages erschöpft. Rund eine Million Mark kostet diese Afrika-Safari des Bundespräsidenten. Zwei Sondermaschinen der Lufthansa, eine fabrikneue Boeing 707 und eine Super-Constellation wurden gechartert. Eine Bundeswehrmaschine vom Typ DC 6 mußte außerdem für den Transport von Gepäck und Verpflegung eingesetzt werden. Rund 1000 Kilogramm Lebensmittel hat Lufthansa-Chefkoch Edmund Dittler, der den Bundespräsidenten auf jeder Auslandsreise begleitet, für die Afrika-Tour aus Deutschland mitgenommen. Vom Kaviar bis zu den Kartoffeln. Lübkes Lieblingsspeise sind Eintopfgerichte. 140 Koffer – ein Großteil davon mit der Aufschrift ‚Dr. h. c. Heinrich Lübke' gehören allein den Mitgliedern der offiziellen Delegation. Diese Delegation umfaßt 50 Mann, darunter vier Kriminalbeamte der Sicherungsgruppe Bonn, die den Präsidenten, seine Frau und die Sonderflugzeuge Tag und Nacht bewachen.«

Welchen Nutzen aber erntet die Bundesrepublik von den Staatsreisen Heinrich Lübkes? Ein Beamter des togolesischen Außenministeriums sagte: ‚Ihnen mag das Auftreten Ihres Staatsoberhauptes in Afrika manchmal übertrieben steif und zurückhaltend erscheinen. Doch auf uns wirkt das ganz anders. Die hoheitsvolle Erscheinung Ihres Bundespräsidenten, sein silbernes Haar, machen einen tiefen Eindruck auf uns Afrikaner. Wir wissen seinen Besuch und das Interesse, das er unseren Problemen entgegenbringt, hoch zu schätzen.'

Heinrich Lübke sieht sich in der Rolle des Mittlers, der aufmerksam macht, anregt, mahnt und er wird vor Ort häufig genau so wahrgenommen. Für ihn ist Entwicklungshilfe in erster Linie Bildungshilfe: *Gemeinschaftsbezogenes Handeln ist in unserer Zeit weitgehend eine Frage persönlicher Einsicht geworden, die ihrerseits wiederum ein Resultat von Bildung und Erziehung ist,* sagt er auf dem Stipendiaten-treffen des Deutschen Akademischen Austauschdienstes1964. *Eine politisch, wirt-schaftlich, sozial und moralisch intakte Welt kann nur entstehen, wenn Unwissenheit und Unbildung und die aus ihnen resultierenden Vorurteile zwischen den Völkern, den Rassen und den Kulturkreisen abgebaut werden.*

Ein Jahr später, aber jedoch 40 Jahre vor der PISA-Studie, äußert der ehemalige Zwergschüler anläßlich eines Empfanges im Bundespräsidialamt: *Was nützt es, wenn bei uns eine gewisse Wohlhabenheit herrscht und wir dabei auf einem Vulkan tanzen?*

Schließlich 1966 auf einer Tagung des Deutschen Bildungsrates: *Gebildetsein bedeutet weit mehr als das Beherrschen eines bestimmten Wissensstoffes. Von Bil-dung wird man erst da sprechen können, wo aus dem Wissen ein Verstehen gewor-den ist und das Verstehen eine von Verantwortung geprägte Geisteshaltung erzeugt.*

Er fordert die Ernährungswissenschaft auf, Produkte zu entwickeln, die den be-sonderen Bedürfnissen in den Ländern der Dritten Welt entsprechen und weist an-lässlich des Welt-Raiffeisentages 1968 in der Frankfurter Paulskirche auf die ent-scheidende Bedeutung des Genossenschaftswesens in diesen Ländern hin: *Gewiß wird man dorthin nicht unbesehen übertragen können, was sich bei uns in einer be-stimmten Phase der wirtschaftlichen Entwicklung bewährt hat. Der Grundgedanke je-doch, daß die Hilfe immer ein Mittel und Weg zur Selbsthilfe sein muß, wenn sie auf lange Sicht Früchte tragen soll, hat sich überall als richtig erwiesen. Dabei kann mar in einigen der Entwicklungsländer, auf bereits vorhandene Formen genossenschaft-licher Zusammenarbeit zurückgreifen. In manchen Ländern ist der Genossenschafts-gedanke den Menschen noch fremd. Hier bedarf es einer eingehenden und anschau-lichen Überzeugungsarbeit.* Im gleichen Jahr sagt er bei einem Besuch in Tunis: *Es liegt in unserem eigenen Interesse, technisches Wissen und wirtschaftliche Erfahrung den Völkern in Afrika, Asien und Lateinamerika zu vermitteln. Dabei sollten wir nie in die Art des stets besserwissenden Lehrmeisters verfallen. Ziel der Entwicklungs-hilfe ist partnerschaftliche Zusammenarbeit, die über den fachlichen Erfolg hinaus auch die Menschen einander nahebringt. […] Wir überwinden das koloniale Zeital-ter nur, wenn wir bereit sind, andere Völker zu respektieren, ihnen zu dienen und zu helfen. Der ‚Deutsche Entwicklungsdienst' soll ein Feldzug nüchterner Bescheiden-heit, eine solide Brücke zu allen uns befreundeten hilfsbedürftigen Ländern werden. Wir vertrauen diesem Teil der Welt die Besten unserer Jugend an, damit sie einen nützlichen Dienst leisten für die Beseitigung von Hunger und Not und zugleich Offen-heit, Großzügigkeit und Welterfahrung in die Heimat zurückbringen. Die Erinnerung an die helfende Tat ist der schönste Dank.*

Afrika-Safari für Werhahn
und die Deutsche Bank

‚Alles Lüge!', schallte es da aus der DDR. ‚Lübke vertritt nur die blanken kapitalistischen Interessen!' In den 60ern war Afrika im Aufbruch. Ein Land nach dem anderen erlangte, besser gesagt, erkämpfte die politische Unabhängigkeit (die wirtschaftliche haben die meisten afrikanischen Länder bis heute nicht zurückerhalten). Einige Länder des Westblock und/oder Ostblocks wollten helfen, viele wollten Einfluß. Und wer sollte dazu besser geeignet sein als die Deutschen beider Staaten? Heinrich Lübke im Senegal. Erich Honecker legt in Addis Abeba den Grundstein für das erste Karl Marx-Monument Afrikas, Heinrich Lübke in Guinea, DDR-Offiziere besuchen Waffenbrüder in Sambia und Äthiopien, Heinrich Lübke in Togo, der gute alte T-34 Panzer der NVA wird nach Moçambique ausgemustert, Heinrich Lübke in Liberia. Helfen, aber uneigennützig. In Somalia waren sie dann sogar beide vertreten, BRD und DDR zugleich. Nicht Hand in Hand, sondern in harter Konkurrenz, manchmal auch auf Kosten der Einheimischen. Wir können davon ausgehen, daß Lübke sich und vor allem seine Motive in der folgenden Hetzschrift des DDR-Nationalrates nicht wiedererkannt hätte. Aber die Fakten konnte man nun nicht der DDR vorwerfen, höchstens den gehässigen Ton:

„Heinrich Lübke machte sich nicht nur um die Erschließung neuer Profitquellen für seine finanzgewaltigen Schützlinge im eigenen Lande verdient, er ist auch persönlich interessierter Wegbereiter der ökonomischen Expansion westdeutscher Monopole ins Ausland. Verfolgt man die Spuren von Lübkes Afrikareisen, so folgte ihm in den Besucherländern die Strabag auf dem Fuße. Die gleiche Strabag AG, die schon 1951 Auslandsaufsäge ausführte, die 1952 die Umsätze der Kriegs- und Vorkriegszeit wieder erreichte und 1961 auf dem Umweg über eine Kapitalerhöhung wieder eine Dividende von real 21% an ihre Aktionäre auszahlte.

Die Strabag AG verfügt in Nigeria mit der Strabag Ltd. Yaba/Lagos über eine eigene Tochtergesellschaft mit einem Kapital von 50 000 Pfund Sterling. In Nigeria baute die Strabag Eisenbahnlinien und Straßen, in Liberia, einer Station der Lübke-Reise 1962, Autobahnen. In Südafrika, das Lübke 1959 besuchte, war sie am Bau von militärischen Objekten, Staudämmen und Autobahnen beteiligt.

Folgen wir den Stationen der ‚Geschäftsreise' Lübkes auf Staatskosten im Jahre 1966 in Afrika, so stoßen wir auf folgende Tatsachen: Togo erhielt bisher von Westdeutschland 70,4 Millionen DM staatliche Kredite und Investitionen, davon 53 Millionen DM für den Bau des Tiefseehafens Lome entsprechend eines am Juli 1963 in Bonn unterzeichneten Vertrages. Am Bau dieses Hafens sowie seiner Zufahrtsstraßen war die Strabag AG führend beteiligt. Daß sie dabei genauso preisgünstig Profit scheffeln konnte wie unter Hitler beim Einsatz von KZ-Häftlingen, bestätigte der damalige Entwicklungsminister Scheel im Informationsdienst ‚Wirtschafts- und Sozialpolitik' mit den Worten: ‚Ein Arbeiter, der beim Hafenbau in Lome (Togo) beschäftigt ist, arbeitet für einen Stundenlohn von 50 Pfennig!'

Als einzige nennenswerte westdeutsche Privatinvestition ist in Togo der Bau einer Brauerei im Wert von 2 Millionen DM in Lome anzusehen. Besitzer ist die Schultheiß-Brauerei in Westberlin, ebenso wie die Strabag AG ein Betrieb des Werhahn-Konzerns!

Kamerun erhielt von der westdeutschen Regierung nach einem Abkommen vom 10. Juni 1962 ein Darlehen von 40 Millionen DM. Davon flossen 25 Millionen für den Bau einer Autobahn Mora - Fort Foureau wieder in die Taschen der Strabag AG zurück. In einer UPI-Meldung vom 2. März 1966 über eine Pressekonferenz des ehemaligen Bonner Entwicklungsministers Scheel, der Lübke auf seiner Reise begleitete, in der Hauptstadt Yaunde, heißt es: ,Scheel wies darauf hin, daß Lübke gerade an der wirtschaftlichen Entwicklung Kameruns sehr interessiert sei. Westdeutsche Entwicklungshilfe mache bereits ein Drittel aller ausländischen Hilfe beim Bau einer Trans-Kamerun-Autobahn aus.'

Was Madagaskar bisher von Bonn erhielt, faßt der Düsseldorfer ,Industriekurier' vom 24. Februar 1966 in drei Sätzen zusammen: ,Die Bundesregierung gewährte eine Kapitalhilfe von 32,5 Millionen DM, die für den Bau der wichtigen Straße von Manipikoni nach Port Berge im Nordwesten Madagaskars verwendet wird. Die Strabag Bau-AG, Köln, hat im Oktober 1964 mit den Bauarbeiten begonnen. Anläßlich des Besuches von Lübke hat die Bundesrepublik eine zusätzliche Summe von 1 Md. FMG (16,4 Millionen DM) für den Bau einer Landesstraße zur Verfügung gestellt.'

Von den 27,5 Millionen DM westdeutscher Kredite, die Kenia laut Kreditvertrag vom 17. August 1962 aus Bonn erhielt, entfallen 13,2 Millionen auf das ,Siedlungswesen', für das sich Lübke ja als Fachmann während der Hitlerzeit ausgibt, und weitere Millionen DM sind entsprechend einer DPA-Meldung vom 19. Oktober 1962 aus Nairobi für ,Straßenbauarbeiten' vorgesehen. Auch sie wandern in die Kasse der Werhahnschen Strabag AG. Die Herren Abs und Werhahn können sich für ihre Strabag AG keinen besseren Vertreter als Heinrich Lübke wünschen. Sie brauchen ihm weder Spesen zu zahlen noch die umfangreichen Bauprojekte zu kreditieren – die Gelder kommen alle aus dem bundesdeutschen Staatshaushalt. Es sind die Steuergroschen der 55 Millionen westdeutscher Bürger, mit denen Lübke und seine Konzerne ihre Geschäfte machen."[7]

„Der deutsche Imperialismus hat sich in den letzten 10 Jahren mehr leise als laut, wieder beträchtliche ökonomische Positionen in den Entwicklungsländern erobert. Er hat in den ehemaligen Kolonialreichen seiner imperialistischen Konkurrenten Fuß gefaßt und geht nun zur forcierten Expansion über. Von 1957 bis 1966 stiegen die direkten Kapitalanlagen der westdeutschen Monopole in Lateinamerika von 514 auf 1615 Millionen DM, in Afrika von 93 auf 565 Millionen DM, in Asien von 76 auf 314 Millionen DM. Von der westdeutschen Regierung wurden in dieser Zeit im Rahmen des staatsmonopolistischen Finanzierungssystems rund 17 Milliarden DM an sogenannter Entwicklungshilfe aufgewandt, die den Monopolen zur Erhöhung ihres Profits und dem Ausbau ihrer neokolonialistischen Positionen dienen. Rund 12 Milliarden DM setzten die Monopole in dieser Zeit zur Kreditierung ihrer Warenexportoffensive in den Entwicklungsländern ein. An den lukrativen Rohstoffquellen Afrikas und Asiens haben sich westdeutsche Konzerne festgesetzt: Thyssen in Mauretanien, Krupp in Angola, Mannesmann in Gabun, Hoesch in Guinea, Gelsenberg-Benzin-AG in Libyen, Quandt in Algerien, die IG-Farben-Nachfolger in Madagaskar, Orenstein und Koppel in Indonesien usw., usf. In Liberia betreibt ein Konsortium, bestehend aus August-Thyssen-Hütte-AG, Hoesch-AG, Rheinische Stahlwerke, Bochumer Verein und Dortmund-Hörder-Hüttenunion, erstmals in der Geschichte des deutschen Imperialismus ein überseeisches Eisenerzvorkommen in eigener Regie. In den letzten zweieinhalb Jahren wuchsen die westdeutschen Kapitalanlagen allein in diesem kleinen Land von 79 auf 134 Millionen DM."9 Die Namen der Firmen mögen sich gewandelt haben, aber jene Zahlen sind im Vergleich zu den heutigen geradezu Peanuts.

Allerdings sind auch bei uns einige Konsumenten kritischer und wacher geworden. Heute ist ein Begriff wie ‚Fair Trade' bei uns eine gesellschaftlich anerkannte Größe, der Umsatz in Deutschland beträgt mehr als in RestEuropa. „Fair Trade ist mehr als ein abstraktes gerechtes Verteilungssystem. Angemessene Bezahlung für die Arbeit der Produzenten hat – für hiesige Konsumenten – ungeahnte Auswirkungen. Die wachsende Nachfrage nach Mangoprodukten schafft Anreize für philipinische Bauern, Brachland mit neuen Bäumen zu bepflanzen. Das wirkt nicht nur der Erosion fruchtbaren Bodens entgegen, sondern eröffnet den Landbewohnern auch eine Zukunftsperspektive …" Das hätte Heinrich gefallen. Und sicherlich auch, daß im Bundesvorstand ein Volkmar Lübke sitzt. (TAZ, 16.1.2004), der auf einen potentiellen ‚Onkel Heinrich' angesprochen, meinte: „Leider muß ich Ihnen mitteilen, daß ich meines Wissens höchstens über unendlich viele Stationen mit Heinrich verwandt sein könnte, im direkten Stammbaum findet sich kein Hinweis darauf. Ich muß gestehen, daß ich bei entsprechenden Nachfragen bisher auch immer gesagt habe, ich wäre auch lieber als Heinemann oder von Weizsäkker auf die Welt gekommen, aber vielleicht ändert sich an meiner Einstellung etwas, wenn ich Ihr Buch über Heinrich gelesen habe!"

Abschließend zu diesem Thema ein weiteres Zitat aus Gustav Heinemanns Ansprache im Deutschen Bundestag zum Tode Lübkes:
    „Das andere, immer wiederkehrende Thema seiner Reden war die Aufforderung, die Entwicklungshilfe als politische Notwendigkeit und moralische Verpflichtung zu verstehen. Auch in den Jahren, als Reisen in afrikanische und asiatische Länder für ihn zu beschwerlichen, die Gesundheit beeinträchtigenden Unternehmungen wurden, hat er sie als ein Botschafter des guten Willens auf sich genommen. Es ging ihm darum, die deutsche Öffentlichkeit auf die Probleme der besuchten Länder aufmerksam zu machen."

Chaos? Nein!, Zwang? Nein! – Demokratie, woll!

11. Gesamtdeutscher Visionär

Wenn es auch wie ein Märchen klingt,
einmal wird der Tag kommen...

[Am 5.8.63 an Adenauer, über die Wiedervereinigung]

Fast jede Nacht grüble ich darüber nach,
wie man das Problem lösen kann.

[Im Juli 67 in Wunsiedel über das gespaltene Vaterland]

ICH KAM IN EINE *Schule in Pakistan, da war hier draufgeschrieben, groß: ,lebe long,*
West-Germany'. Ich ging dort vorbei und strich mit der Kreide das Wort ,West' aus.
Und dann sagten die Kinder ,Oh' und waren erstaunt darüber, daß der Deutsche
selbst einen Teil seines Vaterlandes ausstreichen wollte. Und dann habe ich ihnen mit
Mühe klar gemacht, daß Germany unsere Gesamtheimat wäre und daß der Ost...,
also Mitteldeutschland und Ostdeutschland besetzt wären. Und da haben sie es ver-
standen, daß wir danach trachten, West-Germany wieder zu Germany zu machen.

Zugegeben, in den 60er Jahren gab es unter den Älteren einige ewiggestrige
Deutschtümler, die – im Westen – erkennbar von einer Wiedervereinigung träum-
ten. Wer wollte damals denn von den jungen nochmal in ein Deutsches Reich?

Vor allem Lübke pflegte die gesamtdeutsche Vision – und starb siebzehn Jahre vor
deren Realisierung. Der zweite Bundespräsident hat unentwegt seiner Überzeugung Ausdruck verliehen, daß Deutschland wiedervereinigt werden würde. Für ein
auf ewig geteiltes Deutschland, oder gar zwei Deutschlands gab es in seiner Welt
keine Zukunft.

Die Grenze aus Beton und Stacheldraht geht durch unser Vaterland, aber nicht
durch unsere Herzen. Wir sind politisch geteilt, aber die menschlichen Bande, die Ver-
bundenheit der Glieder eines Volkes, können nicht zerrissen werden. Wir halten un-
aufhörlich zu den Brüdern und Schwestern, die so viel Leid und so viel Schmach für
uns mittragen müssen. Zwar bringt unsere Verbundenheit noch nicht allein den be-
drängten Menschen in Mitteldeutschland die Freiheit. Aber unser aller Sache ist es,
klaren Blick und klaren Willen für die Möglichkeiten zur Wiedervereinigung zu be-
wahren und über die Zeit der Trennung hinweg zusammenzuhalten. Die uns be-
freundeten Völker der freien Welt bringen große Opfer für die Erhaltung unserer Frei-
heit und für eine gerechte Lösung der deutschen Frage. Sie haben daher ein Recht zu
fragen, was denn die Deutschen selbst zu tun und zu opfern bereit sind. Zu einem Miss-
trauen gegenüber unseren Verbündeten besteht kein Anlaß. Durch Verträge und
feierliche Erklärungen haben sie unsere Freiheit und Sicherheit garantiert. Besonders

die Vereinigten Staaten sind bereit, sich in Berlin wirtschaftlich noch mehr zu enga-
gieren, indem sie ihren Industrie- und Handelsunternehmungen Anreiz geben, sich
dort niederzulassen. Das täten sie gewiß nicht, wenn sie nicht fest an die Zukunft die-
ser Stadt glauben würden. Im übrigen liegt die beste Gewähr für unsere Freiheit und
Sicherheit in dem Wissen unserer Verbündeten, daß sie mit der Freiheit Berlins ihre
eigene Freiheit und Sicherheit verteidigen. Möge unsere Bereitschaft, für die Einheit
und Freiheit unseres Volkes jedes Opfer zu bringen, stets wachbleiben. Sonst müssten
wir eines Tages mit Scham erkennen, daß wir dem Phantom des Wohlstands nach-
gelaufen sind und darüber die wirklichen Lebenswerte verlorengingen. Die Männer
und Frauen des Volksaufstandes vom 17. Juni wollten uns vor diesem Schicksal be-
wahren. Wir müssen ihren Ruf hören, ehe es zu spät ist. [...]
Der Bundestag hat vor zehn Jahren den 17. Juni zum ‚Tag der Deutschen Einheit'
erklärt. Die Bundesländer gaben ihm den Charakter eines ‚stillen Feiertages'. Nach-
dem überall der Wunsch nach einer Änderung des Ablaufs dieses Feiertages laut ge-
worden war, habe ich ihn am 11. Juni 1963 zum ‚Nationalen Gedenktag' proklamiert.
Mit diesem Schritt soll erreicht werden, daß sich unserem Volk und insbesondere un-
serer Jugend Ursprung und Sinn dieses Gedenktages im ganzen Umfang erschließt.
An allen Schulen sollen sich Lehrer, Eltern und Schüler am Vormittag des 17. Juni zu
Veranstaltungen zusammenfinden und sich ganz erfüllen lassen von der Mahnung,
die das damalige Geschehen an uns richtet. Jeder einzelne muß spüren, daß er be-
reit sein muß, mit der ganzen Kraft des Verstandes und des Herzens gegen die Tei-
lung unseres Landes einzutreten. Und jeder soll sich vor seinem Gewissen prüfen, ob
auch er persönlich zu einer würdigen und überzeugenden Gestaltung dieses ‚Natio-
nalen Gedenktages' beiträgt. Dieser Gedenktag kann kein Sedantag sein, soll nicht er-
innern an glorreiche Siege. Er ist ein Gedenktag an ein großes Geschehen, an dem
Männer und Frauen ohne Aussicht auf Hilfe kämpften für Recht und Freiheit. Wenn
wir das zu würdigen wissen, werden wir in Zukunft vermeiden können, daß der ‚Tag
der Deutschen Einheit' von einem Teil der deutschen Bevölkerung zu einem Vergnü-
gungstag herabgewürdigt wird. [...] Das ist der Grund, weshalb wir den 17. Juni als
Tag der deutschen Einheit in der Bundesrepublik begehen. Es ist kein Tag für eine
Fahrt ins Grüne, sondern ein Tag, an dem Deutschland der Welt beweisen muß, daß
wir uns niemals mit der Zerreißung unseres Landes abfinden werden. Unseren Brü-
dern und Schwestern jenseits des Eisernen Vorhangs rufen wir zu: „Wir halten Euch
die, Treue!" Immer mehr wird dieser Tag zu einem Appell an die Weltöffentlichkeit:
„Gebt endlich auch uns Deutschen das Recht der Selbstbestimmung, das Recht, in
einem geeinten und freien Staat als gleichberechtigter Partner in der Gemeinschaft
der Völker zu leben!"[32] Als er am 11. Juni 1963 den 17. Juni zum offiziellen ‚Nationalen Gedenktag des deutschen Volkes' proklamierte, begründete er diese – vielen
Zeitgenossen bereits kaum mehr nachvollziehbare – Tat mit majestätischer Pro-
phetie und einem Satz, den Willy Brandt im November 1989 leicht abwandelte: **Wir
sind ganz gewiß: Was zusammengehört und zusammen war, wird auch wieder zusammenkommen.** (bei Brandt: ‚wächst zusammen ...')

Die Taube in der Hand ist besser als ...

Seine *entscheidende* Aufgabe sah der Kalte Krieger Lübke darin, durch *ständiges Ansprechen* der Deutschen Frage deren Lösung *in unserem Sinne wachzuhalten und den Glauben daran* zu fördern und zu festigen: *Die Grenze aus Beton und Stacheldraht geht durch unser Vaterland, aber nicht durch unsere Herzen.* Er war überzeugt, daß eines Tages – *und wir werden den Tag erleben* – Deutschland, auf friedlichem Wege wiedervereinigt werden würde; die Sowjetunion werde die *Unhaltbarkeit* ihrer Deutschlandpolitik einsehen: *Wer im Recht ist, braucht den Ablauf der Zeit nicht zu fürchten.* Kommunisten waren für Lübke *nicht etwa die Herren, sondern die Gefangenen ihres eigenen Systems* und prophezeite: *Dann wird die Stunde kommen, in der wir gegen große Opfer unser Recht auf Selbstbestimmung in friedlicher Verhandlung verwirklichen können.*

Als sich im Januar 1950 die ‚Gesellschaft zur Wiedervereinigung Deutschlands‘ zusammenfand, war Lübke – trotz der Kritik Adenauers an diesem Verein – mit dabei. Ja, er drängte längere Zeit darauf, die Tätigkeiten dieser Gesellschaft verstärkt zu aktivieren. Vergeblich, denn 1952 löste sich der Verein auf – um dann 1954 als ‚Kuratorium Unteilbares Deutschland‘ zu reinkarnieren.

Lübkes besonderes Interesse galt der Stadt Berlin, die zu einer zweiter Heimat für ihn geworden war. *Die Stellung **Berlins** ist für unser Volk von geradezu entscheidender Bedeutung. So wie es unser legitimes Recht ist, für die Wiederherstellung unserer volklichen und staatlichen Einheit einzutreten, ist es auch unser Ziel, Berlin die Funktionen der Hauptstadt Deutschlands zurückzugeben. Wir streben auf europäischem Boden nach größeren Einheiten und Zusammenschlüssen. Darüber können wir jedoch nicht die offenen Fragen nationaler Natur ungelöst lassen, die uns als Land und Volk unmittelbar angehen. Der Einheit unseres Volkes und Landes fühlen wir uns alle mit Kopf und Herz verpflichtet. Kein Opfer wird uns zu groß sein, das dazu führen kann, in Frieden und Freiheit die Einheit zurückzugewinnen und uns wieder mit den von uns getrennt lebenden Brüdern und Schwestern zu vereinigen.*[32]

„Einen guten Anlaß, sich mit den besonderen deutschen Problemen zu befassen, bietet die alljährlich stattfindende ‚Grüne Woche‘ in Berlin, eine weit über die Grenzen der Stadt, vornehmlich nach Osten ausstrahlende landwirtschaftliche Ausstellung. Heinrich Lübke, als Schirmherr dieser Veranstaltung, versäumt es nie, in seinen Eröffnungsworten auf die ihn persönlich bedrückende Zwangslage der Menschen Mitteldeutschlands einzugehen. So sagt er im Jahr 1959: *Wir haben in Berlin natürlich auch andere Sorgen. Dieser Rückblick und Ausblick, der Ihnen gegeben werden sollte, ist nicht nur für Sie, sondern auch für unsere Freunde aus der Zone bestimmt. Wir wollen ihnen damit zeigen, daß wir in gegenseitiger Verständigung in Freiheit und in freiheitlicher Wirtschaftsordnung unsere Probleme zu lösen versuchen… Sie sehen, das geht manchmal (nur) mit Schwierigkeiten, das geht auch nicht ohne Widersprüche und Meinungsverschiedenheiten. Das tut es drüben in der Zone auch nicht. Nur wird dort alles möglichst zugedeckt. Bei uns hört man jeden Einspruch, und (oft) hat man das Empfinden, die Leute streiten sich um Kleinigkeiten…, doch das gehört auch zur Demokratie... Ich glaube, wir haben die Nachteile der Diktatur lange genug am eigenen Leibe gespürt, als daß wir... Sehnsucht hätten, die Demokratie je wieder (aufzugeben).*"[9]

Er war davon überzeugt, daß *wir Deutschen bereit sind, alle erdenklichen materiellen Opfer zu bringen, wenn wir damit unseren Landsleuten in der Zone zur Freiheit und unserem Volk wieder zu seiner Einheit verhelfen können.* Als er 1960 mit seiner These, daß die Westdeutschen im Falle der Wiedervereinigung zu großen Opfern bereit seien, vorpreschte, versprach er für diese Überzeugung, falls notwendig, einen *Kreuzzug* zu führen. Falls dieser mißlinge und ohne Erfolg gekrönt würde, werde er sein Amt niederlegen. Wirtschaftshilfe an das *Zonenregime* lehnte der Bundespräsident als ein *Geschenk an die dortigen Machthaber* ab, solange sich diese nicht willens wären, die *menschliche Situation unserer Landsleute entscheidend zu verbessern... Es muß sich dann allerdings einiges im Bewußtsein und in der äußeren Haltung der Menschen, in der Bundesrepublik von Grund auf wandeln. Bei uns haben sich Mißbehagen, Unzufriedenheit und Begehrlichkeit breitgemacht. Es gibt Zirkel, in denen es zum guten Ton gehört, den ständigen Zweifel zu schüren an der persönlichen und politischen Integrität der in Staat und Gesellschaft, in Parteien und Wirtschaft tätigen Frauen und Männer. Unaufhörlich träufeln sie das Gift in den Blutkreislauf unserer Demokratie, das Gift, von dem schon die Weimarer Republik zersetzt wurde.*

Sicher gibt es Anlaß zu mancherlei Kritik. Wo gäbe es das nicht? Sie ist heilsam wenn sie mit dem Willen verbunden ist, durch geeignete Vorschläge an einer Besserung des Bestehenden mitzuarbeiten. Die diffamierende Herabwürdigung unseres Staatswesens jedoch, die sich auf haltlose Beschuldigungen gründet, ist nichts anderes als Rufmord an unserer Demokratie. [...]

Bei den Verhandlungen über die Einigung Europas haben wir stets den Willen zum Zusammengehen und Zusammenstehen bewiesen und auch unsere Bereitschaft bekundet, in guter Koordinierung mit anderen Staaten Hunger, Not, Krankheit und Unwissenheit in den Entwicklungsländern zu bekämpfen. Gleichzeitig beweisen wir damit den Völkern der Welt, daß wir uns von Hilfsbereitschaft, Gerechtigkeitssinn, Freiheitsliebe und Friedenswillen leiten lassen.[32]

Am 30. August 1961 prophezeite Lübke bei seinem ersten Besuch im eingemauerten West-Berlin, daß die DDR-(Volks-) Polizisten, die auf Flüchtlinge schießen, *später einmal dafür verantwortlich gemacht* werden. Er sprach von der *blutenden Grenze in der Stadt,* durch die das kommunistische System ein *Übermaß von Leid, Not und Sorge, eine menschliche Tragödie größten Ausmaßes heraufbeschworen* habe. Er war davon überzeugt, *daß man für Berlin opfern müsse.* Das ,Notopfer Berlin' ein damaliger Pfennigaufschlag auf West-Briefmarken käme den Berlinern heute sicherlich auch wieder genehm.

Die Urform der Lichterkette - blaue Kerzen in Erinnerung an di everlorenen Ostgebiete - gab es schon 1919. Ihre Neuauflage nach dem 2. Weltkrieg, die Aktion ,Kerzen in die Fenster gen Osten' illuminierte Lübkes wie aller guten West-Deutschen Fenster in den Nächten jener dunklen Zeiten. Am Tag darauf bezeichnete der Bundespräsident die *Sowjetische Besatzungszone* als *ein einziges Konzentrationslager;* in Berlin versuchten die Kommunisten ihr *eigentliches Ziel* zu erreichen: Deutschland aus der NATO herauszubrechen und damit auf dem Wege zur Weltrevolution einen großen Schritt vorwärts zu tun. Lübke bewertete das *Zonenregime* als eine Staatsgewalt sowjetischen Ursprungs und die *totalitäre Herrschaft* der SED als eine ausschließlich von einer *fremden Militärmacht* gestützte Diktatur.

1964 machte er auf andere Art und Weise deutlich, wie ihn die innerdeutsche Problematik beschäftigte. Staatssekretär von Herwarth hat von einer Fahrt entlang der ‚Demarkationslinie' folgendes berichtet: „Oft gingen wir zu Fuß direkt bis zur Grenzlinie vor. An einer Stelle, wo der Verlauf eines Flusses die Grenze bildete, standen auf der anderen Seite gut getarnt Soldaten der DDR-Grenztruppen. Einer von Lübkes Begleitern erregte sich über diese Diener eines unmenschlichen Regimes und schimpfte: ‚Diese Hunde! Diese Schweine!' Der Bundespräsident wies ihn zurecht: *Sie waren doch im Kriege deutscher Offizier. Sie hätten es sich bestimmt verbeten, wenn man Sie deswegen als Nazi-Verbrecher bezeichnet hätte.* Dann trat er ans Ufer, zog seinen Hut und grüßte die Grenzwächter. Zu unserer Überraschung traten diese aus ihrer Tarnung hervor, nahmen Haltung an und salutierten."

Auf einer Bundesgartenschau in jener Zeit prophezeite er: *Schmerzlich vermissen wir hier die Menschen aus dem anderen Teil Deutschlands. Wir sind gewiß, daß sie in großer Anzahl kämen, wenn sie nicht daran gehindert würden. Doch einmal wird der Tag kommen, an dem die Bundesgartenschau wieder eine Gesamtschau für alle deutschen Gärtner und Gartenliebhaber sein wird.*

„Lübke sagte voraus, daß *eines Tages, nachdem die Russen ihre negative Haltung geändert hätten,* die Polen, Tschechen und Ungarn frei sein und die Polen, *eventuell auch die übrigen osteuropäischen Staaten, Mitglieder der Europäischen Union sein würden*; dann werde diese Grenze *sowieso nicht mehr daßelbe Interesse haben wie heute*. Noch deutlicher formulierte er am 21. Juli 1966 gegenüber de Gaulle seine Zuversicht, daß in einem vereinigten Europa eines Tages *Grenzen ohnehin keine Bedeutung mehr hätten*."[6]

Er dachte voraus und blieb hartnäckig: Im Frühjahr 1967 befürwortete er die Bildung einer ‚Europäischen Union' – den Zusammenschluß von EWG und EFTA-Staaten – auch mit der Begründung, daß sie *wahrscheinlich die für Deutschland im Zusammenhang mit dem Friedensschluß auftretenden schmerzlichen Probleme menschlich und politisch erleichtern werde*. Er war davon überzeugt, daß eine Regelung der strittigen Gebietsfragen auf dem Verhandlungswege denkbar und *im Rahmen einer großen europäischen Friedensordnung* möglich sei.

An der 2003 neu aufflackernden Patriotismus-Debatte hätte Lübke seine Freude gehabt, bekannte sich doch zu *gesundem Nationalgefühl* und zu einer unverkrampften Vaterlandsliebe als dem Gegenteil von *blindem Nationalismus*. Der Bundespräsident trat dafür ein, daß bei passenden Anlässen auch die National-

„Meinem guten Freund Heinrich Lübke mit besten Wünschen,
Haile Selassi 1964." Roots.

flagge gezeigt wurde, da gerade nationale Symbole an das *Einheitsstreben des Volkes* erinnerten. Zur Stärkung eines *gesunden Nationalgefühls* empfahl er ein vermehrtes *neues vaterländisches Singen*, das durch *Mißbrauch und Verrat* der Nazi an so vielen Volksliedern diskreditiert sei. Er hielt es für sinnvoll, *immer und immer wieder unserer Liebe zum ganzen Deutschland auch im Lied Ausdruck zu geben.*

Der Bundespräsident warnte vor dem sich nach dem Wirtschaftswunder ausweitenden Trend zum Konsumrausch, der *Überbewertung materieller Errungenschaften* gegenüber geistigen, seelischen und sittlichen Werten. Er kritisierte den *Taumel des Wohlstands* mit der Folge *mangelnden Willens zum persönlichen Einsatz auf allen Ebenen des Gemeinwesens,* sprach sich aber trotzdem für *den Wohlstand für alle* aus: *Leider wird das Selbstbewusstsein der Menschen von heute vielfach nicht mehr von ihrer Arbeit im Beruf, von ihrer Mitsorge im Staat und in der Gemeinde oder von ihrer Leistung geprägt, sondern von dem nach außen sichtbaren materiellen Erfolg ihrer Tätigkeit. Der Schweizer Historiker Professor Dr. Olof Gigon hat darüber in einem kürzlich gehaltenen Vortrag gesagt:*

Es ist „überall zu beobachten, wie sich aus dem Bereich der religiösen, philosophischen und politischen Überzeugungen das Leben gewissermaßen zurückzieht und sich in dem einzigen Bereich ansiedelt, für den die Massengesellschaft ein unmittelbares Interesse zu haben scheint, nämlich – im Bereich des materiellen Lebensstandards". Er hat die Besorgnis geäußert, daß sich als Folge dieser Entwicklung die Staaten mehr und mehr in eine Verbrauchergesellschaft und dementsprechend die Regierungen und politischen Körperschaften in deren Verwaltungsräte verwandelten. Gewiß ist dies eine etwas überspitzte Formulierung, aber das Bild wurde gewählt, um einen heilsamen Schock auszulösen.

Aber auch mit den Völkern und Staaten an unserer Ostgrenze wollen wir nach den gleichen Grundsätzen von Recht und Freiheit in Freundschaft leben und harren des glücklichen Tages, an dem die Welt endlich eine Völkergemeinschaft sein wird, die auf der Basis von Einigkeit und Recht und Freiheit gesichert leben kann.

Dieser Tag wird kommen, weil alle Völker wünschen, ,tätig frei' auf dieser Erde zu leben und sich nicht in unaufhörlichen Kämpfen zu vernichten. Wer am Kommen diese Tages zweifelt, dem fehlen Kraft und Phantasie, sich ein eigenes Bild der Zukunft, wenn auch zunächst nur in Gedanken zu gestalten. Schwächlinge waren nie nützliche Begleiter auf dem mühsamen Weg durch das Dunkel und durch die uns nie verlassenden Fährnisse des Lebens. Nur die aus Einsicht und Verantwortung Mutigen arbeiten sich zäh durch die Schwierigkeiten und sorgen mit für eine sinnvolle Ordnung der öffentlichen Dinge. Dabei leitet sie der unverrückbare Glaube, daß alles, was Menschenantlitz trägt, eine Gemeinschaft der Völker will, die im Recht und in der Freiheit ihre sicheren Fundamente hat.

Wir Deutschen sind wahrscheinlich das einzige Volk in der Welt, das für die Untaten einer auch uns aufgezwungenen Diktatur verantwortlich gemacht wird. Neben dem nationalsozialistischen Beispiel gibt es eine Reihe von Gewaltregimen, die sich auch gegen ihr eigenes Volk und gegen ihre Nachbarn versündigt haben. Ich denke hier an viele Länder, nenne aber nur die Sowjetunion und China. Wir Deutschen kennen die scheußlichen Methoden der Diktatoren von rechts und von links aus eigener Erfahrung und unterliegen deshalb nicht der Versuchung, diese Völker mit der Schuld ihrer Regierungen zu belasten. Wer Augen hat zu sehen, der weiß doch, daß die Demokratie im freien Teil Deutschlands heute ebenso schlecht und ebenso gut funktioniert wie in allen übrigen Ländern der freien Welt. In zahlreichen freien und geheimen Wahlen erlitten die extremistischen Parteien von rechts und von links eine Niederlage nach der anderen. Sie sind jetzt aus dem aktiven politischen Leben in der Bundesrepublik praktisch ausgeschieden. Der Prozentsatz der Stimmen, die die radikalen Parteien auf sich vereinigen konnten, ist so verschwindend gering, daß jeder daraus entnehmen kann, wie entschieden das deutsche Volk die Rückkehr des Nationalsozialismus oder die Herrschaft des Kommunismus ablehnt. [...]

Ich nenne diese Fakten einfach deswegen, weil noch heute viel im Ausland der Verdacht geäußert wird, als ob das deutsche Volk sich gegen die Unterdrückung durch die Nationalsozialisten nicht genügend gewehrt habe. Wer einmal bei den Nationalsozialisten eine Haft im Gefängnis, im Zuchthaus oder im Konzentrationslager durchgemacht hat, der war still, wenn er nach Hause kam. Man muß auch immer wieder darauf hinweisen, daß die ungeheure wirtschaftliche Not nach dem Ersten Weltkrieg das Chaos hervorrief, das Hitler dann zum Siege führte. Bei sieben Millionen Arbeitslosen schied damals praktisch die Hälfte der deutschen Bevölkerung als Konsumenten aus. Viele Gemeinden zum Beispiel mußten schon lange vor 1933 soviel Arbeitslosenunterstützung zahlen, daß sie allein dadurch völlig verschuldet waren. Ich darf hier daran erinnern, daß dem Demokraten Brüning in der entscheidenden letzten Runde vor Hitlers Machtübernahme von den Alliierten Forderungen abgeschlagen wurden, die man kurze Zeit später dem Diktator Hitler bewilligte.[32]

Alte - doch derzeit noch (wieder?) aktuelle - Geschichten. In einem Punkt ging er jedoch weiter, als es die Realität bis heute geschafft hat. Er konnte und wollte die Oder-Neiße-Linie nicht anerkennen. Er hielt jedoch eine Revision dieser für ihn völkerrechtswidrig erschaffenen Grenze, nur im *Wege einer freien Verhandlung unter freien Partnern* für möglich. Ihm schwebte eine durchlässigere Grenze vor, um sie nach einem späteren Anschluß Polens an ein *geeinigtes Europa*, sogar *unbedeutend* bzw. *uninteressant* zu machen. Ohne solch eine Einigung konnte er sich auch keine wirklich dauerhafte Lösung des Berlin-Problems vorstellen: *Denn wäre die Oder-Neiße-Linie die deutsche Grenze, dann wäre Berlin zu nahe der Grenze.* Am 1. Mai tritt Polen der EU bei.

Wir haben uns bislang mit der Vergangenheit auseinandergesetzt und versucht, eine Antwort zu finden auf die Frage, wie es in der Gegenwart mit uns steht. Wir sehen alle, daß sich die Epoche des Nationalstaates und der Nationalwirtschaft überlebt und daß die Probleme der heutigen Zeit ihre Lösung nur in weltweiten Zusammenschlüssen finden können. Die enge Zusammenarbeit volkreicher und wirtschaftskräftiger Staaten bietet eher die Gewähr für Sicherheit und Wahrung von Frieden und Freiheit als Staaten, die auf sich allein gestellt sind.

112

12. Der verbale Lübke

Es ist sehr schwierig, jedesmal eine neue Rede zu erfinden
[28.2.66, Kamerun]

HEINRICH LÜBKE WAR laut Wolfgang Neuss der ‚Prinz aller Narren‘, denn, wie Neuss mehrdeutig kalauerte:

Oh dieser feine alte Herr
hat nicht nur einen Mund
nein –
er hat viele Peenemünder…

Gerade wegen seiner – von unterschiedlichen Teilen der Bevölkerung unterschiedlich peinlich empfundenen – verbalen Ausfälle, hat Lübke in der Erinnerung vieler überhaupt überlebt. Zur Vorbereitung dieses Buches stellte ich Hunderten Menschen die Frage: Wer war Heinrich Lübke?
80% der Unter-45-jährigen hatten keine Ahnung.
80% der Älteren erinnerten sich zu allererst an seine Sprüche. Und von diesen rund 80% ‚an die LP‘. In der Tat war es die legendäre PARDON-LP ‚Heinrich Lübke… redet für Deutschland‘ aus dem Verlag Bärmeier und Nikel, die ihn in die kollektive Erinnerung gebrannt hat.
Der damalige Teenie und heutige Wortjongleur und Visionär Micky ‚Liquid Sound‘ Remann erinnert sich gerne: „Die Lübke-LP war der Hit aller Kellerparties. Wir kugelten uns vor Lachen. Ein Höhepunkt meiner Adoleszenz!"

Die LP. Der damalige Verleger Johannes Nickel schrieb mir: „Die war ein Riesenerfolg seinerzeit. Die Platte herauszubringen ein hohes Risiko: Es gibt/gab nur zwei Dinge, die mit höchsten Strafen in der Republik belegt wurden: Beleidigung der Fahne und des Bundespräsidenten. Als durchsickerte, was wir vorhatten, schaltete sich das Bundespräsidialamt mit dramatischen Drohbriefen ein, falls wir unsern Plan realisieren würden. Das war dermaßen kraftvoll formuliert, daß sich im Verlag zeigte, wer noch Mut aufbringen würde: alle, wirklich <u>alle</u> Redakteure und Lektoren verlangten von Bärmeier & mir, daß sie im Falle eines Falles von irgendeiner Art von Mitschuld freigesprochen werden – und meinten: unter den gegebenen Umständen sollten wir das Vorhaben mit der Schallplatte besser fallen lassen. Das kam für mich nicht in Frage, und in alter B&N-Tradition stand auch Bärmeier zu mir. Wir machten also die Platte und hatten Glück, denn der satirisch-ironische Titel ‚Redet für Deutschland' und die dummdreiste Art, im Vortext zu behaupten, Lübke hätte alle Reden auschließlich im Sinne hochgesteckter deutscher Interessen gehalten, machte es Lübke schwer, einen Prozeß anzustrengen."

Lange hörte man nichts von Lübke in den Medien, dann meldete der STERN (50/2002): „DER GRÖSSTE POLITISCHE WITZ der Nachkriegszeit war Heinrich Lübke... ‚Wer Lübke zitiert, macht Kabarett in Deutschland überflüssig', sagte Kabarettist Wolfgang Neuss. Lübke machte seine Witze selber, unfreiwillig, unübertrefflich: **Meine sehr geehrten Damen und Herren, liebe Neger**, begrüßte er zum Beispiel bei einem Staatsbesuch in Afrika das Publikum."

Hier irrt der STERN allem Anschein nach – wie auch viele Deutsche. Dieser – zweifelsohne bekanntesten Spruch Lübkes – ist nicht von ihm. Ein Christoph Drösser hat sich akademische Mühen gemacht, eine Quelle zu finden:

„Ich habe das Bundespräsidialamt angerufen, mit Heinrich Lübkes Biografen gesprochen, mehrere Rundfunkarchive durchforsten lassen und Afrikaexperten befragt. Ergebnis: Jeder kennt das Zitat, die meisten hätten es Lübke auch zugetraut, es wird sogar genau datiert auf einen Staatsbesuch in Liberia im Jahr 1962 – aber es gibt keinen Beleg dafür! Das berühmte Zitat findet sich weder auf der Schallplatte ‚...redet für Deutschland' noch in dem Bändchen ‚Worte des Vorsit-

Heinrich des Deutschen populäre Reden:
Ein historisches
Dokument, das in keinem Plattenschrank fehlen darf.

Heinrich Lübke muß es erdulden, daß Minister ihm in den Rücken fallen, Referenten Witze über ihn reißen, Jllustrierte ihn verspotten und daß das deutsche Volk, sein Volk, das er verkörpert wie kein anderer, über ihn lacht, kaum daß es ihn in Wochenschau oder Fernsehen sieht.

Lange hat niemand die Worte gefunden, ihn zu verteidigen; am wenigsten er selbst.

Jetzt haben wir eine Schallplatte (30-cm-Langspielplatte) gemacht, auf der nicht nur besänftigende Lieder zu hören sind, sondern auch eine flammende Verteidigung des Bundespräsidenten. **Besser als jeder andere aber widerlegt**

Heinrich Lübke selbst die absurden Vorwürfe, die von allen Seiten gegen ihn fallen — durch seine eigenen Worte, durch sein Lachen. Jawohl: auf dieser Platte spricht und lacht Heinrich Lübke in eigener Person!

Glauben Sie Lübkes Kritikern nichts! Hören Sie sich Heinrich Lübke im Original und unverfälscht auf dieser Platte an. Dann wissen Sie, was unser Bundespräsident für ein Mann ist. Bestellen Sie noch heute, dann erhalten Sie die Platte noch vor Ihrem Urlaub. Überweisen Sie DM 19,— unter dem Stichwort „Heinrich Lübke ... redet für Deutschland" an den Verlag Bärmeier & Nikel, 6 Frankfurt, Hebelstraße 11, Postscheckkonto 92241. Dann kommt die Platte portofrei ins Haus.

zenden Heinrich'. Wolfgang Kossmann vom Bundespresseamt, der selbst seit Jahren nach einer Quelle forscht, hält den Ausspruch denn auch für ‚gut erfunden'."
Tragisch: Just das, an was man sich Lübke-mäßig erinnert ist ein Fake! OK, er hätte von Lübke stammen können, doch er hatte mit seiner simplen Art den Bürger angesteckt. Jedes Dödel-Englisch-Zitat (‚You can say you to me') wurde automatisch Lübke unterstellt. Beim ‚Witz' wie im Englischen einte er das Volk – auf einen kleinsten gemeinsamen Nenner. Und die zitierte LP wurde der Renner, wenn sie nun auch schon lange out-of-print ist.

Gegen Ende der 60er schwappte eine ganze Welle von Sprüchen in Lübke-Speak durch die westdeutschen Gaue, quasi ein Vorläufer von Blondinen-Witzen. Einige seiner Original-Sprüche (und, sorry, wohl auch einige ihm in den Mund gelegte) werden hier dokumentiert, anschließend einige (gekürzte) Reden vom Original-Häuptling Silberlocke.
Ein Tip: Die Tiefenwirkung wird durch lautes Vorlesen im Kreise der Lieben gesteigert!
Vorsicht: Der eine oder andere Spruch wird eventuell auf Lebenszeit in Ihrem System gespeichert bleiben.

Ein Interview Heinrich Lübkes mit der „Deutschen Welle"!

DW: Die Hörer der Deutschen Welle, die ja rund um die Welt die Sendungen der Welle empfangen, würden sich sicherlich über ein Wort von Ihnen freuen.
Lübke: Mit all diesen Leuten habe ich Kontakt gehabt.
DW: Ja?
Lübke: Das ist, äh, natürlich und vor allen Dingen: Man hat es mit Leuten zu tun gehabt, die, äh, eine gute Verantwortung hatten. Die hat sich aber inzwischen geändert, und ich habe die Verbindung verloren. Einzelne sind von denen krank, und so habe ich also, wüßte ich nicht, was die jetzt von mir erwarten sollte, ne.
DW: Würden Sie wieder ins Ausland gehen und dann mit Hörern der Deutschen Welle Kontakt haben?
Lübke: Sobald nicht. Wenn ich, ich bin von vielen Ländern eingeladen worden, ne, zuletzt noch von Japan aus, ich kann aber diese ganzen Reisen nachher aus meiner eigenen Tasche nicht machen. Ich muß also langsam damit gehen lassen, nicht. Wenn ich dann von jemandem eingeladen werde, die meine, meinen Rat brauchen, dann kann man wenigstens den Aufenthalt auf diese Weise beseitigen, die Unkosten….
DW: Haben Sie sehr herzlichen Dank, Herr Bundespräsident!

Lübke-SPIEGELeien

Das Nachrichtenmagazin der SPIEGEL hatte den Bundespräsidenten auf dem Kieker. Ab 1967 findet sich in fast jeder Ausgabe unter der Rubrik „Personalien" ein Beispiel für einen Lapsus Heinrich Lübkes. Hier nur einige davon:

Heinrich Lübke, 73, Bundespräsident,...

• ... besuchte am Montag letzter Woche, obwohl er an einer Stirnhöhlenvereiterung litt, das von 250 Jungen bewohnte Jugenddorf in Dortmund-Oespel und besichtigte während seines Rundgangs auch Hobby-Arbeiten der Dorf-Jugend. Lübke vor einem überlebensgroßen holzgeschnitzten Kopf: *Wer hat denn den Dickkopf gemacht? Der kann sich sehen lassen.* Der Präsident beim Betrachten einer abstrakten Holzplastik: *Da weiß man ja gar nicht, in welcher Richtung man das hinstellen muß. Wo hat denn der sein Gehirn?* Wenig später unterwies Lübke die Jungen: *Jeder, der diese Dinge nicht in der Jugend übt, hat im Alter seine Phantasie verloren.* (10 .4. 1967)

• ... empfing am vorletzten Mittwoch in der Villa Hammerschmidt 40 Parlamentarier aus zehn europäischen Ländern und den USA, die im Hotel Petersberg an einer viertägigen Konferenz über Entwicklungshilfe-Probleme teilnahmen. Als sich die Abgeordneten in der Galerie der Villa aufgestellt hatten, kam Lübke herein, blieb neben dem Rednerpult stehen und gab die Tagesordnung bekannt: *Ich werde jetzt zu Ihnen sprechen, dann können wir uns unterhalten und etwas trinken.* Nach der Ansprache begrüßte Lübke jeden Teilnehmer persönlich. Als ihm CSU-MdB Heinrich Aigner aus Amberg vorgestellt wurde, sagte der Präsident unvermittelt: *Also aus Algier kommen Sie. Das sieht man ja.* Den nachfolgenden CDU-MdB Hans Edgar Jahn aus Braunschweig fragte Lübke ebenso überraschend: *Ach, und Sie kommen aus Marokko?* (17. 4. 1967)

• ... besichtigte einen Alten-Klub in Murrhardt (Schwäbischer Wald), den der Murrhardter Fabrikant Erich Schumm gestiftet hat. Bei der Begrüßung redete Lübke den Unternehmer als *Herr Murrhardt* an. Obwohl ihn seine Umgebung diskret und die Alten per Zuruf auf den Irrtum aufmerksam machten, wiederholte Lübke die falsche Anrede noch dreimal. Als Schumm in seiner Begrüßungsrede zu dem Satz ansetzte, er bedaure, daß Lübke hier sei und nur so wenig Zeit für die Alten-Klub-Besichtigung habe, unterbrach ihn das Staatsoberhaupt nach dem ersten Halbsatz: *Dann kann ich ja wieder gehen.* Lübke nach seinem Schumm-Besuch zum Abschied: *Das war sehr schön, Herr Murrhardt. Es muß doch noch Leute geben, die das Beispiel von Herrn Murrhardt nachahmen.* (15. 5. 1967)

• ... plauderte am vorletzten Freitag während des Bundespresseballs mit ausgesuchten Verlegern und Chefredakteuren über seine Amtskollegen. Der Präsident begann: *Ich will Ihnen da mal was erzählen von so einem Ober... so einem Oberhaupt wie ich.* (20. 11. 1967)

• ... enger Freund des 1963 von putschenden Militärs erschossenen Präsidenten der westafrikanischen Republik Togo, Sylvanus Olympio, verschreckte während seines Neujahrsempfangs den Botschafter des südafrikanischen Königreichs Lesotho, Kotsokoane. Der Präsident zum Diplomaten: *Mein alter Freund Olympio ist ja von Ihrem Präsidenten ums Leben gebracht worden.* Der Botschafter fassungslos: „Nein, nein, das kann nicht sein." Lübke beharrte auf seiner Meinung. Als Kotsokoane einwandte: „Aber mein Präsident lebt doch", korrigierte der Bundespräsident: *Nein, den Vorgänger meine ich.* Daraufhin konterte der Botschafter: „Mein Präsident hat noch keinen Vorgänger, wir sind doch erst vor eineinhalb Jahren unabhängig geworden." Lübke wies den Einwand ab: *Ach was. Das sind doch alles nur Ausflüchte.* (29. 1. 1968)

Darf, kann, soll, muß man darüber heute noch lachen?
Ursprünglich hatte ich daran gedacht, diesem Buch eine CD mit ‚Worten des Vorsitzenden Heinrich' beizulegen, doch im Laufe der Recherche kam ich davon ab. Ein Großteil dieser verbalen Abstürze sind letztendlich seiner sich zunehmend verschlechternden Gesundheit zuzuschreiben – ein Umstand, der uns damals jedoch vorenthalten wurde. „Seit Anfang 1967 machten sich beim Bundespräsidenten die Folgen einer Zerebralsklerose deutlich bemerkbar, mehrten sich altersbedingte Ausfallerscheinungen. Er klagte über Blutleere im Gehirn und über Vergeßlichkeit. Rhetorische Unbeholfenheiten führten zu teilweise peinlichen Szenen bei öffentlichen Auftritten."[6a] F.K. Fromme wußte damals schon um den Gesundheitszustand Lübkes, der uns weitgehend verborgen blieb, konnte man sich doch auch nicht vorstellen, daß man einen gesundheitlich so angeschlagenen Mann im Amt hielt, um ihn uns zum Hohn und Spott preiszugeben. Er beschrieb „die Witze, die über den von Alterskrankheit heimgesuchten Lübke erzählt und sogar aufgezeichnet wurden, ‚entweder nicht unters Volk gedrungen oder dort auf eine respektvollharmlose Weise erträglich gemacht worden. Das hämische Spaßen über gesundheitsbedingte Schwächen blieb das fragwürdige Privileg von Intellektuellen und derer, die in der Lektüre sich intellektuell gebärdenden Zeitschriften eine innere Erhöhung erfahren'."

„Da der Präsident sich gehalten gesehen hat, moralische Zensuren zu verteilen, muß gesagt werden, daß zwischen den moralischen Ansprüchen, die er dem Volk vorträgt, und seinen intellektuellen Fähigkeiten, die Ansprüche zu artikulieren, ein zu großes Mißverhältnis besteht. Wußte man bei Adenauer, er kann sich nicht ausdrücken, kann aber wollen und tun, was auch den gröbsten Gemeinplätzen Folie gab, so wirken Lübkes Ermahnungen und Aufforderungen, nicht zuletzt durch die Art des Vortrags, farblos und onkelhaft."[16]

Ein Aspekt ist jedoch bei der Bewertung dieser neo-volksmundigen Aussprüche bislang grob unterschätzt worden: Lübkes zweifellos vorhandener, sauerländisch-subtiler Humor stellte für jeden Non-Sauerländer einen Quell der Mißverständnisse dar. Einige der von uns als unfreiwillig lustig gehaltenen Sprüche waren von Poker-, besser: Skat-Face Lübke als genau so lustige Kalauer gemeint, wie sie bei uns ankamen. Auch wenn ihm das viele nicht zutrauten.

Die Reden

Sie müßten eigentlich mehr Beifall spenden, weil ich zwischendurch trinken muß, um meine Stimme zu schonen.
[1.Mai 65, Berlin, vor 250.000 Zuhörern]

Lübke wußte den guten Vortrag eines anderen zu schätzen: *Ich bin erstaunt über das Niveau der Vorträge, die hier gehalten werden. Aber man ist ja auch nicht verwöhnt.* [26.4.65, Berlin – zur Eröffnung des 1. Lehrganges des Deutschen Instituts für Entwicklungspolitik] Er verwöhnte seine Zuhörer immer wieder mit lübkeschen Formulierungen und Ideen. Hier einige Beispiele.

Völker wandern nach Milch und Honig
Ansprache bei der Eröffnung des VII. Internationalen Ernährungskongresses Hamburg, 3. August 1966
Im Gegensatz aber zu früheren Zeiten, wo Hunger in gewissem Maße als Schicksal hingenommen und ertragen wurde, fühlt die Menschheit sich heute durch ihn herausgefordert. Mit Recht wird es als ein nicht hinzunehmender Widerspruch empfunden, daß wir uns anschicken, den Weltraum zu erobern, aber nicht in der Lage sind, ausreichende und der Gesundheit dienende Lebensmittel für alle Menschen bereitzustellen. Solange die Hälfte aller Menschen noch an Unterernährung leidet, dauert die Vergiftung der Gemüter an, und Taten der Verzweiflung müssen in Rechnung gestellt werden. Solange sie den Gang der Weltgeschichte beeinflussen, besteht keine Aussicht auf wirklichen Frieden. Die Sicherstellung ausreichender Ernährung für alle Menschen kann nur durch internationale Zusammenarbeit erreicht werden. Freilich, noch erschwert eine Unzahl von Hindernissen die Aufgabe, vor der wir stehen. Die explosive Zunahme der Bevölkerung in asiatischen, afrikanischen und in gewissem Umfang auch in den lateinamerikanischen Ländern hat die Zunahme der Nahrungsmittelproduktion beträchtlich überrundet. Die von Nahrungsmangel bedrohten Länder müssen alles in ihrer Kraft Stehende tun, um die landwirtschaftliche Produktion zu vergrößern. Den erst kürzlich selbständig gewordenen Staaten fehlt es aber an Geld und an geschulten Fachkräften. Die Ernährungssituation wird die Industrieländer zwingen, vor allem ihre Anstrengungen auf dem Gebiet der technischen und personellen Hilfe zu vergrößern. Die Verbreitung von Wissen und Fähigkeiten, das Erlernen des ,how to do' ist – auf längere Sicht gesehen – gewiß der erfolgversprechendste Teil der Entwicklungshilfe, auch auf dem Agrarsektor.

In meiner Kindheit bin ich durch Karl May an Kanada gekommen.
Damals war ich sieben Jahre alt. Heute ist das anders. Heinrich Lübke besuchte im Juni 1967 Kanada und dort nicht nur die Expo in Montreal, sondern der Sauer-

länder unternahm eine große Rundreise, die ihn offenbar nachhaltig beeindruckt hat, wie er nach seiner Rückkehr berichtete.

Meine Damen und Herren,
die Mitteilungen, die ich Ihnen mache, sind verhältnismäßig kurz, aber es ist… Ich rate jedem, wenn er die Möglichkeit hat, nach Kanada zu gehen, da wird er eine, ein Wunderland sehen. Diese… man muß natürlich diese Weiten auch überflogen haben. Wenn wir von Montreal nach, nach, äh, Calgary wollten, das ist die Hauptstadt von der Provinz Alberta, das dauerte schon sechs Stunden mit, mit großen Flugzeugen. So ist es also in, äh, in, äh, in Kanada nicht sehr leicht, sich zu bewegen und überall alles zu sehen, aber wer diese Möglichkeiten hat, wie wir sie von der Kanadischen Regierung gestellt bekam, hat es eben. Und wir können ihnen dafür sehr dankbar sein. Wir sind mit allen in guter Einigkeit abgekommen, und ich glaube, daß die Auf.., die Auffassungen der Deutschen Regierung in der, in der Kanadischen Regierung durchaus ein volles, volle Übereinstimmung be.., aufweisen.
Ich wurde auch von der Kanadischen Regierung nach Ottawa eingeladen zur Hauptstadt, zu Besprechungen. Ich habe gefragt wegen meines Interesses, hab ich gesagt, ich wäre dort in meiner Jugend schon längst mit meinem Freunde Karl May spazieren gegangen. Dafür hatten sie volles Verständnis.
Die Rückreise war sehr anstrengend. Wir fuhr.., wir flogen 19 Uhr 30 gestern Abend ab und waren 9 Uhr 30 hier. Das wür… würde bedeuten, daß wir also fünf Stunden länger unterwegs waren, als notwendig war, denn das, diese fünf Stunden ist eben die Umdrehung der, der Erde schuldig, verantwortlich dafür.

Lübke wußte noch mehr über Kanada zu erzählen:
Die Reise war hochinteressant. In diesem Lande sich zu bewegen, ist etwas völlig Neues unserem Lande gegenüber. Während wir hier in Europa, wenn wir ein paar Stunden unterwegs sind im Flugzeug, über mehrere Grenzen kommen, ist da drüben dieses Land, das 40 mal so groß ist wie Deutschland, aber nur 19 Millionen Einwohner hat, also ein Drittel der Einwohner, die Deutschland hat auf diese kleine, äh, auf diesem kleinen Fleck, das ist so zukunftsträchtig, das ist so reich an Bodenschätzen, das ist so reich an einer bereitwilligen Arb… äh, bereitwilligen Arbeitskräften, aber es fehlt ihnen eben an Menschen. Die Fehler in dieser Bevölkerungspolitik haben die Vorfahren der Kanadier wohl zu vertreten, die hätten ja schon längst für größere Einwanderungen in andern Jahren sorgen können. Jetzt ist es sehr schwierig, viele Leute dahin zu kriegen, vor allen Dingen diejenigen, die sich soviel gefallen lassen müssen in der Arbeit, wie das heute der Fall ist.
[Ich] habe dann im Westen vor allen Dingen die Betriebe gesehen, die landwirtschaftlichen Betriebe, aber auch gleichzeitig industrielle Betriebe. Der beste Betrieb, den wir gesehen haben, war ein, deutsch-kanadischer, geteilte Kapital, Kapital… äh, an, Kapitalfeststellung, die schufen geschweißte Röhren, Röhren mit einem Durchmesser von über 50 cm. Es war eine großartige Arbeit, die sie leisteten. Ich

Ein Lübke-Zitate-Potpurri

• *Über unserem Haupt schwebt das Damoklesschwert der Atombombe, mit welcher der Kommunismus unsere freie Welt zerstören kann. Die Landbevölkerung muß sich deshalb energisch allen jenen verderblichen Einflüssen entgegenstemmen, die die festgefügte Ordnung ländlicher Kultur und Gemeinschaft aufzulösen drohen.* [1964 auf dem Westfalentag]

• *Unter Kommunisten tritt sie als fromme Katholikin auf, und bei den Katholiken ist sie eine stramme Kommunistin. Das ist nicht überbietende Falschheit...* [Des Katholiken Claudels ‚Seidenen Schuh'] *hat sie doch nur übersetzt, um den Katholiken etwas vorzunebeln, um ihre Gesinnung zu verdecken. Das war ein Trick, aber wir haben ihn durchschaut.* [Über Klara Marie Fassbinder, die Professorin, der er die Annahme eines französischen Ordens verwehrte.]

• *Die Frau fragt nach allem... und in allem vergleicht sie mit England. Dabei hat die Frau vier Kinder... Ich habe gesagt: Sie haben ja nicht nur vier, sondern fünf Kinder. Da war nämlich der Philipp mit bei.* [1965, zu Elisabeth II]

• *Man photographiert die Leute nicht, während sie essen und trinken.* [am 29. April 1964 in Santiago de Chile zu den Photographen, die ihn mit erhobenem Champagnerglas photographierten]

• *Es wäre mir viel lieber, wenn ich mit erhobenem Blick photographiert würde.* [am 29. Oktober 1965 in Hamburg vor Reportern der Deutschen Wochenschau]

• *Der schreibt so unanständige Dinge, über die nicht einmal Eheleute miteinander sprechen.* [Zu Willy Brandt, der Günter Grass zum Essen eingeladen hatte].

• *Könnte nicht in unseren Familien der gemeinsamen Dichterlesung wieder mehr Raum gegeben werden?* [Eröffnung des neuen Festspielhauses der Ruhrfestspiele, Recklinghausen am 11. Juni 1965]

• *Mutter gab mir vor meinen Reden immer Rotwein, damit meine Stimme besser klingt.*

habe die alten und die neuen gesehen, aber viele alte waren nicht da, denn das geht heute ohne weiteres weg, weil die Röhren in dieser Beziehung sehr, äh, gebraucht werden.

Im deutschen Pavillon der Weltausstellung in Montreal verweilte Lübke ungefähr eine Stunde. Vor einem Schaukasten mit bunten Glaskugeln, die den Aufbau der Stadt Stuttgart darstellen sollten, mutmaßte der Präsident: *Das zeigt also, wie viele Menschen täglich mit der Elektrischen und wie viele mit der Eisenbahn fahren.*

Von der Architektur des deutschen Pavillons war Heinrich Lübke besonders angetan: *Dieser, was der Architekt dort geschaffen hat, durch dieses große Riesenzelt, das hat den Vor..., kolossalen Vorteil, daß an soundsovielen Eingängen die Leute hineinkönnen – dort war gar keine Drängerei, weil das alles rundlief; und bei manchen, z.B. bei der russischen Ausstellung, war praktisch nur ein Eingang und da ging noch eine Treppe dahinterher, wo man also genau beobachtet werden konnte.*

Tiefgekühlte Fische vs. frische Fische.

Auch die Fischerei und die Fischindustrie hätten allen Anlaß, durch intensivere Aufklärung und Werbung, den Konsumenten eine solche Kost schmackhaft zu machen. Es war schon ,mal besser damit, mit diese, mit dieser Propaganda und mit den Aufklärungsvorträgen und vor allen Dingen den, äh, Propaganda-Essen. Ich habe in Frankfurt ein Essen, ein Fischessen mitgemacht, wo also die Fische aus den Truhen sofort in die Küche kamen. Und die waren dann von den zuständigen Köchen oder Hausfrauen waren die entsprechend behandelt. Und ich kann nur sagen, es ist zwischen dem und den nicht in, durch die Truhen und die Tiefkühlketten herangebrachten frischen Fische, 's ist gar nicht zu vergleichen. Man behauptet nun, die Hausfrauen beziehungsweise die Fischesser hätten sich an die etwas angegangenen, oder äh, Hautgout ausgegangenen Fische besser gewöhnt, sie wären das gewohnt und liebten das, die, dieses mehr als die frischen. Ich muß nur sagen, wer das sich nebeneinanderhält, der kann überhaupt keine andere Wahl, Wahl, wählen, das. Ohne die, ohne die Tiefkühlketten werden wir uns späterhin nicht mehr die Ernährung verbessern können."

Wasser

Heinrich Lübke äußerte sich bisweilen zu grundsätzlichen Fragen, z.B. zum Thema ,Wasser': *...Herr Professor Hess sich auch von seinem Thema abwandte und uns über das Wesen und das, den Sinn der Elemente, über die alter-, über die mittelalterliche über die heutige Dichtung über das Wasser sprach, ist nicht nur etwas, was man nicht tun sollte, sondern es ist etwas, was man tun sollte. Dadurch – [Beifall] – dadurch wird solch ein Vortrag erst interessant; und ich glaube, es ist auch besser für das Publikum, wenn ein solch umfassender Vortrag einige Punkte des nachfolgenden Redners freimacht, und nicht vorge... weil er nicht vorgetragen zu werden braucht, sondern auch den Redner entlastet, in einer Situation, wo er das gerne sieht.*

Sie haben in einer wundervollen Art die gesamte Notwendigkeit und den Sinn der Pflege des Wassers auch unter die kulturellen Gesichtspunkte gestellt. Sie haben damit angefangen, sie haben damit aufgehört. Man sollte wirklich denken, wenn wir heute ein gebildetes Europäertum wären, dann würden wir schon aus diesem Grunde der engen Verbindung alles dessen, was mit Wasser zu tun hat, gleichzeitig mit unserer Kultur, auch mit unserer, nicht auch, sondern mit unserer Dichtkunst ist das hier sehr klar in Erscheinung getreten. Dann würden wir schon aus dem Grunde vermeiden, daß wir hier Wasserläufe haben, die man als Wasserläufe nicht mehr ansprechen kann, sondern die als Kloaken nur bezeichnen kann.

Eröffnungsrede bei der Gartenschau in Essen 1965:

Es ist fast, als wenn das ver... das äh, das verlorene Paradies zurückgekommen wäre. Wenn man dazu die Musik hat, dieses Orchester, städtische Orchester, dem ich bei dieser Gelegenheit ein herzliches Dankes- und Anerkennungswort sagen möchte, die hier im Grünen sitzen – [Beifall] – wie in einem Paradiese, in dem in jedem Moment, der äh... – komm ich nich auf den Namen des Zwer... des Gottes, der äh... – in dem jeden Moment der... na! Steht ja doch: die Ouvertüre zur? [Zurufe: Oberon!] – Oberon, der Oberon in jedem Moment erscheinen kann. [Räuspern] Das ist wie ein Märchen, und dieses Märchen wollen wir ausnutzen. Wir wollen uns freuen, an diesem Tage hier gewesen zu sein, wo wir, wenn das Wetter nicht ganz ausreicht, die Gartenschau im Saale miterleben.

Heinrich Lübke beim „44. Liebesmahl des Ostasiatischen Vereins"

Am 13. März 1964 war in Hamburg und hielt – offenbar völlig unvorbereitet – eine Tischrede, in der er vor allem von seinen zahlreichen Reisen erzählte:

• *In Persepolis steht noch eine alte Burg, wie die heißt habe ich vergessen, und gebaut hat die der Darius oder Xerxes, ich weiß das nicht so genau.*

• *Indonesien besteht aus Inseln, die liegen teils nördlich, teils südlich vom Äquator, und dazwischen ist eine Menge Wasser.*

• *Sukarno wollte ich erst gar nicht besuchen, denn das sollte ja so ein schrecklicher Mensch sein, aber dann habe ich ihn kennengelernt und festgestellt, daß er ein ganz prächtiger Kerl ist.*

• *Ich habe gesagt, Herr Schah, Sie verstehen nichts von Wirtschaft.*

• *Der Schah ist ein sehr netter Mann. Er hat mich auch auf die Entwicklungshilfe angesprochen. Er ist der Ansicht, wir sollten lieber weniger Ländern Entwicklungshilfe geben, dafür aber mehr. Er hofft natürlich, daß er dann dabei ist.*

Nach der ca. 55minütigen Rede wunderte sich Lübke über den zurückhaltenden Applaus: ***Ihr Beifall ist ja nicht sehr stark und kommt auch ein bißchen langsam***. O-Ton Erich Lüth (Pressechef des Hamburger Senats): „Das Entsetzen unter den Anwesenden war allgemein."

Auch eine deutsch-jüdische Brüderlichkeit,
Ansprache zur ‚Woche der Brüderlichkeit',
Frankfurt, Paulskirche, 5. März 1961

Schon 1935 beschwor Ernst Wiechert in einer Rede die deutsche Jugend, ‚nicht zu schweigen, wenn das Gewissen zu reden befiehlt, weil nichts das Mark eines Mannes so zerfrißt wie die Feigheit'. In einem Flugblatt der ‚Weißen Rose' gaben Münchener Studenten, die Geschwister Scholl und ihre Freunde, gewissermaßen die Antwort: ‚Der deutsche Name bleibt für immer geschändet, wenn nicht die deutsche Jugend endlich aufsteht… und ein neues geistiges Europa aufrichtet… Auf uns sieht das deutsche Volk.' Sie folgten einem Aufruf ihres Gewissens, der ihnen ein Ausweichen nicht erlaubte.

Unsere jungen Mitbürger haben aus eigenem Erleben keine ursprünglichen Beziehungen mehr zu einem Geschehen, das die ältere Generation noch heute belastet. Bei uns Älteren ist die Zeit des ‚Dritten Reiches' in die Lebensgeschichte jedes einzelnen verwoben. Wir messen nach den Erfahrungen dieses Lebensabschnitts unwillkürlich alles, was uns begegnet und was wir tun. Wir sehen uns immer wieder zu einer Klärung unseres Standorts veranlaßt und sollten junge Menschen daran Anteil nehmen lassen. Das wäre für alt und jung ein entscheidender Anstoß zur Selbstbesinnung und ein wichtiger Schritt zur Bildung eines eigenen Urteils.

Nicht um einer Rechtfertigung, sondern um der Wahrheit willen sollte vor allem unsere Jugend mehr erfahren von diesen Vorgängen, damit ungerechte Vorurteile und Vorwürfe vermieden werden. Glücklicherweise ermöglichte eine intensive zeitgeschichtliche Forschung, der Öffentlichkeit und insbesondere unserer Jugend eine reichhaltige Literatur- und Quellensammlung über die Widerstandsbewegung zur Verfügung zu stellen. Es ist ein Verdienst der Bundeszentrale für politische Bildung und der entsprechenden Einrichtungen der Länder, diese Veröffentlichungen weiten Kreisen der Bevölkerung zugänglich gemacht zu haben. Ich freue mich, daß zahlreiche Schulen und besonders die Bundeswehr es als eine wichtige Aufgabe ansehen, im staatsbürgerlichen Unterricht das Vermächtnis der Opposition gegen Hitler lebendig zu erhalten.

Ich möchte schließen mit einem Wort, das Pater Alfred Delp nach seiner wegen Teilnahme am Widerstand erfolgten Verurteilung zum Tode in sein Tagebuch geschrieben hat: „Bleibt dem stillen Befehl treu, der uns innerlich immer wieder ruft! Behaltet dieses Volk lieb! Wenn durch einen Menschen ein wenig mehr Liebe und Güte in der Welt war, hat sein Leben einen Sinn gehabt".

Auszüge der Lübke-Ansprache
beim Staatsakt auf dem Boden des ehemaligen
Konzentrationslagers Bergen-Belsen
[25. April 1965]

Alle die Opfer, die hier oder anderswo auf dem schmalen Grat zwischen Angst und Hoffnung in den Tod getrieben wurden, sind ja nicht nur stumme Zeugen der Anklage. Sie haben Anspruch auch auf unser Zeugnis, auf ein Zeugnis, mit dem wir vor ihnen und vor uns bestehen können.

Deshalb erweist uns keiner von denen einen Dienst, die unserem Volke zureden, es müsse nun endlich einmal Schluß gemacht werden mit dieser Schattenbeschwörung aus den Tagen einer furchtbaren Vergangenheit. Nicht wir beschwören die Schatten, die Schatten beschwören uns, und es liegt nicht in unserer Macht, uns ihrem Bann zu entziehen. [...]

Viele unserer Mitbürger haben sich in diesen kritischen Jahren als zu schwach erwiesen. Das Verantwortungsgefühl und die Bereitschaft, Pflichten im Staat oder in der Gemeinde zu übernehmen, erlahmten. Gedankenlosigkeit machte sich breit. Man wollte nicht mehr konfrontiert werden mit den Notwendigkeiten des Tages und mit der Not des Vaterlandes. Viele betäubten sich im Rausch des Vergnügens, ohne danach zu fragen, wie lange der Boden, auf dem man tanzte, noch standhielt. Andere zogen sich in die vermeintliche Geborgenheit der eigenen vier Wände zurück, ohne zu ahnen, wie schnell die Türen von außen aufgebrochen würden. [...]

Ich erwähne dies nicht, um etwas von der Last abzuwerfen, die wir zu tragen haben. Ich spreche davon, um zu verdeutlichen, daß sich das Phänomen 'Nationalsozialismus' nicht aus dem deutschen Volkscharakter erklären läßt. Eine seiner Ursachen hat uns der französische Philosoph Gabriel Marcel, der im vergangenen Jahr den Friedenspreis des Deutschen Buchhandels erhielt, gedeutet. In seinen Schriften schildert er, wie die technische Entwicklung gleichzeitig auch die Beziehungen der Menschen zueinander technisiert hat, und wie es in einer Gesellschaft, in der jeder nur noch bestimmte Funktionen erfüllt, zu einer Entwurzelung der Menschen gekommen ist. Sie verlernen, Verantwortungsgefühl zu empfinden für ihre Mitmenschen und für Verhältnisse, die außerhalb ihres unmittelbaren Tätigkeitsbereiches liegen. Es gibt nur noch Wissen, aber kaum mehr Weisheit. Der gesunde Menschenverstand, d. h. das Vermögen, uns in einer bestimmten Situation richtig zu verhalten, verkümmert. Gabriel Marcel schreibt: „Es gibt nur dort einen gesunden Menschenverstand und kann ihn nur dort geben, wo ein gemeinschaftliches Leben und gemeinschaftliche Begriffe vorhanden sind, d. h. dort, wo es noch organische Gruppen gibt, wie die Familie, das Dorf usw... Allem Anschein nach sind wir riesigen Agglomerationen gegenübergestellt, die ein mehr und mehr mechanisches Gepräge tragen, so daß es unter den Einzelmenschen zu Beziehungen kommt, die sich vielleicht nicht von Grund auf von den Beziehungen unterscheiden, die die Teile einer Maschine verbinden." Gabriel Marcel will natürlich nicht zum Sturm auf die Maschinen und auf die Technik aufrufen. Aber er will den Menschen unserer Zeit wieder zum Bewußtsein bringen, daß sie sich gegen die unheilvollen Begleiterscheinungen wehren müssen aus der Kraft des Glaubens und im Licht der Weisheit, die uns verlorenzugehen droht. Überall in der Welt wird gegen diesen Gedanken gesündigt – aus Unwissenheit oder aus Gleichgültigkeit. Wenn aber wir Deutsche ein zweites Mal versagen würden, könnte sich keiner damit entschuldigen, er hätte die Folgen eines solchen Verhaltens nicht absehen können. Deshalb müssen wir uns mit aller Entschiedenheit und in höchstem Verantwortungsbewußtsein gegen jede Form totalitären Machtstrebens wenden. Nie mehr dürfen wir in unserem Land ein Herrschaftssystem dulden, das erst durch das Dahingeben der Verantwortung jedes einzelnen, jeder Gruppe, jeder Gemeinde, jedes Berufsstandes erstarken kann und dessen so entstandene diktatorische Gewalt eine neue Sinnesverfinsterung über uns bringen kann. [...] Die Wiedergutmachungsleistungen allein vermögen unser Volk aber nicht von der Last zu befreien, die auf uns liegt. Wir müssen versuchen, Größeres zu vollbringen, das allgemeine Bedeutung hat für die Menschheit und der Welt zum Frieden dient. Zwischen den Völkern und in den Völkern wird es diesen Frieden nicht geben, solange Machtgier, Haß, Vorurteile, Neid und Mißtrauen die Beziehungen vergiften.

Wir Deutsche, und vielleicht gerade wir, sollten durch unser Beispiel daran mitwirken, eine Welt aufzubauen, in der der Geist brüderlicher Hilfe alle Nationen auf den Weg in eine bessere Zukunft führt. In uns selbst und in unseren Kindern müssen wir den Willen entfachen zum Dienst an der Gemeinschaft des eigenen Volkes wie der Völker der Welt. Unser Denken und Handeln muß sich immer mehr vom Interesse des einzelnen und der verschiedenen Gruppen abwenden, damit wir der Gesamtheit besser dienen können, und Gerechtigkeit walte gegen jedermann und jedes Volk.

Ein Beispiel dafür, daß eine gute und aufrichtige Zusammenarbeit Völker verbinden kann, bieten die Bemühungen um die europäische Einheit. Gewiß mag es manchen heute erscheinen, als sei der ursprüngliche Elan, mit dem man ans Werk ging, gebrochen. Aber wir dürfen trotz der augenblicklichen Schwierigkeiten nicht vergessen, daß die entscheidenden Schritte bereits getan worden sind, und daß das Fortschreiten nur mehr eine Frage der Zeit sein wird. Wenn man die Menschen in Frankreich und Deutschland, die sich jahrhundertelang bekämpft haben, befragt oder mit ihnen enge Fühlung hat, erfährt man, daß die überwältigende Mehrheit in beiden Völkern aus voller Überzeugung an der deutsch-französischen Freundschaft festhält trotz all der Schwierigkeiten, die die Regierungen zu überwinden haben. [...]

Es gibt eine Geschichte, die sehr aufschlußreich sein kann für unsere heutige Situation. Ein Mensch, der einen anderen gekränkt hatte, bat diesen zu vergessen, was er ihm antat. Der andere erwiderte: „Ich würde gern vergessen, wenn ich wüßte, daß du nicht vergißt."

Seine frisch drauflos improvisierten Reden zeigten Wirkungen
– wenn meist auch nicht die erwünschten

Zu oft wich er vom vorbereiteten Manuskript ab, verhaspelte sich und ließ seine Redenschreiber und Mitarbeiter vor Scham vergehen. Immer wieder erging er sich in Statistiken, die nicht die erhoffte Wirkung hinterließen. „Das war Lübke jedoch keineswegs gleichgültig, da er seine mangelnden rhetorischen Fähigkeiten kannte und ihn jedes öffentliche Auftreten Selbstüberwindung kostete. Andererseits hatte er nicht den Ehrgeiz, als Redner zu glänzen; vielmehr wollte er belehren und Nutzanwendungen vermitteln. Im übrigen wirken viele seiner Reden in der gedruckten Fassung – die redaktionell entsprechend ‚geglättet‘ sein dürfte – durchaus plausibel und verständlich.

Viele Zuhörer außerhalb seiner westfälischen Heimat störten sich an Lübkes sauerländischem Dialekt, der trotz seines bemühten Hochdeutsch so kräftig bis penetrant durchschlug, daß sich bei allen Westfalen ein wärmendes Heimatgefühl einstellte, wie einer von ihnen feststellte.

Während einer Rede bei der traditonellen Schaffersmahlzeit in Bremen mißachtete er sein Manuskript und löste mit banalen Weisheiten über Essensgewohnheiten ‚eine ausgesprochene Katastrophe‘ aus, wie später ein Staatssekretär kommentierte. Doch er schien unfähig (oder unwillig?) dem Wunsch vieler Parteigenossen und Freunde, künftig Reden nur noch buchstabengetreu abzulesen, nachzukommen.

Memorabel auch die Rede am 15. Dezember 1960 in Düsseldorf. Sie bereitete manchen Zuhörern geradezu körperliche Pein. Der Ministerpräsident von Nordrhein-Westfalen, Franz Meyers: „Nachdem Lübke etwa 4 oder 5 Minuten gesprochen hatte, legte er das Manuskript beiseite und fing an zu extemporieren, indem er lustige oder weniger lustige Einzelerinnerungen aus seiner Düsseldorfer Parlamentarierzeit zum besten gab. Diese standen allerdings alle in einem späteren Teil des Redemanuskriptes… Nach kurzer Zeit nahm er den vorbereiteten Text wieder zur Hand und las dann zum Schrecken aller… die Dinge nochmals vor, die er vorher bereits in seinem Extempore ausgeführt hatte. Als ich nach der Veranstaltung mit Staatssekretär Rombach zum Haus des Ministerpräsidenten zurückfuhr, sagte er mir, ihm sei dabei förmlich der Schweiß ausgebrochen; ich konnte ihm nur bestätigen, daß es mir ähnlich ergangen sei."

Bei all dem darf man nie vergessen, es geht hier um keinen ausgeflippten Freak, sondern um den Präsidenten der Bundesrepublik Deutschland handelte, den ersten Mann im Staat. Es mag einem heute befremdlich bis kaum nachvollziehbar erscheinen, daß damals ein Großteil der deutschen Bürger voll hinter ihrem Heinrich standen. Er sprach vielen von ihnen aus dem Herzen.

Johannes Hermanns nahm ihn in Schutz: „Selbst in der sichtbaren Hemmung, die Heinrich Lübke vor dem Auge der Fernsehkamera befällt, und in der unpathetischen, spröden Art seines Vortrags sind immer das tiefe Empfinden und die Anteilnahme spürbar, die ihn mit dem Gesagten jeweils verbinden. Seine ruhige, leidenschaftslose Art zu sprechen – rhetorische Floskeln finden sich in seinen Reden nie – nimmt den Zuhörer um so stärker gefangen, sobald er begriffen hat, daß der bewußte Verzicht auf glanzvolle sprachliche Ausschmückung es ihm erlaubt, sich ganz auf die Substanz der Worte zu konzentrieren."

Der SPIEGEL im März '68: „Daß ihn häufig Ausdrucksschwächen übermannen, ist ihm bewußt und unangenehm; aber es trifft ihn nicht im Kern. Mann aus dem Volke, der er ist, weiß er wohl, daß er diese Insuffizienz mit einer stattlichen Schar seiner Zuhörer gemeinsam hat. Ihnen, so sie im deutschen Wesen wurzeln wie er selber, kann er sich jenseits durchformulierter Sätze mit Hilfe dessen verständlich machen, was Dieter Hildebrandt einmal sein ‚Schollentimbre' genannt hat. Und den Intellektuellen mißtraut er sowieso. Tatsächlich hält Heinrich Lübke es für einen seiner Vorzüge, *daß ich rede wie ich denke*. Die Blutleere im Gehirn, die ihn die japanische Stadt ‚Osaka' mit dem Präparat ‚Okasa' [dem ‚Viagra' der 30er-60er Jahre] verwechseln oder überhaupt vergessen läßt, wo er sich gerade befindet, ist es ja nicht allein, was ihn rhetorisch behindert".

Lübkespeak
Unvergessen sein: *Equal goes it loose.* [1965 zur engl. Königin kurz vor Beginn des Großen Zapfenstreichs im Garten von Schloß Brühl]. Was hammwa damals gelacht! Also wirklich! Jeder schlechte Englisch-Schüler fühlte sich bestätigt, jeder Englisch sprechende Deutsche gluckste (oder schämte sich). Klar war: Das geht doch nicht!

Die Welt hingegen nahm Lübkes Englisch völlig anders wahr: Sie war beeindruckt, daß erstmals überhaupt ein - auch noch so archetypischer - deutscher Politiker versuchte, eine andere Sprache zu sprechen. Dabei spielte es keine Rolle, wenn dies manchmal etwas verquer klang. Der symbolische Akt beeindruckte viele Kommentatoren weltweit – nur nicht uns Besserwisser daheim. Er verstand die englische Sprache recht gut, auch wenn er sie nicht fehlerfrei sprach. Selbst Konrad Adenauer erkannte: „Während er [Lübke] in der BRD verlacht wurde, gehörten im Ausland Lübkes Reden auf Englisch zu den positivsten Eindrücken, die er bei seinen Gastgebern hinterließ".

„Heinrich Lübke hat den Deutschen während seiner Auslandsreisen nicht nur, wie gelegentlich suggeriert wurde, Bonmots und Witzchen beschert, er hat ihnen auch Freunde gewonnen. Lübkes schlohweißes Haar, das eher scheue Lächeln weckt Vater-Assoziationen. Lübke vermittelte den Staaten der Dritten Welt vor allem das Gefühl der Hilfsbereitschft, der Lauterkeit, der Anteilnahme. Er zeigte sich dort, wie man ihn in Bonn aus Gesprächen in kleiner Runde kannte: gelockert vermittelnd, aber auch insistent, wenn es sein mußte [...] Den vermittelnden Charakter seines Amtes hat Lübke nie vernachlässigt. Das trifft sich sich mit seinem Wesen, das human, einfach, unbestechlich, nicht frontbildend wirkt. Menschliche Gesten sind ihm nicht Opportunitätsreflexionen, sie sind seine Natur". (PUBLIK, 1.11.1968)

Der Sauerländer an der Elfenbeinküste, Mahlzeit!

„Zu Lübke fällt mir noch was ein, hätte Karl Kraus gesagt,"
sagte Wolfgang Neuss:
Jetzt habe ich hier noch ein bäurisches Kampfgedicht aus Heinrich Lübkes
Sprach-Schatz-Kästlein, quasi eine Schinken-Schollen-Schau. Achten Sie bitte im
folgenden Gedichtlein mal auf das *Sch*, ganz Aufgeweckte unter Ihnen kennen es
noch aus der letzten Silvesteransprache (1963) – nu, die war nicht wenig unbedeutend! Ein aufmerksamer Staatsbürger hatte gleich das Motto fürs kommende
Jahr klar vor Augen: Es genügt nicht nur, keine Gedanken zu haben – man muß
auch noch unfähig sein, sie auszudrücken.

Hier geht's aber nicht so sehr um den Sprachfehler eines einzelnen Mannes, der
immerhin die Mehrheit repräsentiert, hier geht's zunächst mal um seinen ehemaligen persönlichen Referenten, der muß auch sein persönlicher Feind gewesen
sein. Nach meiner Meinung muß der immer in der Ecke gesessen haben und über-
legt haben: „Wie kann ich dem Mann noch'n *Sch* in die Rede reinschreiben?", aus-
gesprochener Hämling voller Händereibe-Freude, unartig.

Nich Schaumspeise mehr
noch das schüttere Schellengeläut im schlesischen Städtchen
… in diesem Gedicht handelt es sich um ein heimatvertriebenes Rind …
Heute strählt sie bei Lippe-Detmold die schillernde Schwärze
schwankend noch ob sie heimkehrwillig
oder sich für immer zuwende dem emsig ernsten Geschäfte des EWG-Melkens.
Zögernd noch strippt sie strapp strull
voll ertönt dann aber der präsidiale Ausruf:
Wilhemine mach Muh,
ganz Europa hört zu!

13. Der Stiefvater der Sixties?

Ähneln wir nicht zuweilen dem Mann,
der sich kurz im Spiegel betrachtet, dann aber
fortging und vergaß, wie er aussah?
[Silvesteransprache 1964]

‚ÜBERALL IST SAUERLAND'. Unter diesem Titel porträtierte der SPIEGEL 1968 den ersten Vorsitzenden der BRD vernichtend. Hier einige Kernaussagen:

„Das Vaterland, dem Heinrich Lübke nach seinen Kräften dient, hat sich um Heinrich Lübke nicht verdient gemacht.

Deutsche Unwahrhaftigkeit ist es die den Fall Lübke so unerträglich werden läßt. Die tiefe innere Unaufrichtigkeit – Kern aller jugendlichen Vorwürfe gegen die Gesellschaftsordnung des gebrochenen Rückgrats wurde in dieser Staatsaffäre beispielhaft Ereignis.

Unwahrhaftigkeit stand Pate, als Heinrich Lübke zum ersten- und zweitenmal zum Präsidenten der freien Deutschen gewählt wurde. Es ging den Parteien nicht darum, den besten Mann für die Repräsentanz aller Deutschen zu finden, sondern um parteipolitischen Eigennutz.

Unwahrhaftigkeit kennzeichnet auch die Angriffe der DDR-Propagandisten gegen Heinrich Lübke. Sie prangern mit Entrüstung die Taten eines einzelnen Mitläufers an, die gemessen an Taten des eigenen Zwangsstaates harmlos sind.

Unwahrhaftigkeit charakterisiert die Manier der Bundesregierung, den so angegriffenen Staatschef zu verteidigen. Bonns Innenminister Paul Lücke ließ ein den Präsidenten entlastendes Gutachten anfertigen, das belastendes Material ignorierte.

Unwahrhaftigkeit spricht aus den Treueschwüren der Staatsparteien CDU und SPD für ihren Präsidenten. Sie verdammen öffentlich die Lübke-Kritiker, obwohl sie insgeheim selbst darauf hoffen, den Staatschef auswechseln zu können.

Unwahrhaftigkeit liegt in den Methoden, die gegen Lübke-Kritiker angewandt werden. Jegliche Kritik an der Person Heinrich Lübkes wird von Bonn als Angriff gegen die Würde des Amtes umgewertet."[17]

Die schweigende Mehrheit, allemal zum großen Teil wie (oder noch ärger) als Lübke in die braune Vergangenheit verstrickt, hielt ihm trotz alledem die Stange – denn: den ersten Mann im Staat kritisiert ein Deutscher nicht. Das gehörte sich nicht, das taten nur Nestbeschmutzer. Die Kritischen, die Linken und vor allem die Jungen trauten ihren Augen, Ohren und anderen Sinnen nicht: da hat jemand KZs gebaut, bringt die unglaublichsten unfreiwilligen Kalauer hervor, deutschtümelt bis zum Abwinken – und so jemand soll unser großes Vorbild sein? Also, nee.

Die 50er waren miefig bis zum Abwinken, auch wenn uns geile TV-Shows heute vom Gegenteil überzeugen wollen. Was gab es denn für Jugendliche außer von den Eltern verbotenem Rock 'n' Roll, Wolfgang Neuss und, irgendwie, auch Heinz Ehrhard? Bis in die 60er: No sex, no drugs, no rock 'n' roll.

Einmal lobte Lübke die deutsche Jugend, zumindest jene, die 1965 die Aktion ‚Saubere Leinwand‘ unterstützten: *Ich freue mich darüber, daß zum ersten Mal aus der Jugend und auch aus dem Volke selbst Proteste in Erscheinung treten gegen Filmwerke, die zur Gefährdung der Jugend führen.*

Als ‚1968‘ die Studenten aufwachten, hatten sie handfeste Argumente für ihren Protest: den Muff von 1000 Jahren unter den akademischen Talaren, der Krieg der USA in Vietnam, Notstandgesetze, ein ExNazi als Kanzler und weitere greifbare Argumente. Es mutet seltsam an, doch Lübke hat damals wohl eher den Studenten, die im Winter 2003/4 streikten, aus dem Herzen gesprochen:

Aus diesem Grunde sind auch Ihre Erwägungen über eine wirksame Förderung und einen großzügigen Ausbau der Hochschulen und wissenschaftlichen Einrichtungen außerhalb der Hochschulen von weittragender Bedeutung. Hier sollen ja gerade besonders befähigte junge Wissenschaftler ihre Kenntnisse vertiefen und Erfahrungen in der praktischen Forschungsarbeit sammeln. Manche werden zwar von dort aus in die Industrie übersiedeln, die anderen aber in der Forschung ihren Lebensberuf finden.

Haben wir zu wenige solcher Einrichtungen, dann werden viele geeignete junge Menschen ins Ausland abwandern und uns verlorengehen. Ich weiß aus Gesprächen mit Professoren und Institutsleitern, daß es vielfach nicht so sehr die höheren Gehälter – wie beispielsweise in den Vereinigten Staaten – sind, von denen die jungen Wissenschaftler verlockt werden. Sie suchen die besseren Forschungseinrichtungen, Arbeitsmöglichkeiten und vor allem den Geist guter Zusammenarbeit, der sie anspricht und ihnen größere Entfaltungsmöglichkeiten bietet. Gerade dieser letztere Gedanke sollte m. E. auch bei uns mehr berücksichtigt werden. Mir scheint auch, daß manches Talent von übertrieben hierarchischen Organisationsformen in seiner Entwicklung gebremst wird. [...] Ein Übelstand, mit dem wir uns nicht abfinden dürfen, ist auch die Tatsache, daß nur 3 v. H. der Studenten an unseren Universitäten und Hochschulen Arbeiterkinder sind. Zum Teil liegt das gewiß daran, daß viele Eltern nicht bereit sind, Opfer für die Weiterbildung ihrer Kinder zu bringen, sondern Wert darauf legen, daß diese vom 14. oder 15. Lebensjahr an mitverdienen. Wenn aber die geistig ausgerichtete Schicht sich weiterhin in diesem Umfange von den Hochschulen fernhält, so wird unser Volk auf wissenschaftlichem, und kulturellem Gebiet gegenüber anderen Nationen ins Hintertreffen geraten.[32]

Bild rechts: PARDON-Verleger Johannes Nikel kann sich nicht erinnern: War das ein Foto, eine Montage? Nein: Es handelt sich um das Gemälde eines uns unbekannten Künstlers aus Togo, 1964.

Ein Beispiel für Lübkes These bietet der SPD-Vorsitzende Müntefering. Seine Eltern trafen mitten im Wirtschaftswunder die Entscheidung: der Junge kann/muß nicht aufs Gymnasium, wir wollen ein Haus bauen. Die familiären Prioritäten. Kein Wunder, daß Franz M. 1965 in Sundern, diesem ‚miefigen, erzkatholischem Provinzkaff, wo die Menschen in die CDU hineingeboren werden' (Jens König, TAZ) zur Sozialdemokratie überlief.

Ich möchte aber auch darauf hinweisen, daß die Überfüllung der Universitäten und Hochschulen ihren Grund nicht nur in der mangelnden Aufnahmekapazität haben kann. Jahr für Jahr strömen Abiturienten an die Universitäten, deren Begabung und Fleiß nicht ausreicht, um ihr Studium mit Aussicht auf einen erfolgreichen Abschluß durchzustehen. Die so oft angekündigte Studienreform müßte durchgeführt werden mit dem Ziel, die Hochschulen von dem Ballast zu befreien, den sie mitschleppen müssen. Als Vorstufe dazu müßte ein Auslesesystem dienen, das schon auf den Höheren Schulen einsetzt. Als Ergebnis dieser Maßnahmen kann man eine langsame, auf die Dauer aber spürbare Entlastung unserer Hochschulen und eine gründlichere wissenschaftliche Ausbildung erhoffen. Es wird dann nicht mehr vorkommen, daß begabte Studenten einfach aus Mangel an Laborplätzen, die durch weniger begabte oder weniger fleißige bockiert sind, sieben oder acht Jahre bis zu ihrem Abschlußexamen benötigen.[32]

Andere, also nicht-studentische aufmüpfige Jugendliche, die unter dem Mief der Altvorderen litten und medienmäßig erstmals bei Rock 'n' Roll-Konzerten (‚Urwaldmusik!') aufgefallen, brauchten solcherlei Argumente nicht: sie hatten ihre Eltern, die nie über ihre Rolle in der Nazizeit redeten (wieso waren all die Millionen von SA-Jungs & Parteimitglieder spurlos verschwunden?), bestenfalls heroische Geschichten ‚von der Flucht', die verlogene Scheinheiligkeit der Erwachsenenwelt – die ja schon Comix für volkszersetzend hielt, aber vor lauter Wirtschaftswundrigkeit keine Zeit für die eigenen Kids aufbrachte. Flächendeckend No Fun und (nicht nur) einen weißhaarigen Spießer, der so brav und verknöchert deutsch erschien wie die Herren aus der DDR: strammes Pflichtbewußtsein bis zum Anschlag, Hauptsache keine Lebensfreude.

Wenn für ihn schon Grass und Böll untragbar waren (während Kanzler Ehrhardt über ‚Gammler und Pinscher' herzog), dann ist nachvollziehbar, daß Lübke gegen die aufkommende eigenständige Jugendkultur – zugegeben, so etwas hatte die Welt noch nie gesehen –, die uns – den Besatzerradiosendern sei Dank! – mit sich fortspülende Beat-Welle kein Argument vorzubringen hatte. Ganz im Gegenteil. Wir wurden umprogrammiert & we loved it.

Etliche der heutigen Politiker haben in ihrer Jugend zumindest mal am Joint gezogen, heiraten öfters als der Bundesdurchschnitt, rocken schmusig zu Maffay und Westernhagen. Doch damals lief noch alles im (militärischen) Viervierteltakt, wenn nicht in den Weisen des Gesangsvereins.

‚We're not gonna take it!' schallte es in den 60ern mannigfaltig durch viele jugendliche Hirne, und sei es auf Deutsch ‚Diese Scheiße mache ich nicht mehr mit!' Raus aus dem Mief, rein ins Leben, und stellte sich dieser Schritt für viele früher oder später auch nur als eine Illusion heraus. Das war der Ursprung der ‚Sixties'. Und Lübke ihr Stiefvater wider Willen. Dafür gebührt ihm unser Dank. Damals fand man noch andere Worte. So Robert Neumann 1966: „Es gibt tausend Lübkes zuviel in Deutschland – tatsächlich kaum mehr als bloß tausend Lübkes innerhalb einer großen Nation, deren Abschaffung das Mißtrauen gegen dieses Land in der Welt umstülpen und zu einer völlig neuen politischen Bewertung aller aktuellen Fragen führen würde. Nun, seien wir Realisten. Daß diese große Nation sich tatsächlich aufschwingen würde, sich jener Tausend zu entledigen – das glaubt keiner mehr: es widerspräche der nationalen Tradition."[13]

Und der in Schweden lebende deutsche Schriftsteller Weiss beschrieb das bundesdeutsche Elend '65 zur Zeit der Regentschaft Lübkes ‚als unter einem Hirsebrei schlafend': „Und wenn jetzt dort, wo die gebratenen Tauben fliegen, alles auch nur so vor Effektivität und Aufschwung strotzt, so kann ich doch nur Schlafende sehn im Brei, sie liegen da schmatzend und schnarchend und widerkäuend im Schlaf, und wenn eine Stimme ruft: Brüder und Schwestern, es ist alles in bester Ordnung, ihr werdet weiter zu euerm Glücke geführt, so murmeln sie nur schlaftrunkend Hurra, wälzen sich auf die andere Seite und schlummern weiter... Dieser große schlafende Körper, als den ich Westdeutschland heute bei meinen Besuchen sehe, und von dem ich nur das Röcheln vernehme und die Anzeichen gesättigter Träume, zeigt nichts von den Veränderungen, die nach der Katastrophe, durch die dieses Land ging, zu erwarten gewesen wäre." (Plädoyer für eine neue Regierung oder keine Alternative, Hamburg, 1965)

Biograph Morsey sah Lübkes Rolle etwas gemäßigter, reduziert die Revolte wie die Springerpresse auf Neomarxisten: „Die zunächst eher nachsichtige Kritik seiner Schwächen, sein sprachliches Unvermögen und gedankliche Fehlleistungen, als Lübkes ‚goldiger Zitatenschatz' belächelt, verstärkte und verschärfte sich, als seit 1966/67 bei ihm Alters- und Krankheitsbeschwerden deutlicher hervortraten. [...] Dabei machte er es seinen Kritikern leicht; er bot ihnen – zunehmend in seiner zweiten Amtszeit – viele unnötige Angriffsflächen. Olli Dietrich erinnert sich, daß er damals, 4 oder 5-jährig, anfing, Menschen zu imitieren. Seine erste Herausforderung: Heinrich Lübke.

Lübke hat, wie so viele seiner Zeitgenossen, das Ausmaß des Anfang der sechziger Jahre begonnenen Werte- und Mentalitätswandels nicht wahrgenommen, der sich im Gefolge einer neomarxistisch beeinflußten Studentenrevolte 1966/67 beschleunigte. Er vermochte sich der jüngeren Generation, geschweige denn einer rebellischen Jugend, ‚für die er väterlicher Freund sein wollte', nicht verständlich zu machen. Am Vorabend einer ‚Bewußtseinsrevolution' in der Bundesrepublik wirkte das über 70jährige Staatsoberhaupt bieder, altmodisch und rückständig. [...] Lübke besaß kein Verständnis für die Ziele, die Lebens- und die Protestformen jener (später so genannten) '68er-Generation', die zu ihren Vorbildern vornehmlich kommunistische Diktatoren aus fernen Erdteilen erkor. Der Bundespräsident stand quer zu den Vorstellungen und Forderungen der lärmenden außer- und antiparlamentarischen neuen Linken sowie deren publizistischen Protagonisten. Diese überboten sich darin, mit der Demontage seiner Autorität den parlamentarischen Rechtsstaat zu unterhöhlen; sie suchten mit Lübkes Sturz die Weichen für eine ihnen genehme Koalition zu stellen, wenn nicht gar für eine andere Republik."[6]

Lübke gab sich alle Mühe, nicht mit der Zeit zu gehen. Er kritisierte die Tatenlosigkeit der Regierung Erhard gegenüber den Aktivitäten der Außerparlamentarier. Die Springer-Presse gab Zunder. Die Fronten verhärteten sich nachhaltig, als am 2. Juni 1967 bei Demonstrationen gegen Schah Reza Pahlevi bei dessen Besuch in West-Berlin ein Student von einem Polizeibeamten erschossen wurde. Als der Zorn der Studenten & Apo in Protesten Ausdruck fand, die Polizei dagegen hielt und es zu Gewaltaktionen und Ausschreitungen kam, empörte sich der Bundespräsident, und behauptete, daß radikale und *randalierende Gruppen* mit ihrem *skandalösen Benehmen* und ihren *höchst unerfreulichen Tumulten* gegen den Schah dem Ansehen Deutschlands *sehr geschadet* hätten. Für ihn war klar, daß diese Gruppen *zweifellos von kommunistischer Seite gelenkt und finanziert* wurden; es war *unverantwortlich, daß staatliche Stellen und auch die verantwortlichen Professoren* der Jugend so viel Freiraum ließ: *Die Tage in Berlin haben mich an die Zeit erinnert, als Hitler unter Mißbrauch der demokratischen Freiheit die Weimarer Republik zerschlug.*

In einem Brief an den Schah bedauerte und verurteilte Lübke die *höchst unerfreulichen Demonstrationen*, die von einigen *fehlgeleiteten organisierten Gruppen* ausgegangen seien; deren *Rädelsführer* seien jedoch inzwischen in Haft genommen worden. Er sinnierte, ob er die Einladung von Staatsoberhäuptern *künftig noch verantworten* könne, da er eine *ordnungsgemäße Durchführung der Staatsbesuche* seitens der Bundesregierung nicht mehr gewährleistet sah. Doch gerade dort taten sich für die wache Jugend neue Abgründe auf.

Schon vorab hatte die Journalistin Ulrike Meinhof in KONKRET (6/67) einen ‚offenen Brief' an Farah Diba geschrieben, in der sie u.a. auf die Folterpraktiken der persischen Justiz einging: „Sie wundern sich, daß der Präsident der Bundesrepublik Sie und Ihren Mann, in Kenntnis all diesen Grauens, hierher eingeladen hat? Wir nicht. Fragen Sie ihn doch einmal nach seinen Kenntnissen auf dem Gebiet von KZ-Anlagen und Bauten. Er ist ein Fachmann auf diesem Gebiet." Auch Fritz Teufel meldete sich zu Wort: „...denn der Schah ist erstens ein sehr gebildeter Mörder, der 5 Sprachen, laut Quick, fließend spricht, was ihm der Däumling vom Sauerland erst mal nachmachen sollte..." (zit. in Teufel-Bio von Carini).

„Während der zunehmend senile Lübke in seiner zweiten Amtszeit kaum noch ernst genommen wurde, war ein anderer Altnazi ganz offensichtlich auf der Höhe seiner Aufgaben: Kurt-Georg Kiesinger (CDU), der Kanzler der Ende 1966 installierten großen Koalition aus CDU/CSU und SPD. Kiesinger war NSDAP-Mitglied und stellvertretender Leiter der Rundfunkpolitischen Abteilung im Auswärtigen Amt gewesen. Im Juli 1968 als Zeuge in einem NS-Prozeß vernommen, sagte er aus, er sei der NSDAP „weder aus Überzeugung noch aus Opportunismus" beigetreten. Zum Gegenstand des Prozesses, der Deportation und Ermordung bulgarischer Juden, erklärte er: „Er habe zwar etwa seit dem Jahr 1944 das Gefühl gehabt, daß mit den Juden nach ihrer Deportation etwas Schlimmes geschehe, jedoch weder aus amtlichen Quellen noch aus Unterlagen seiner Behörde irgendetwas über Vernichtungsaktionen von Juden erfahren."[1]

Lübke wußte zweifelsohne mehr als viele. Aber er war nie eines der Millionen Parteimitglieder, keiner der strammen SA-Jungs – so blond er auch war. Mitläufer? Ja. Nazi? Nein. Aber wer konnte das in den 60ern nachvollziehen, als immer mehr AltNazis aus ihren Löchern kamen und er ja nun als ein KZ-Baumeister geoutet wurde.

„Nichts gewußt – das war die stereotype Ausrede einer ganzen Generation, als Aussage eines hohen politischen Beamten des NS-Regimes aber besonders unglaubwürdig. Dieser Mann stand nun an der Spitze einer Regierung, deren wichtigstes innenpolitisches Ziel die Durchsetzung der Notstandsgesetze war, um bei *inneren Unruhen* Grundrechte außer Kraft setzen zu können. Klarer hätte die Kampfansage an die außerparlamentarische Opposition (APO) nicht formuliert werden können. Daß die ‚kleine, radikale Minderheit' sich bedroht sah, war kein Verfolgungswahn, wie sich in den folgenden Jahren nicht nur bei den Mordanschlägen auf Benno Ohnesorg (2. Juni 1967) und Rudi Dutschke (11. April 1968) zeigte. [...] Als die Parteien des Abgeordnetenhauses und der DGB in Westberlin, wenige Tage nach dem Vietnam-Kongreß (17./18.2.1968), zur Gegenkundgebung aufriefen, versammelten sich 80.000 Menschen. Bild erhöhte nicht nur die Teilnehmerzahl auf 150.000, sondern zitierte auch genüßlich den auf Transparente gemalten ‚Berliner Witz gegen Krawall-Studenten'. Kostprobe: ‚Laßt Bauarbeiter ruhig schaffen! Kein Geld für langbehaarte Affen!'; ‚Lieber tot als rot!'; ‚Dutschke raus aus Berlin!'. Die härtesten Transparenttexte unterschlugen die Springer-Zeitungen allerdings, darunter Parolen wie ‚Dutschke Volksfeind Nummer eins', ‚Bei Adolf wäre das nicht passiert'" oder ‚Politische Feinde ins KZ'. Daß in Westberlin ‚kein Platz' für Oppositionelle sei, gehörte zu den Leitmotiven von Pressekommentaren und Politikerreden. Als der Regierende Bürgermeister Klaus Schütz (SPD) am 21. Februar 1968 sagte: ‚Diese Stadt gehört nicht den Extremisten, sondern denen, die sie unter Entbehrungen wieder aufgebaut haben', wiederholte er fast wörtlich, was Springers BZ schon am 2. Juni 1967 geschrieben hatte: ‚Die Anständigen in dieser Stadt aber sind jene Massen der Berliner, die Berlin aufgebaut und Berlins Wirtschaft angekurbelt haben. Ihnen gehört die Stadt. Ihnen ganz allein.' Demokratie in Zeiten der Krisenstäbe... Auf den Nazi-Gegner Willy Brandt folgte schon 1974 der Wehrmachts-Unteroffizier Helmut Schmidt. Dessen Leitlinie waren die berüchtigten deutschen Sekundärtugenden, ‚mit denen man auch ein KZ betreiben kann' (Oskar Lafontaine)." Jens Renner

Helmut Schmidt zierte sich 2004 in einem Gespräch mit Frau Maischberger, Anekdoten aus seinem Erleben des Zeiten Weltkriegs als Soldat zu erzählen. ‚Es herrschten Angst und Pflichtgefühl'. Wir, die – in diesem Zusammenhang – von der Gnade der späten Geburt profitieren, vermögen solch eine Grundstimmung nicht nachzuvollziehen. Aber es drängt sich der Gedanke auf, daß auch Heinrich Lübke, ‚gewarnt' durch seinen Gefängnisaufenthalt zu Beginn des Dritten Reiches, selbiges mit Angst und Pflichtgefühl als Survival-Kit überlebte.

Axel Springer und sein Prophet

Axel Springer & seine Presse waren in den 60ern ein Hauptangriffsziel der Außerparlamentarischen Opposition & vice versa. Heinrich sah das anders, er erkannte 1966: *Hier springt eine ganz klare Quelle.* Das provozierte folgenden Kommentar von Paul H. Burg (aus: PARDON *11/67*):

„Sechs Jahre Lübke, das sind sechs Jahre Lübke-Reden. Sie haben uns im Wortsinne abgebrüht, uns wundert so leicht nichts mehr, was der Repräsentant des Staates sagt, ob er nun für zwei Zwergschulen plädiert oder den Zynismus der modernen Kunst anprangert. Doch seine Berliner Worte verdienen es, festgehalten zu werden. Es gebe auch kritische Stimmen zu Springer, räumte Lübke ein, jedoch: *Ich meine, daß die überzeugenden Widerlegungen von Bedenken und Einwänden aus diesem Haus selbst kommen werden, nämlich: durch die noble Haltung des Verlagsinhabers, der unsere nationalen Anliegen trotz aller Angriffe stets kraftvoll und mutig*

> „Überall, wohin Sie kommen, strahlen sie Segen aus!" Ein hoher Würdenträger schmeichelte ihm im April 1964 in Chile.
> *Das bin ich von Jugend auf gewöhnt* – so seine Antwort.

vertreten hat, durch den Geist der Publikationen und durch ihre Überzeugungskraft, die sie ausstrahlen. Dann kann der Umfang der Verlagsarbeit allein kein Vorwurf sein."

Mancher Bürger, der bisher nicht so recht an den schädlichen Einfluß der Springer-Presse geglaubt haben mag, wird möglicherweise jetzt erst stutzig. O weh, mag er denken, wenn es dieser Presse gelungen ist, selbst dem Bundespräsidenten einzureden, daß sie völlig in Ordnung sei, dann bringt sie noch schlimmere Dinge fertig. Und er wird fortan Springers Zeitungen mit wacherem Auge lesen, auf daß es ihm nicht so ergehe wie Lübke."

Abschließend der große deutsche Moralist Helmut Kohl über Lübke:

[Bitte beim Lesen Kohl visualisieren]

Heinrich Lübke kann mit vollem Recht als ein Gründungsvater und Miterbauer der Bundesrepublik Deutschland bezeichnet werden. Er hat entscheidenden Anteil daran, daß nach dem Zusammenbruch 1945 der freiheitlichste Staat der Deutschen aufgebaut wurde, der seinen Bürgern ein vorher nie gekanntes Maß an äußerer und sozialer Sicherheit und materiellem Wohlstand gebracht hat.

Als Ernährungsminister in Nordrhein-Westfalen und Bundeslandwirtschaftsminister, als engagierter Politiker der Christlich Demokratischen Union Deutschlands und als Bundespräsident hat Heinrich Lübke unserem Volk und Staat mit dem Einsatz seiner ganzen Kraft gedient – bescheiden, ohne viel Aufhebens, immer pflichtbewußt und mit engagiertem Herzen. Seine aufrechte Haltung und vornehme Gesinnung haben ihm in unserm Volke einen dauernden ehrenvollen Platz gesichert. Heinrich Lübke hat viel für den inneren Frieden in der Bundesrepublik geleistet. Unser Land verdankt ihm ein beträchtliches Stück wiedergewonnenen Ansehens und neu geschlossener Freundschaft in der Welt. Er war ein hervorragender Botschafter aller Deutschen.

Geradlinigkeit und Aufrichtigkeit zeichnen den Mann aus, der das höchste Amt, das in der Bundesrepublik zu vergeben ist, zehn Jahre lang innehatte. Heinrich Lübke war einer der ersten, die nach dem völligen Zusammenbruch Deutschlands darangingen, wagemutig die Trümmer wegzuräumen und den Weg für eine bessere Zukunft der Deutschen zu ebnen. Mit Würde und Taktgefühl ist es Heinrich Lübke gelungen, das Ansehen des deutschen Volkes vor allem in der Dritten Welt zu mehren, mit seiner Geradheit und Lauterkeit erwarb er uns Vertrauen und Freundschaft in aller Welt. Die Sorge um Deutschland, vor allem um Berlin, das war das eine große Anliegen des Bundespräsidenten; das Leid, der Hunger, die Not in aller Welt das andere, für das sich der Bundespräsident Lübke mit aller Energie eingesetzt hat.

Diese Leistungen Heinrich Lübkes in ein gerechtes Licht zu rücken, ist ein großes Verdienst. Dabei geht es nicht darum, ihn zu glorifizieren, wohl aber, seine Persönlichkeit und sein Werk objektiv, unvoreingenommen und wahrheitsgetreu zu würdigen.

Nicht mehr, aber auch nicht weniger hat Heinrich Lübke von uns erwartet.

Bonn, im Februar 1978
Helmut Kohl, Vorsitzender der CDU Deutschlands

Mit diesen Worten möchte ich aufhören, meinen Schluß machen.
Es wird, glaube ich, ganz gut... es würde für mich ganz gut sein,
wenn ich einige Stunden ins Bett gehe.
Guten Morgen, meine Damen und Herren. [1967]

Aus dem Berlin der Swinging Twenties, später Vorlage für „Bonnie & Clyde".

Wilhelmine Lübke

Komm' Heini, jetzt geht's ins Bett!

Die TAZ versuchte 2003 das Sommerloch u.a. mit einem neuen Trend zu stopfen: jüngere Männer (,Knackärsche') und ältere Frauen. Eine der drei abgebildeten zeigte Wilhelmine Lübke. „Als peinlich galt früher die Tatsache, daß die Frau des Bundespräsidenten Heinrich Lübke neun Jahre älter war als ihr Gemahl. 1929, im Alter von 44 Jahren, hatte die hochgebildete Wilhelmine den damals 35-jährigen Heinrich geheiratet". Seit wieviel Jahren hatte ich sie nicht mehr in den Medien wahrgenommen?

Heinrich und Wilhelmine heirateten am 5. April 1929. Heinrich lernte die Studienrätin Wilhelmine Keuthen im Herbst 1922 durch seinen Briloner Konabiturienten Karl Weiken – einen Vetter Wilhelmines – kennen und die beiden trafen sich dann regelmäßig bei Veranstaltungen des Sauerländischen Gebirgsvereins in Berlin. Später erzählte Lübke von dem ausgeprägten Einfluß der sauerländischen Heimat und den *Grundregeln von Moral und Sitte, die ich vom Elternhaus, von Kirche und Schule als die vielleicht wertvollste Gabe meines Lebens empfangen habe,* und folgerte daraus: *Unter diesen Umständen ist es gewiß kein Zufall, daß ich in der weit entfernten Millionenstadt Berlin meine Frau gefunden habe, die nur wenige Kilometer vom eigenen Geburtsort entfernt aufgewachsen ist.*

In Schriften über Heinrich Lübke finden sich wenige Informationen über ihre Herkunft, den Beginn der Bekanntschaft mit Heinrich und die Heirat in den 20ern, über ihren Beistand während seiner Inhaftierung in den frühen 30ern, aber dann taucht sie erst wieder als Frau des Bundespräsident auf. Was sie während seiner Baumeistertätigkeit trieb, bleibt noch zu ergründen. Viele Jahre hatte selbst das Munziger-Archiv kaum brauchbare Informationen über sie.

Wilhelmine, geb. Keuthen kam am 9. Mai 1885 im sauerländischen Ramsbeck (Kreis Meschede), etwa 40 km von Enkhausen entfernt, zur Welt. Ihre Familie war – typisch sauerländisch – bäuerlicher Herkunft und katholisch. Wie Heinrichs Vater, so starb auch Wilhelmines Vater früh, als sie 15 Jahre alt war. Ab 1901 besuchte sie das Staatliche Lehrerinnenseminar in Paderborn, das sie mit Glanz absolvierte. Sie arbeitete als Lehrerin, und bestand 1908 eine Ergänzungsprüfung für den Höheren Schuldienst mit Bravour.

Wilhelmine Lübke war wohl, was man heute hochbegabt nennt: gewandt, resolut und außerordentlich sprachtalentiert. Sie verdiente ihr Geld bis 1929 als Studienrätin, bevor sie mit ihrer Heirat den Beruf aufgab. Für ihrem Mann wurde sie zu einer wichtigen Hilfe, beherrschte fünf oder sechs Fremdsprachen, lernte später in Bonn mit 80 Jahren auch noch ‚nahezu perfekt Russisch' (W.Henkels). Heinrich soll einmal ‚gejammert' haben: *Schenken Sie mir bloß kein Chinesisch-Buch, sonst lernt die Wilhelmine das auch noch.*

Die Ehe blieb kinderlos, da Wilhelmine nach eigenen Angaben, nach einer Operation in den ersten Ehejahren, nie ein eigenes Kind zur Welt bringen konnte. Zumal da ja auch nicht mehr viel Zeit geblieben wäre, die biologische Uhr tickte. Damals wurde man mit 44 Jahren nicht mehr Mutter.

Dafür übernahmen die Lübkes nach dem Zweiten Weltkrieg Patenschaften über zwei 14jährige Mädchen und zwei bereits erwachsene ‚Pflegekinder', an denen sie – wie platonisch auch immer – ‚Vater- und Mutterstelle vertraten'. Es handelte sich, nach Auskunft von Wilhelmine Lübke um:

- Dr. Bruno Wüstenberg, den späteren Pronuntius von Tokio
- Dr. Carlo Bayer, langjährigen Generalsekretär der Caritas International
- Elena Bilour, später mit einem Italiener verheiratet
- Carmen Lemm, einer mit einem Deutschen verheiratete Spanierin.

In Bonn begann mit Heinrichs Wahl zum Ersten Mann im Staat ein ‚Wilhelminisches Zeitalter'. Im Gegensatz bzw. in Ergänzung zu Heinrich Lübke brachte seine Frau Wilhelmine ein wenig Glanz in die Villa Hammerschmidt. Man nannte sie ‚bürgerliche Hoheit'. Während die Schlichtheit ihres Mannes zur Erheiterung Anlaß bot, erweckte Wilhelmine Lübke durch ihre Herzlichkeit und Natürlichkeit häufig Sympathie. Die Präsidentengattin repräsentierte auf ihre Art. So stieß die Art und Weise, in der sie sich am 21. September 1959 vor einer Gruppe indischer Studentinnen und Studenten über die Bedeutung des Christentums für Indien ausgelassen hatte (*Der Hauptfeind des Christentums ist der Kommunismus*; die Eroberung Europas sei, nach einem Wort Lenins, nur *durch die Eroberung Chinas und Indiens möglich*) auf Widerspruch; vor allem auch der Abdruck ihrer Ansprache im regierungsamtlichen Bulletin. Bei dem Versuch, die Publikation zu rechtfertigen, verstrickte sich dann zu allem Überfluß auch noch der Sprecher des Präsidialamts in sachlich falsche Angaben.

Der führende CDU'ler Heinrich Krone sah sich bereits am 7. Oktober 1959 veranlaßt, Lübke ‚unter vier Augen' darauf hinzuweisen, daß seine Frau sich zurückhalten solle. Doch Wilhelmine Lübke blieb ihrem Mann, vor allem bei Empfängen und Staatsbesuchen eine unersetzliche Stütze. Sie begleitete ihn auf allen Reisen. Sie besaß eine unbestechliche Menschenkenntnis, und mit ihrer gewinnenden, vor keinen Protokollschranken haltmachenden Herzlichkeit« lockerte sie seine ‚spröde Zurückhaltung' auf. Ihre beachtlichen Sprachkenntnisse, die eine Verständigung mit ausländischen Besuchern und Gästen erleichterten, und die Lernbereitschaft Frau Lübkes waren ebenso bemerkenswert wie ihre geradezu phänomenale Ausdauer und Vitalität bei Empfängen und den zahlreichen Staatsbesuchen gerade in Ländern der Dritten Welt. Es wurde jedoch darauf hingewiesen, daß Heinrich seine Entscheidungen allein treffe, nicht daß jemand glauben solle, er stünde unterm Pantoffel der First Lady. Daß diese ‚resolute weibliche Trutzburg‘ die heimliche Präsidentin gewesen sei, wurde allerdings gern als ‚Bonn-mot‘ kolportiert. Allerdings erschien es ihm nicht sehr angemessen, daß sich das Präsidentenehepaar auch bei offiziellen Veranstaltungen mit ‚Heini‘ und ‚Minken‘ anredete. So ermahnte der SPIEGEL: „Irgendwer muß Frau Wilhelmine Lübke auch sagen, daß sie auf Staatsbesuchen ihren Mann nicht mit dem Ruf ‚Heini, wir gehen zu Bett‘ ins Quartier beordern kann.« (20. Mai 1964, S. 41) Beim Staatsbesuch Lübkes im Oktober 1963 im Iran hatte der Staatssekretär des AA, Karl Carstens, erlebt, daß Frau Lübke bei einer Abendgesellschaft von einem Nebentisch aufstand und ihren Mann – der mit Schah Reza Pahlevi und Carstens an einem anderen Tisch saß – bat, aufzubrechen; der Bundespräsident sei diesem Rat seiner Frau, die sich wegen der strapaziösen Reise Sorgen um ihn gemacht habe, ‚widerstrebend‘ gefolgt.

Am meisten in Erinnerung blieb von ihr jedoch ein umstrittener ‚Paßirrtum‘ - andere redeten von amtlicher Paßfälschung. Heinrich Lübke war bei Amtsantritt 64 Jahre alt, seine Frau eigentlich 73, auf dem Papier jedoch nur 63. Der wirkliche Altersunterschied war für die damalige Zeit – und vor allem im Sauerland! – mehr als ungewöhnlich, so daß sich die Eheleute gegenüber Außenstehenden auf die Sprachregelung geeinigt hatten, sie seien etwa gleichaltrig. Bei der Ausstellung eines neuen Personalausweises 1947 war Wilhelmines Geburtsdatum 1885 nach eigenen Angaben ‚versehentlich‘ auf ihr erklärtes ‚Traumdatum‘ 1895 herabgestuft, sie also um zehn Jahre verjüngt worden. War es die Gnade der frühen Geburt? Urkundenfälschung? Eine Gefälligkeit? Ein Zeichen? Wir werden es nie erfahren. Und Wilhelmine überschritt ihre Befugnisse, um ihr ‚Geheimnis‘ zu wahren.

„Die First Lady war später tätig geworden, um die Ermittlungen ihres genauen Geburtsdatums zu verhindern. Dem Standesbeamten von Ramsbeck schärfte sie gelegentlich einer Visite ein, er dürfe niemandem Einblick in ihren Registerauszug gewähren. Und den Ramsbecker Ortspfarrer Hollmann wies sie an, das Kirchenbuch vor fremden Enblicken verschlossen zu halten [...] sie belehrte den Pfarrer, der Bedenken äußerte: ‚Sie können mir gar nichts tun. Als Frau des Bundespräsidenten bin ich immun‘."[17] Die auch vom Bundespräsidenten veranlaßten Bemühungen um die Verheimlichung ihres Alters führten zu einer Serie von Peinlichkeiten. Nur Kanzler Kiesinger gestand Heinrich, daß ihm die Sache mit den falschen Angaben seiner Frau sei ihm schon immer sehr unangenehm gewesen. Ihr war dieser Altersunterschied – der so in der Bibel offensichtlich nicht als Option vorgesehen war – Zeit ihres Lebens peinlich bis zur Paranoia, wie sie W. Henkels verriet: „Ein jeder wußte längst, daß ich neuneinhalb Jahre älter bin als mein Mann, und jedermann stierte mich an, wohin ich auch kam. Dieses Durchhalten und Mithalten der manchmal unbeschreiblichen Strapazen war für mich selbstverständliche Pflicht". Genauso pflichtbewußt schwiegen die alten Ramsbecker und Enkhausener, die ihr wahres Alter kannten. Das ging doch niemanden was an, woll!

Henri Nannen vom STERN blies irgendwann zur Attacke. Er stellte Lübke nicht nur wegen der KZ-Baumeisterei an den Pranger, er beschuldigte ihn auch des Amtsmißbrauchs: Lübke habe alle Hinweise (aus Meldebüchern, Archiven, Schulstatistiken etc.) auf das ‚wahre Alter' seiner Frau ‚verschwinden' lassen. Das falsche Geburtsdatum wurde erst 1964 von Frau Lübke korrigiert. Die CDU/CSU-Fraktion wies Nannens Vorwürfe als ‚schmutzige Attacke' zurück, doch wohl war einigen Mitgliedern dabei nicht, und das brachten sie auch zum Ausdruck. Lübke fühlte sich von der eigenen Partei im Stich gelassen. Am 27. Februar 1968 machte Kiesinger den Vorschlag, die ‚gesamten mit den Vorwürfen zusammenhängenden Probleme' in einem Briefwechsel mit dem Präsidenten zu klären. Im Verlauf der Kabinettssitzung warfen mehrere Minister die Frage nach dem Alter von Frau Lübke ‚in amtlichen Urkunden' (Kiesinger: ‚unglücklicher Sachverhalt') auf. Wie schon beim KZ-Problem lehnte es Lübke und sein Amt ab, zu diesen Fragen Stellung zu beziehen, es handle sich dabei lediglich um ‚Gesellschaftsklatsch'.

Ins Klatschen via Telefon kam ich im Sommer 2003 während der Recherche für dieses Buch mit der ehemaligen Privatsekretärin Wilhelmines, deren Wunsch, namentlich nicht genannt zu werden – ‚das haben mir alte Kollegen geraten' – ich respektiere. Sie habe sich damals um die sozialen Belange Wilhelmines gekümmert: das Kuratorium Altershilfe, Müttergenesungswerk und ähnliches. Denn die Frau des Bundespräsidenten brachte sich sehr in entsprechende Belange ein. Beim ersten Telefonat klagte sie: „Aber hätte die Lübkes gewußt, daß ich manchmal den SPIEGEL oder den STERN lese – dann wäre ich fristlos als Linke gefeuert worden!" Jeden Tag von 9 – 10 Uhr habe Heinrich bei ihr Englisch bzw. Französische gebüffelt.

Bei unserm zweiten Telefonat hatte sie schon mit einigen alten Kollegen aus jener Zeit geredet, einem

Wolfgang Neuss über Wilhelmine

„Zwischenrufer? Die wachen aus einer tiefen Lethargie auf, weil ihnen meistens das Programm nicht gefällt. Heben den Kopf, sind nicht mal betrunken, hören einen Satz, etwas über Wilhelmine Lübke, und dann ruft der von unten hoch: „Ist aber eine anständige Frau!"

Na, dann steh Du mal auf der Bühne und setz da nicht noch 'ne Pointe drauf. Da läßt man dann ein Ding ab, wie's gerade kommt. Beim Queen-Besuch hat sich Frau Lübke außerordentlich bewährt: als Philips-Empfänger."

So war das. Lübke, Adenauer, Strauß – das sind natürlich ideale Figuren, Originale, Unikümer.

Redenschreiber etc. „Die alten Kollegen wollen nichts sagen". Sie fürchten Nestbeschmutzung. Die ihr bekannten Juristen sind sich unisono einig: ‚Lübke war unschuldig' – wobei ich nicht weiß, von welchen Vorwürfen sie genau reden. Die Dame wiederholt, daß sie mich gerne für dieses Buch vor Deinem ehemaligen Haus auf dem Venusberg fotografieren würde. Sie ist wohl viele Jahre nicht mehr bei ihrem ehemaligen Arbeitsplatz gewesen. Dort käme ihr sicherlich noch die eine oder andere Erinnerung, doch am Telefon mag sie sich nicht an viel Erwähnenswertes erinnern, äußern: „Die Lübkes haben an der Macht geklebt. Sie waren machtgeil, dumm, voller Komplexe, hinterfotzig, geizig, doof..." „Ich war so jung und politisch desinteressiert", sagt sie mir in einem späteren Telefonat. Wir treffen nach langen Gesprächen mehrere Besuchstermine, aber sie sagt diese wiederholt kurzfristig aus gesundheitlichen Gründen ab. Sehr schade. Eine Botschaft aber hat sie: um die Erbstreitigkeiten der Neffen und Nichten solle ich mich kümmern. In der Tat gibt es an der Mosel noch eine Lübke-Sammlung. Und einige Rechtsstreitigkeiten um bestimmte Exponate zwischen der Stadt Sundern, jenen Erben, dem Lübke-Haus etc. So besitzen jene Erben einige Lübke-Memorablia, die sie aber auf Wunsch dem Lübke-Haus ausleihen müssen. Hätten die Lübkes eigenen Kinder gehabt, wäre der Autor so einer Spur noch nachgegangen. Aber Enkel der Lübkes?

Ich erhielt eine Pressemitteilung des Kuratoriums Deutsche Altershilfe, der ‚Wilhelmine-Lübke-Stiftung'

WILHELMINE LÜBKE
Ihr Alter wurde gern verschwiegen. Als peinlich galt früher die Tatsache, dass die Frau des Bundespräsidenten Heinrich Lübke neun Jahre älter war als ihr Gemahl. 1929, im Alter von 44 Jahren, hatte die hochgebildete Wilhelmine den damals 35 jährigen Heinrich geheiratet.

zum 40. Jahrestag der Gründung des e.V: „Begonnen hat alles mit einer groß angelegten Kampagne der ‚Aktion Gemeinsinn'. Unter dem Motto ‚Das Alter darf nicht abseits stehn' wurde diese Kampagne Ende 1961 von Henrich Lübke eröffnet. Als Ehrenpräsidentin dieser Aktion, die damals große Aufmerksamkit erregte, förderte Wilhelmine Lübke zusammen mit ihrem Mann die Gründung des KDA." Und was sagte Heinrich zu dem Thema? *Das beste Altersheim ist die Familie.* Bedauerlich, daß Heinrich und Wilhelmine keine eigene hatten.

Wilhelmine Lübke starb am 3. Mai 1981

Die Lübke-Chronik

Jeder von uns hat eine Mutter ...

[6. Mai 65]

14. Oktober 1894, Heinrich Carl Lübke wird in Enkhausen bei Sundern (heute Hochsauerlandkreis/Westfalen), als zweitjüngstes von acht Kindern geboren. Der Name ‚Lübke' ist laut Th. Simon eine Kurzform von ‚Liutbert', d.h. ‚der im Volk Glänzende'.

Sein Großvater Franz Anton war Tagelöhner in Langscheid, Vater Friedrich Wilhelm heiratete nach Enkhausen ein, war Schuhmacher (also: Schaumäkers Heini) und betrieb nebenbei mit seiner Frau Caroline, geb. Becker, eine kleine Landwirtschaft, mit zwanzig Morgen Eigen- und Pachtland, sowie drei Rindern und Kleinvieh. Der das Dorf umgebende Wald war jedoch *Herrschaftswald, für den Kleinbauern blieben steinige kleine Äcker*, wie Heinrich später wiederholt ‚mit einem Unterton der Bitterkeit' feststellte. *Aufgewachsen bin ich in einer ländlichen Welt mit ihrem einfachen, vielfach schwerem Leben, aber auch mit ihren Schönheiten [...] An Abenden im Familienkreise wurde in Lesestunden mit nachfolgenden Diskussionen oder musikalischen Übungen sozusagen ‚spielend' weitergelernt.*

1900, Besuch der einklassigen, dörflichen Zwergschule, mit einem riesigen gußeisernen Ofen, jedoch noch ohne elektrisches Licht. Hier lernten die daheim plattdeutsch erzogenen Kinder Hochdeutsch und bekam – laut Klassenbucheintragungen – fast täglich das ‚Haselnußstrafstöckchen' zu spüren (der Lehrer wurde später wg. übermäßiger körperlicher Züchtigung strafversetzt); Jung-Heinrich spielte gerne mit seinen Kameraden. Er war dabei immer lieber ‚Räuber' als ‚Gendarm', weil man sich *dabei so gut verstecken und den anderen Schnippchen schlagen kann.*

Besuch des Gymnasiums Peterninum in Brilon. Im Herbst **1912** im Zeugnis Latein ‚mangelhaft'; Englisch ‚genügend, teilweise mangelhaft; Naturkunde ‚genügend, schwach'; Betragen ‚tadelnswert'

Abitur **1913**, Aufsatzthema ‚Dem Römer konnt' es nicht gelingen / Germanien dauernd zu bezwingen / weil dort er harten Widerstand / am Land und an den Leuten fand'. In Betragen und Religion schnitt er beim Abi ‚gut' ab, alles andere wurde mit ‚genügend' benotet.

1. April 1913, einjähriges Praktikum als Landvermesser, anschließend Studium zum ‚Landmesser und Kulturbauingenieur' in Bonn. Hier trat er der katholischen Studentenverbindung ‚Ascania' bei, von der er später gerne sprach.

12. August **1914** als Kriegsfreiwillger eingezogen, ab November Angehöriger des Preußischen Fußartillerieregiments Nr. 7, stationiert in Ost-Preußen, wo er in *vielfache Berührung mit russischen Kriegsgefangenen kam.*

Die Insassen der Zwergschule Enkhausen zu Lübkes – siehe Kreuz – Zeiten.

In Schulten Jagd-
hütte beim Skat
mit seinen Freunden
A. Klauke, C. Schulte
und F. Feldmann

Heinrich im Kreise seiner alten Kumpels.

1915 Unteroffizier an der Westfront.

1916 Vizefeldwebel

Bis Dezember **1918** war er Soldat, wurde mit dem Eisernen Kreuz I. und II. Klasse ausgezeichnet und schied als Leutnant der Reserve aus dem Militärdienst aus. Kurz vor Kriegsende lernt er Schriften des Bodenreformers Adolf Damaschke kennen.

Nach dem Krieg studierte Lübke in Bonn, Berlin und Münster weiter Geodäsie, Kulturbautechnik, Landwirtschaft, Volkswirtschaft, Verwaltungsrecht und Philosophie. Er legte sein geodätisches Abschlußexamen und das Große Kulturbautechnische Examen ab.

1920 Mitherausgeber der Zeitschrift ‚Der Pächter‘

1921 „So ein drolliger Kerl war unser Heinrich und immer so einfach", Alwine Wortmann, ehemalige Zimmerwirtin des Vermessungspraktikanten. Examen als Vermessungsingenieur, Berlin

1922 lernt er Wilhelmine Keuthen bei Veranstaltungen des Sauerländischen Gebirgsvereins in Berlin kennen

1923 Ab 1923 widmete er alle Kraft seinen Aufgaben, die ihn in leitende Positionen verschiedener landwirtschaftlicher Verbände führten.

1926 (bis 1933) Geschäftsführer der Deutschen Bauernschaft, Vorstandsmitglied der Gesellschaft für innere Kolonialisation (es folgten bis 1932 noch mehr als ein Dutzend Funktionärsposten)

20. Februar **1929**, Gründung der Grünen Front

5. April 1929 Heirat mit Wilhelmine Keuthen.

25.1.**1931** Lübke warnt auf dem Schlesischem Bauerntag ‚vor gewissen politischen Kreisen‘

24. 4.**1932** Abgeordneter der Zentrumspartei im Preußischen Landtag, Nachfolger von Papens

1. 4. **1933**, Erste Verhaftung und Entlassung aus allen Ämtern

1934 16. 1. Vernehmung durch die Staatsanwaltschaft

17. 1. Kriminalpolizei beschlagnahmt in seinem Elternhaus in Enkhausen private und geschäftliche Unterlagen und Briefe, die nie wieder aufgetaucht sind. (1954 erklärte er, seine Unterlagen seien bei einem Brand vernichtet worden).

2.2. sein Paß wird eingezogen

5.2. II. Verhaftung

19.3. Fristlose Entlassung aus der Siedlungsgesellschaft Bauernland AG

1934/35 Ermittlungsverfahren wegen Vermögensdelikten und Korruption. In Untersuchungshaft bis das Verfahren nach über 20 Monaten eingestellt wird, ohne daß ihm Schuld oder Unschuld nachgewiesen wurde. Entlassung (im Zuge eines Amnestiegesetzes) aus der Haft am 11. 10. 1935, Haftentschädigung verweigert

1936/37 Wehrübungen, Beförderung zum Hauptmann d.R.

1937-1939 Tätigkeit im Bau- und Siedlungswesen.

1939 (-1945) Mitarbeiter des privaten Architektur- und Ingenieurbüros

Schlempp, das für den späteren Rüstungsminister Albert Speer und für die Organisation Todt dienstverpflichtet wird. Erhält im Oktober '39 den ‚kleinen Ausweis'.

1940 Erhält im Januar von Speer den ‚großen Ausweis'; im August benennt ihn die Gestapo als Vertrauensmann bei Baumaßnahmen am V-Waffen-Projekt Peenemünde

1944 Ab März werden Bauten für das mit Zwangsarbeitern (‚SS-Sklaven') betriebene Raketenwaffenprogramm (‚Jägerprogramm') erstellt. Aus dieser Zeit ergeben sich erste Vorwürfe gegen Lübke.

25. Mai Lübke verlangt Stellung von 160 Arbeitskräften für Untertagearbeiten.

Juni Lübke wird Vertreter Schlempps

4. 9. Lübke erörtert Bau des KZ Leau auf der Baustelle

16.9. Lübke unterzeichnet Bauplan des KZ-Neu-Straßfurt

Gegen Ende 1944 verhaften die einrückenden Amerikaner den von ihnen gesuchten Lübke – sie erwischen jedoch einen falschen

1945 Er setzte sich nach Westen (Höxter) ab

Im April suchen die Amerikaner des CIC (Couter Intelligence Corps) Lübke als Kriegsverbrecher.

Dieser schloß sich sofort der CDU an und wurde noch im Sommer des gleichen Jahres Mitglied des von der britischen Militärverwaltung ernannten Provinziallandtages von Westfalen.

1946, im Fragebogen der britischen Militärregierung bezeichnet er sich als ‚politischen Gefangenen von 1934-1936'

2. Oktober nordrhein-westfälischer Landtagsabgeordneter.

Vom 6. Januar **1947** bis zum 31. Dezember 1952 gehörte er als Minister für Landwirtschaft und Ernährung dem Kabinett in Nordrhein-Westfalen an. 1952 tritt er auf eigenen Wunsch zurück, wie auch schon im Oktober 1950, als er sein Bundestagsmandat niedergelegt hatte.

Schon am 14. August **1949** war Heinrich Lübke mit 40,7% im Wahlkreis Arnsberg-Soest in den ersten Deutschen Bundestag gewählt worden,

13. Oktober, Vorsitzender des Ausschusses für Ernährung, Landwirtschaft und Forsten.

1953 28. 7. Lübke erhält Ehrendoktorwürde der Universität Bonn

Am 20. 10. wird er Generalanwalt des deutschen Raiffeisenverbandes

Auch in den zweiten Deutschen Bundestag wurde Dr. Heinrich Lübke gewählt, und am 20. Oktober berief ihn Bundeskanzler Dr. Konrad Adenauer als Bundesminister für Ernährung, Landwirtschaft und Forsten in sein Kabinett.

1954, Forderung der *durchgreifenden Reinigung aller Flüsse durch Klärung*

Februar **1955**, Vorstellung des ‚Grünen Berichtes'

Juli 1955, Vorstellung des ‚Grünen Plans',

1956, Einführung des ‚Grünen Plans'

9.1. **1958**, Lübke redet von seinem *von Alter und Krankheit geschwächtem Kräftevorrat* – und seinem *ständig schlechter werdendem Gedächtnis.*

1959 15. 6. – 23% der WestDeutschen haben eine gute Meinung von Lübke, 39% war er unbekannt

Die Bundesversammlung wählte ihn am 1. Juli 1959 in Berlin auf Vorschlag der CDU/CSU zum Nachfolger des Bundespräsidenten Professor Dr. Theodor Heuss.

(Ereignisse an seinen JobJubiläen während seiner Dienstzeit: am 1. Juli 1960 hatte Wolfgang Neuss mit ‚Wir Kellerkinder' Premiere, 1961 kam an diesem Tag die Pille auf den Markt, 1962 wurde Eichmann hingerichtet, 1964 die PLO gegründet, 1966 die Provos im Amsterdamer Stadtrat, 1967 erscheint die Sgt. Pepper's Lonely Hearts Club Band-LP, 1968 starb Helen Keller)

1960, Mainauer Referat: *Gesunde Luft, gesundes Wasser, gesunder Boden*, Grundlage der Grünen Charta von Mainau

10.1. – 21.1. **1962**, I. Afrikareise (Liberia, Guinea, Senegal)

11. Juni **1963**, Lübke proklamiert den 17. Juni zum *Nationalen Gedenktag des deutschen Volkes*

1964 13.3. 1964, Historische Rede beim '44. Liebesmahl des Ostasiatischen Vereins' 24.4. – 14.5. Südamerika Reise (Peru, Chile, Argentinien, Brasilien)

Im Juni veröffentlicht die DDR erstmals Belastungsmaterial gegen Lübke.

Am 1. Juli stellte er sich ein zweites Mal zur Wahl und wurde mit großer Mehrheit zum Bundespräsidenten wiedergewählt.

1965/66 mehr belastendes Material taucht in OstBerlin auf.

11.11. **1965**, Staatsanwaltschaft Oldenburg stellt Ermittlungsverfahren gegen L. Landwehr wg. Verunglimpfung des Bundespräsidenten ein.

1966 21.2. – 16. 3. nach Kenia, Madagaskar, Kamerun, Togo, Mali und Marokko

21. Juli Lübke an de Gaulle: *In einem vereinigten Europa werden Grenzen ohnehin keine Bedeutung mehr haben*

22.8. das Kabarett ‚Münchener Rationaltheater' stellt Belastungsdokumente gegen Lübke aus.

31.8. Erklärung des Bundespräsidialamtes: „Der Bundespräsident hat zu keiner Zeit an der Planung und am Bau von Konzentrationslagern mitgewirkt."

2.9. Ohne richterlichen Auftrag werden während einer Pressekonferenz des ‚Freundeskreises' in Karlsruhe Beweisdokumente gegen Lübke beschlagnahmt

29.9. Bundesregierung gibt ‚Ehrenerklärung' für Lübke ab

1967 2. Juni Lübke zu den Anti-Schah Demonstrationen: *...haben mich an die Zeit erinnert, als Hitler unter Mißbrauch der demokratischen Freiheit die Weimarer Republik zerschlug.*

6. Juni Lübke entschuldigt sich beim Schah von Persien für die *höchst unerfreulichen Demonstrationen... einiger fehlgeleiteter Gruppen*, deren *Rädelsführer* inzwischen in Haft seien

1969 Am 30. Januar tritt er, drei Monate vor Ablauf der Wahlperiode als Bundespräsident zurück. Trotzdem noch eine Reise vom 5.2. – 18. 2. zur Elfenbeinküste, nach Nige und Tschad

1971, im Dezember letzte Reise mit Frau Wilhelmine nach Teneriffa

30.3. 1972, Gründonnerstag, Magenkrebs-Operation auf dem Venusberg

1972 6. April: Heinrich Lübke stirbt in Bonn und wird im Sauerland beigesetzt.

Zu den biografischen Anmerkungen

Lübke teilte das Schicksal vieler Deutscher seiner Generation, die zum einen durch die Folgen des 2. Weltkrieges ausgebombt, viele Belege ihrer Biografie verloren, zum andern nach 1945 vom großen Verdrängen übermannt wurden. So gibt es nur wenige ,Beweise' aus der Zeit seiner Ausbildung, des Studiums, seines frühen Berufsweges und seiner politischen Entwicklung in der Weimarer Republik. Und von 1933 bis 1946, über sein Leben und Überleben im 3. Reich, noch weniger. Ihn selber ,graute' vor einer Aufarbeitung seiner Biografie. Er führte weder Tagebücher noch hat er Memoiren geschrieben, sein Haus in Berlin-Marienfelde wurde im Januar 1945 zerstört und mit ihm, so Lübke 1954 in einem Brief, seine ,gesamten Unterlagen'.

„Über keine andere Persönlichkeit der Zeitgeschichte in Deutschland kann man […] so wenig erfahren wie über Heinrich Lübke", schrieb sein Biograph Morsey. „Erste biographische Hinweise enthält sein Fragebogen für die britische Militärregierung von 1946 – in dem er den Beginn seines Landtagsmandats auf 1931 (richtig: 1932) datierte und sich als ,politischen Gefangenen 1934-36' bezeichnete (statt: Untersuchungshäftling 1934/35) […] Und in sämtlichen Lebensläufen übersprang er jeweils – so auch noch in seiner Antrittsrede als Bundespräsident am 15. September 1959 eine ganze Etappe seiner Vita. […] In keinem Lebenslauf nach 1946 hat Lübke erwähnt, wo und wovon er von Oktober 1935 bis Mitte 1937 gelebt hat und wo und womit er von 1939 bis 1945 in der ,Baugruppe Schlempp' beschäftigt gewesen ist, wo und wie er das Kriegsende erlebt und welche Tätigkeit er bis 1946 ausgeübt hat." Er erlebte und überlebte das Dritte Reich in undefinierbar ,distanzierter Gegnerschaft', wurde aber gleichwohl durch seine berufliche Tätigkeit während der Zeit des Zweiten Weltkriegs in die Zwänge der nationalsozialistischen Herrschaft verstrickt.

Als heimatverbundener Sauerländer war Lübke kein Mann des Wortes und der Feder. Er redete in der Öffentlichkeit ungern über sich, seine Arbeit und sein familiäres wie privates Umfeld.

Hinzu kam sein schon ab 1953 erkennbar *ständig schlechter werdendes Gedächtnis*. 1964 wiederholte er Erich Kuby gegenüber: *Mein Gedächtnis ist nicht das beste*. Nur wenige deutsche Spießer seiner Generation – die ihn ja, trotz seiner Warnungen, zu ihrer Nr. 1 wählen ließen – hatten ein besseres.

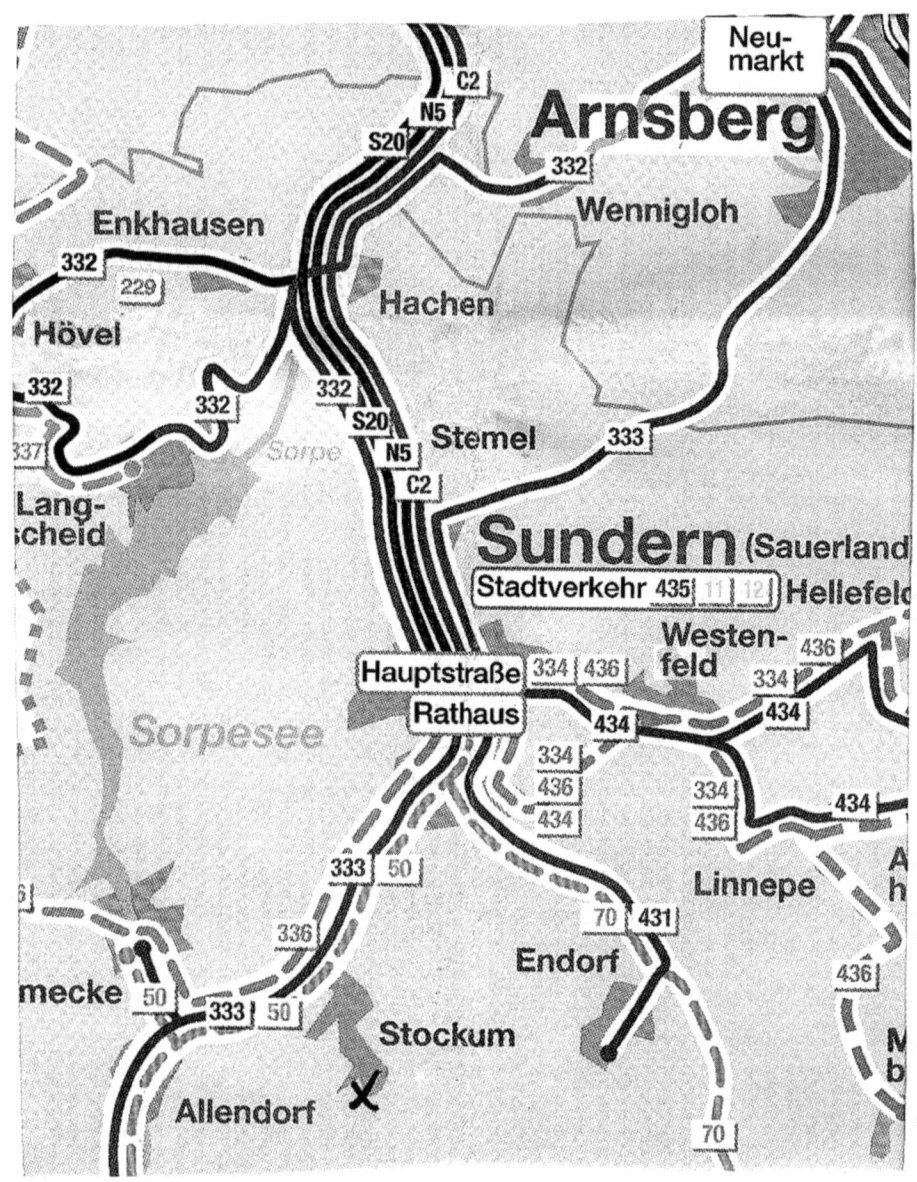

Heutige Liniennetzkarte des Nahverkehrs des HSK. Enkhausen im
Nordwesten. Der Autor verbrachte Kindheit & Jugend in Dörnholthausen, einem
Flecken ohne Verkehrsanbindung, heute wohl von Stockum geschluckt
(siehe Kreuz im Süden).

Lieber Lübkes Heinrich!

Warum ich mich berufen fühle, dieses Buch zu schreiben, woll.

Wir haben so viele Gemeinsamkeiten, daß ich mir einfach erlaube, Dich zu duzen. Im September 2002 sah ich im WDR-TV einen preisgekrönten Film über den 7. Oktober 2001 – Momentaufnahmen aus aller Welt. Der Filmer erzählt aus seinem Leben. Bei ihm sei in einer katholischen Schulklasse nur ein Protestant gewesen. Helmut. Einige Mitschülern hätten sogar Mitleid mit ihm gehabt, denn während sie alle Chancen aufs Paradies hatten, sei ihm das Fegefeuer gewiß gewesen.

Da stiegen in mir Bilder aus meiner Sauerländer Jugend hoch, die ich nur wenige Kilometer von Deiner Heimat Enkhausen entfernt, erlebte. In meiner Geburtsstadt Meschede/Ruhr hatten sich nach dem Zweiten Weltkrieg die katholischen Pfarrer geweigert, ‚so ein Kind' (d.h. mit einer evangelischen Mutter) zu taufen. Also wurde ich ungefragt ein Mitglied der prostestantischen Diaspora. Ich war 6, als wir nach Dörnholthausen (du erinnerst Dich, von Enkhausen aus am anderen Ende vom Sorpesee) umsiedelten und ich ab 1955 in Stockum die Vorzüge einer Sauerländer Zwergschulausbildung genoß: 40 Kinder aus 8 Jahrgängen in einem Raum, mit einem Lehrer. Ich jedoch als einziger Protestant. Dienstags und freitags in der ersten Stunde, während der Pfarrer alle andern Schüler in Religion unterrichtete, saß ich allein im Lehrerzimmer. Du bist ja in genauso eine Schule gegangen, aber wahrscheinlich zu einer Zeit, als es dort weit und breit noch keine Protestanten gab, woll. Keine Ahnung, ob mich meine Mitschüler auch auf dem Weg zum Fegefeuer sahen. Fest stand: ich war der Fremde. Einen Vorteil hatte die Situation für mich: meine Mitspieler in der Jugend-Fußballmannschaft des 1. TUS Stockum durften sonntagmorgens nur auflaufen, wenn sie die 7-Uhr-Messe besucht hatten – ich konnte derweil ausschlafen. Das steigerte nicht meinen Beliebtheitsgrad.

Als Du 1959 zum Bundespräsidenten aufstiegst, klaute ich meine erste Fats-Domino-Single im Elektroladen in Sundern. Am 14. Juni 1964 wurdest Du Ehrenbürger selbigen Ortes, der sich damals weder Dorf, noch Stadt, sondern ‚Freiheit' nannte. Als Klassensprecher der Abschlußklasse der örtlichen Realschule wurde mir an jenem Tag die Ehre zuteil, Dir anläßlich Deines Besuches unserer Schule die Hand zu schütteln. Zwei Jahre darauf gehörten Du und ich zu einer kleinen radikalen Minderheit in Deutschland: wir akzeptierten das Wembley-Tor: *Der Ball war im Netz. Ich habe es im Fernsehen deutlich gesehen.* Anglophil, wie ich durch das Besetzer-Radio BFN [British Forces Network, heute BFBS], dessen Musikberieselung mir seinerzeit mehr fürs Leben gab als die Schule und soziale Umwelt, programmiert war, erkannte auch ich Tor das Tor als Tor. Für dieses Bekenntnis mußten wir beide zahlen: Du wurdest von der BILD niedergemacht, ich mußte als Koch-lehrling wochenlang jeden Tag einen Sack Zwiebeln schälen. Als Du den Job nach 10 Jahren aufgabst, schluckte ich gerade meinen ersten LSD-Trip. Eine befreiende Zeit. Du hättest mich nicht gemocht, ich war Kriegsdienstverweigerer und wurde ein sogenannter ‚Hippie'.

Bei der Recherche zu diesem Buch mußte ich immer wieder schmunzeln, wenn ich eine Einschätzung deiner Person las und mich an ähnliche Formulierungen über meinen sturen Dickkopf und meine Weltfremdheit erinnerte. Doch da hören die Gemeinsamkeiten nicht auf. Klar, daß auch Du im Sauerländer Gebirgsverein Mitglied warst. Meine Eltern zahlten noch Jahrzehnte nach meinem Wegzug ohne mein Wissen den Mitgliedsbeitrag für mich weiter.

Als mir plötzlich ‚Deine' Grüne Front von 1929 begegnete, rieb ich mir verwirrt die Augen. Kramte in einer Schublade rum und fand auf Anhieb dieses Zitat aus dem ‚Rolling Stone' (Juli '99): „Verleger Werner Pieper, jenem Sauerland-Emigran-ten, examinierten Koch und Ex-Haschischdealer, der laut ‚Bayrischer Rundfunk' den Terminus ‚Grün' in die Umweltschutzdebatte warf und laut Timothy Leary die grüne Bewegung in Europa gründete...". Mit dieser Art von Komplimenten konnte ich jahrelang gut leben, vor allem mit Learys typischem Hollywood-Spruch. Immerhin heißt mein Unternehmen seit 1971 Grüne Kraft und im selben Jahr grün-dete ich die Grüne Hilfe, verlegte den Grünen Zweig inkl. einem ‚Antiumweltver-schmutzungsartikel' (es gab das Wort Umweltschutz wohl noch nicht), und rauchte Grünen Marokkaner. Die ‚grünen' Gedanken der Hippies wurden damals von den 68er-Studenten ebenso als ‚realitätsferne Naturschwärmerei' belächelt, wie seinerzeit Deine weitsichtigen Umweltgedanken von Deinen christ-demokrati-schen Parteikollegen.

Heute vermag ich beim besten Willen nicht mehr zu ergründen, ob deine ‚Grün'-Bezüge vielleicht irgendwo in meinem Unterbewußtsein abgespeichert waren und wucherten – erinnern kann ich mich beim besten Willen nicht daran. Dabei hast Du ja nicht nur in den swingenden Zwanzigern die Grüne Front mit aufgebaut, son-dern auch in den 50er und 60ern den Grünen Plan entwickelt, eine Grüne Charta mit formuliert, Grüne Berichte veröffentlicht... Nie wieder kann ich – oder jemand Drittes – behaupten, ich sei als erster dermaßen ergrünt. Dieser Zweig der Ehre gehört zweifelsohne Dir.

Und ein besonderes Verhältnis zu Afrika und seinen Menschen gehört auch zu unseren Gemeinsamkeiten. Aber wer konnte das damals schon ahnen.

„Wir waren eine Generation, die von den Eltern Auskunft verlangte", sagte Peter-Jürgen Boock letzthin in der TAZ. Diese Auskünfte hast Du uns genauso vorenthal-ten wie die meisten Eltern jener Zeit ihren Kindern. Ich wollte mehr wissen, fing an zu lesen, zu fragen, zu forschen und bin bis heute immer wieder verblüfft, was man alles in der Familie und Schule nicht lernte.

Mein Abschied vom Sauerland erfolgte kurz nach deiner Wiederwahl. Vom Schulbetrieb nicht gefordert fing ich irgendwann die Herausgabe einer Schülerzeitung an. Im März '65 erlangte ich die Mittlere Reife, verließ die Gegend & never looked back. Die Schülerzeitung wurde von Jüngeren übernommen, die in der nächsten Ausgabe einen von mir auf Halde geschriebenen Artikel abdruckten, in dem ich grundsätzlich die Anerkennung der DDR forderte. Heinrich, Du wirst Dich erinnern: zu jener Zeit war es verboten, „DDR" ohne Gänsefüßchen zu schreiben. Mir wurde berichtet, der Direktor habe die Zeitung eigenhändig wieder eingesammelt und auf dem Schulhof verbrannt. Die Kids bekamen ein Sprechverbot mit mir auferlegt, da ich ‚von drüben bezahlt' würde. Glatt gelogen, aber effektiv: ich hatte nie wieder auch nur einen Kontakt zu jenen Menschen, die mich immerhin wiederholt zu ihrem Klassensprecher gewählt hatten (bis ich vor zwei Jahren telemündlich zum 75. Schuljubiläum eingeladen wurde, aber ich hatte wichtigere Termine). Du wärest so einem Wunsch sicherlich stolz nachgekommen. Aber Du warst ja auch ein echter Sauerländer, ich nur ein sauerländischer Teilzeitler.

Dann lese ich in der Wintersonnenwendenausgabe (2003) der NRW-TAZ zwei Nachrichten und visualisiere unsere Geister durchs Sauerland huschen.

• „Landwirte und Umweltverbände gemeinsam gegen Zerstörung von Naturflächen: ‚Wir sind bündnisfähig'." Dann folgen viele deiner alten Thesen. Wird da eine neue Grüne Front etabliert?

• „Stoned im Sauerland. Die Selbstbefreiung der Landjugend schreitet unaufhaltsam voran. Auch im Sauerland… raucht jeder fünfte Schüler Joints, in jeder Klasse gibt es Erfahrungen mit Ecstasy. In Trance auf den Trecker? Knülle in der Gülle?" Und im ‚Mushroom', dem Zentralorgan der Trance-Kids trauert man 2004 der ‚guten alten Zeit' nach, als es das Sauerland noch für seine Trance-Parties berüchtigt war. Eine Vergangenheit, die erst nach uns kam.

Nachdem ich das Manuskript dieses Buches beim Lektor abgeliefert hatte entschloß ich mich im Januar 2004, ‚zur Belohnung' ins Sauerland zu fahren. Naja, eigentlich auf der Suche nach einem (bestimmten) Foto für dieses Nachwort.

Erstmals nach 39 Jahren in Sundern. Ich hatte es als nettes Nest in Erinnerung. Aber aus der Hauptstraße wurde eine Fußgängerzone, im engen Talkessel mußte deshalb innerhalb es Ortes eine Umgehungsstraße angelegt werden. Im örtlichen Buchladen klärt man mich auf, als ich meine Verwunderung ob der Verschandelung kundtue: „Die Kirche steht noch, alles andere hat sich verändert." So isses. Alles übel zersiedelt & verbaut. Häßlich. Zur selben Zeit hält sich hier ein TAZ-Reporter auf, denn wenige Tage später lese ich: „40 Jahre später sieht die Welt auch in Sundern freundlicher und ein bißchen roter aus… Die Fußgängerzone, die hat die Stadt dem Franz [Müntefering] zu verdanken." Na, Danke!

Es regnet 15 Stunden am Stück, ich verkrieche mich im Hotel Sunderland. Zum Frühstück finde ich in der WELT eine Seite über das neue Springer-Haus in Berlin. Ein Foto zeigt Dich mit Axel Springer. Treffer. They remember you! Welch eine für unsere Zeiten ungewöhnliche Loyalität. Rührend.

Laufe in meine ehemalige Schule und hoffe auf ein Foto unseres historischen Handschlags. Vergebens, solch ein Foto findet sich nicht, wenn auch ein anderes im Jubiläumsbuch der Schule, von meiner '65er Entlassungsklasse, ganz vorn, umgeben von lauter Mädels, yours truely, mit Fliege. Weiter gehts.

Als ich in Enkhausen ankomme, dämmert es schon. Und regnet. Ich schlendere einmal durch den Ort, alles scheint ruhig. Der Gasthof hat Ruhetag, einen Lebensmittelladen gibt es nicht mehr. Allein die Schaufenster einer ‚L-Boutique' leuchten. L für Lübke? Nein, für ‚Lady'; Boutique für Damenmoden in Übergrößen. Im Lübkeschen Familienhaus wohnt heute ein Großneffe von Dir.

So besuche ich Dich erstmal auf dem Friedhof. Ich laufe durch einige Grabreihen, bevor ich die Lübkesche Grabstelle finde. Zu meiner Verblüffung hast Du kein pompöses ‚Bundespräsidenten'-Denkmal, sondern liegst neben Deiner Wilhelmine und drei weiteren Angehörigen, mit einem großen Gedenkstein für alle und einer Gedenksteinplatte für Dich. Davor ein Kranz mit zwei Schleifen, eine von der CDU, die andere von Angela Merkel. Niedergelegt wurden sie am letzten Volkstrauertag von Friedrich Merz aus Brilon. Der würde Dir gefallen, der spricht von deutscher Leitkultur und dem von Dir schon deinerzeit angemahntem Mangel an nationalem Bewußtsein seit 1968 u.s.w. Wenige Tage später nach meinem Sauerland-Trip wird dessen Opa, Josef Paul Sauvigny, in den Medien zum Politikum, als Enkel Merz ihn, der 1933 antrat, um ‚das rote Rathaus zu stürmen', zu seinem Vorbild für die Kommunalwahl 2004 erklärt. Der alte Sauvigny wurde, wie Du Dich erinnern magst, ebendort vor 1933 als Dein Zentrums-Parteigenosse Bürgermeister, schwenkte dann aber heftig auf NS-Kurs und zug den Job bis 1937 zur Zufriedenheit der Braunen durch. Die Vergangenheit ist noch nicht vorbei.

In selbigem Brilon gingst Du einige Jahre zur Schule. Und just hier entstand später das erste große Aussiedlungsprojekt innerhalb deines Grünen Plans. Gegen einigen örtlichen Widerstand hast Du Dich damals durchgesetzt und Jahre später hieß es in der Presse: „Heute zählen sich stolz viele Bauern und Bürger von Brilon zu den Freunden des Mannes, der westfälische Dickköpfigkeit einst mit westfälischer Dickköpfigkeit und Klugheit überwand [...] Seine komprimierte, übersichtliche Darstellung der historischen Entwicklung und aktuellen Problematik, seine intime Kenntnis von Einzelheiten und die humorvollen Pointen überraschten die Zuhörer". Mit deinem flämischen Kollegen hast Du Dich gar mit Sauerländer Platt verständigt: *da hiaät hei flamsk kiert un iek Suerlänner Platt.*

Die Sauerländer Dickköpfigkeit erklärte ein örtlicher Zeitgenosse mit folgenden Attributen: Zähigkeit, natürliche Skepsis, gesundes Selbstvertrauen, Zurückhaltung und eine gehörige Portion Mutterwitz. Bei Dir zählten Deine Landsleute noch die Geradlinigkeit Deiner Auffassungen und Deine zu jeder Zeit klare geistige Haltung hinzu, die ihren Ursprung in der religiösen Welt Deiner Sauerländer Heimat habe.

Am Schwarzen Brett der Gemeinde hängt der ‚Enkhausener Veranstaltungskalender 2004'. Neben dem Hinweis für die Karnevalsveranstaltung der St. Laurentius Schützenbruderschaft: ‚Achtung! Nur wer pünktlich ist, sieht das gesamte Programm!', finden sich drei weitere Nennungen des Lübke-Hauses: die Jahreshauptversammlung des örtlichen Tambour-Corps, die Aufstellung des Mai-Baumes durch die Mitglieder des Corps und am 4. April die – jährliche – ‚Gedenkfeier zum Todestag des Altbundespräsidenten Dr. h.c. Heinrich Lübke'.

Du hast Gerhard Hafner, meinen Gastgeber, noch gekannt, ihm bei Heimatbesuchen, wie auch andere Kindern des Dorfes, nach seinem Familiennamen befragt. Sagte der Dir nichts, mußten Dir die Kids den Mädchennamen der Mutter nennen. So konntest Du jedes Kind einordnen und Dein nie versiegender Vorrat an 5-DM-Stücken, die Du in solchen Fällen als ‚Belohnung' austeiltest, ist heute noch Legende. Heute fungiert Gerhard Hafner als Ortsvorsteher, Autobahnpolizist & Verwalter des Lübke-Hauses hat in seinem Leben Toleranz gelernt. Er empfängt mich äußerst herzlich, gibt mir eine ausführliche Führung durch deine Gedenkstätte, erklärt Fotos, erzählt Anekdoten, hat Antworten auf meine Fragen, zeigt mir die Ordens-Ecke (Wer bekam eigentlich diese Orden, der Bundespräsident oder der Mensch?). Offensichtlich ist er sehr erfreut, als ich auch zwei, drei Dinge aus Deinem Leben mitteilen kann, die hier noch unbekannt sind. Anschließend lädt er mich zu sich nach Hause ein. Hätte es so eine schnelle ‚Verbrüderung', zumal ohne Alkohol, in Deinem Raum/Zeit-Kontinuum gegeben? Naja, er erkennt wohl den Sauerländer in mir, das verbindet. Zumal er seine ehrenamtliche Aufgabe für das Lübke-Haus ernst nimmt. An Wochenenden gibt es immer wieder Führungen. Ich frage ihn, ob Du Deinen Jungendfreunden im Dorf die Treue gehalten habest. Er zeigt mir lächelnd ein großes, gerahmtes Foto, auf dem Du mit Deinen alten Kumpels in der Dorfkneipe Skat kloppst; u.a. mit dem ehemaligen Bürgermeister und Dorflehrer Klauke. Du erinnerst Dich, dieser wurde nach 28 Jahren an der Schule in Enkhausen Schulleiter in Sundern. Dessen Sohn unterrichtete mich zu meiner Zeit an der Realschule in Deutsch und Geschichte, wenn ich mich richtig erinnere.

Wir blättern Sammlungen von Zeitungsartikeln durch. Sie zeigen Dich immer wieder als den Häuptling Deines Stammes. Und als Wohltäter. Wenn die Enkhäuser schon einen Präsidenten hatten, dann sollten sie Anteil daran haben. Vielen Menschen hast Du vor Ort auf mannigfaltige Weise geholfen. Du hast dafür gesorgt, daß oben am Hügel ein Altersheim gebaut wurde – Du konntest ja nicht ahnen, daß sich die traditionellen dörflichen Strukturen auflösen und die Alten heute abgeschoben scheinen. Hafner wohnt – natürlich! – in der Heinrich-Lübke-Straße, deren Geschichte er mir erläutert: Zu Deiner Zeit war das noch ein im Rahmen des Grünen Plans angelegter landwirtschaftlicher Weg, hieß später ‚Brinkstraße'. Der 200 Jahre alte Brinkhof wurde mittlerweile abgerissen.

Zu mehr Ehrungen hat es in der Heimat bislang leider nicht gereicht. Kein Denkmal erinnert an den größten Sohn der Gemeinde, weder in Enkhausen, noch in Sundern. Das ist ein Skandal. Da sind sich Hafner und ich einig. Es gab schon einmal Pläne, doch der dumpfe Entwurf mit einer vor Dir sitzenden, breitschultrigen Wilhelmine konnte glücklicherweise verhindert werden.

Heute ist immerhin die CDU-Mehrheit im Gemeinderat dafür, den 1970 gebauten Schulkomplex nach Dir zu benennen, die Lehrer & Schüler mehrheitlich dagegen. Es wäre mir eine heidnische Freude, wenn dieses Buch dazu beitragen würde, daß sich die Lehrer und Schüler dies nochmal anders überlegen, bevor sie plötzlich Müntefering- oder Merz-Schüler werden.

Nach Mitternacht beziehe ich mein Zimmer im Gasthof Brinkschulte, wo Du mit Deinen Kumpels oft Skat gekloppt hast. Eigentlich ist ja Ruhetag, aber... Danke!

Später erhalte ich weitere hilfreiche Materialien und Mails aus Enkhausen. Hafner hatte mir vor Ort angeboten, zum diesjährigen LübkeGedenktag zu reden. Doch wir einigten uns, daß er dieses Jahr lieber versuchen solle, den 82-jährigen ehemaligen Piloten Lübkes als Redner einzuladen. Aber vielleicht nächstes Jahr? Problem: der Raum des Lübke-Hauses würde eventuell nicht ausreichen, wenn alte Mitschüler aus Sundern, die Dörfler von Dörnholthausen und Stockum, sowie potentielle Leser meiner Bücher über die Berge kämen. „Dann müßten wir ins Schützenhaus umziehen". Oder eine Veranstaltung zur Umbenennung der Schule? Das Spiel des Lebens geizt nicht mit Überraschungen. Aber ob ich mit diesem Buch im Sauerland Zuspruch erhalte? Ich hoffe mit Gerhard Hafner: „Ihrem Buch wünsche ich einen guten Erfolg und mir und uns Enkhausern, daß auch wir damit gut leben können."

Vor 15 Jahren kam ich ins Dorf meiner Jugend zurück. Klassentreffen der Zwergschüler, die gerade 40 wurden. Ich glaubte allen, die sich nicht daran erinnern konnten, daß sie mich einmal richtig verprügelt hatten. Du hast ja selber vorexerziert, wie schnell man vergessen kann – vor allem, wenn man will. Nur einer, geistig wie körperlich etwas ungelenk, bestätigte meine Erinnerung. Schließlich kam es damals selten vor, daß nicht er das wehrlose Opfer kindlicher Agressionen war. Ich bin dagegen nie wieder verprügelt worden. OK. 15 Jahre sind vergangen. Ich besteige den Bus, der mich aus dem Sauerland heraustragen wird. Da redet mich mein alter Leidensgenosse an, als hätten wir uns gestern abend letztmals getroffen. Als ich ihm eröffne, daß ich demnächst vielleicht in der Gegend eine Rede halte, strahlt er mich an: „Dann kommen wir alle!"

Ein Zitat von Hesse kommt mir in den Sinn. Dieser hatte die Persönlichkeit des I-Ching-Übersetzer Richard Wilhelm nach dessen Tod so beschrieben, daß seine Aussage durchaus auch auf Dich gemünzt werden kann: „Inmitten dauernder Mißverständnisse stand er lächelnd, freundlich, chinesisch-weise, und tat in Ruhe sein großes Werk, dessen Umfang und Bedeutung von der öffentlichen Meinung Deutschlands noch gar nicht begriffen worden ist..."

OK, bei Dir müßte man wohl ‚chinesisch-weise' durch ‚sauerländisch-stur' ersetzen, aber ansonsten... wünsche Dir stetig wachsende Verbundenheit mit Deiner Heimat.

Werner Pieper
Enkhausen, im Winter 2004

Quellen

1. Rudolf Augstein: Lückes Bärendienst; in: Der SPIEGEL, 21.11.66
2. Freundeskreis des deutschen Widerstandes: Der Fall Dr. Heinrich Lübke; Karlsruhe 1966
3. Gebrüder Grimmig: Worte des Vorsitzenden Heinrich – für den deutschen Menschen gesammelt; Wiss. Verl.Gesell. zur Pflege deutschen Sinngutes im Heinz Moos Vlg., München, 1969 (60.Tsd.!)
4. Kortmann & Wolf: Sauerland bleibt Sauerland, Heinrich Lübkes goldiger Zitatenschatz; Lübbe 1966
5. Paul Lücke: Interview – Zu der kommunistischen Verleumdungskampagne gegen den Bundespräsidenten; in: Innere Sicherheit, Informationen zur Frage des Staatsschutzes, Nr. 11, 28.10.1966
6. Rudolf Morsey: Heinrich Lübke, eine politische Biografie; Schöningh Vlg., Paderborn, 1999
7. Nationalrat der Nationalen Front des demokratischen Deutschland – Aufstieg und Fall des Heinrich Lübke; Berlin 1969
8. – Braunbuch, Kriegs- und Naziverbrecher in der BRD, Berlin 1965
9. – Graubuch, Expansionspolitik und Neonazismus in Westdeutschland, Berlin 1967
10. Bundespräsident Lübke baute Hitlers Konzentrationslager; Int. Pressekonferenz; Berlin 24.1.1966
11. – Der Fall Lübke – Legende und Wahrheit; Berlin 14.11.1966
12. Robert Neumann in KONKRET 7/66, 11/66, 12/66
13. Albert Norden: Was verschweigt Heinrich Lübke?; Reprint der Rede vom 29.1.1965 in Berlin
14. Norbert Podewin: Ehrenbürger Heinrich Lübke; in: AK – analyse & kritik, Zeitung für linke Debatte und Praxis, Nr. 454, 27.9.2001
15. Hubert Georg Quarta: Heinrich Lübke – Versuch einer biografischen Darstellung; Martin Verlag, Buxheim, 1978
16. Der SPIEGEL 20. Mai 1964, Titelgeschichte: ‚Wenn das Volk ruft'
17. Der SPIEGEL 11. März 1968, Titelgeschichte: ‚Überall ist Sauerland'
18. Der STERN: In Sachen Lübke; Nr. 4, 28.1.1968
19. Verband der Jüdischen Gemeinden in der Deutschen Demokratischen Republik: Judenmörder und Judenfeinde wieder am Hebel der Macht; in: Antisemitismus in Westdeutschland, Berlin 1967
20. Jens-Christian Wagner: Massengrab an der Raketenrampe; in: Der SPIEGEL 22/2001
21. Wolfgang Neuss: Der totale Neuss; Gesammelte Werke, herausgegeben von Volker Kühn; Rogner und Bernhard bei Zweitausendeins, Hamburg, 1997
22. Als wir noch Lausbuben waren, Berühmte erzählen; F. Schneider Vlg.
23. Reden der Deutschen Bundespräsidenten Heus, Lübke, Heinemann, Scheel; Carl Hanser Vlg., 1979
24. Verschiedene Ausgaben der Zeitschrift PARDON aus den 60er Jahren aus der Sammlung Kaposty: 4/64 – 8/65 – 2/4/6/11/67*
25. Der STERN, 50/52/2002
26. Teuflische Jahre, Das Witzigste aus PARDON, Band *
27. Volker Kühn: Politparade, eine 4 CD-Box von Bear Family
28. Friedhelm Franken, Hg.: Repräsentanten der Republik, die deutschen Bundespräsidenten in Reden und Zeitbildern; Verlag Norman Rentrop, 1989

29. Friedenspreis des Deutschen Buchhandels, Reden und Würdigungen 1951 – 1960; hier: Lübke-Rede für Victor Gollanz, 1960
30. Julius Mader: Neues aus der Kriminalistik; in: VISITE, I/1967
31. Rasmus Gerlach: Umweltbibliothek – Geschichte des Natur- und Umweltschutzes; Pentagon-Produktion, Hamburg 1999
32. Heinrich Lübke: Aufgabe und Verpflichtung; Athenäum Verlag, Frankfurt, 1965
33. Toubab Pippa: Die Bosheit im Herzen der Menschen – zur Kolonialgeschichte Namibias; Der GRÜNE ZWEIG 246, Löhrbach 2004
34. Ulrich Schweitzer: Grün und Braun; in: Die WELTBÜHNE, Heft 11, 1933 vom 14. März 1933. Diese Ausgabe der Weltbühne durfte damals nicht mehr ausgeliefert werden, wurde vernichtet, erschien erstmals am 14. März 2003 im Verlag Ossietzky
35. Hubertus Knabe: Die unterwanderte Republik; Ullstein, München 2001
36. Erwin Topf: Die Grüne Front, Rowohlt, Berlin 1933

Weitere Quellen werden direkt am jeweiligen Zitat genannt.

* Ulrich Alberti hat sich die verdienstvolle Mühe gemacht, mir aus seiner PARDON-Sammlung die lübkeschsten Seiten herauszusuchen. Diese Mühen gehören dokumentiert; daher hier seine Auflistung (Jahr, Ausgabe, Seite/n): 1964 /4 Titel • 1965 /2, S. 12 ff./8, S. 23-25 • 1966 /6, S. 18/11, S. 17 & 33 • 1967 /2, S. 28 ff/3, S. 22/4, S. 27/6, S. 20-21/7, S. 31/9, S. 17/10, S. 31/12, S.24-25 • 1968 /2, S. 26, 62/4, S. 50 ff./ 5, S. 60/6, S. 58/7, S. 25&39/9, S. 20 • 1969 /3, S. 72/4, S. 16/7, S. 41

Zum Lübke-Haus

Die Anschrift lautet (nicht postalisch, weil nicht immer besetzt): Sundern-Enkhausen, Zum Pläsken. Die Öffnungszeiten variieren von Jahr zu Jahr und gelten nur für die Sommermonate. Ansprechpartner zur Vereinbarung von Terminen für eine Führung: Stadtverwaltung, Amt für Schule und Kultur, Rathausplatz 1, 59846 Sundern; Tel.: 02933/81211 oder beim Leiter des Lübke-Hauses, Gerhard Hafner unter 02935 1545.

Bilder-Quellen

Von Gerhard Hafner und aus dem Lübke-Haus-Archiv 2, 10, 102, 109, 149; • Korthard & Wolf 6, 87 •Liniennetzkarte des Nahverkehrs des HSK 10 • Pressestelle des Bundespräsidialamtes, Bonn 16, 45, 46, 105, 128 • PARDON: Lützel Jemann 22, 84; Henry Meyer-Brockmann 57; PARDON-Hampelmann - koloriert & konserviert von H.D. Heilmann 67; Chlodwig Poth, PARDON 4/67 90; Ern, 9/67 112; Anzeige 118• DDR-Nachlaß 32, 37 • Neue Bild Zeitung 41 • Horst 43 • druff 62 • SPIEGEL Cover 21/64 72 • Kaftan - unbekannter Maler aus Togo 131 • TAZ, 2003 143 • Foto eines Fotos aus dem Lübke-Haus vom Autor 145. Wir haben leider nicht die Urheber aller Abbildungen eruieren können, über Aufklärung freuen wir uns. Danke.

Werner Pieper & The Grüne Kraft

Werner Pieper

MAXIMUM RESPEKT
Der MedienXperiMentor erzählt Geschichten von den Wurzeln und Rauchzeichen der Grünen Kraft
Der Grüne Zweig 200
„Seit den 60er Jahren ist er dabei: unkonventionell, widersprüchlich, provokant, subversiv. Rund um den Verleger Werner Pieper sammelten sich so allerlei bunte GesellInnen, GlobetrotterInnen, MusikerInnen und Freaks. Dazu gibt es jetzt den Jubiläumsband 'Der Grüne Zweig 200' mit Erinnerungen an Sex & Gott & Rock-'n'Roll, an die Straßenanarchos und erste Indianerkontakte, an die psychedelischen Zeiten und die Release-Kommune mit dem Free Clinic Team in Heidelberg anno 1972. Zwischen Mystik und Politik, zwischen MultiKulti und Wanderungen durch Afrika und immer hart den Spuren des Rock folgend, wobei selbst New Orleans nicht zu weit weg ist, tanzt Pieper durch die Zeit, als die 67er Bewegung Hoffnung auf Zukunft, Bewusstsein, Trips und Flips vermittelt. Und bis heute rockt der Altmeister des Nicht-Angepasst-Seins durch die Buchseiten unter dem Motto: 'Heiter Weiter!'... Vorsicht, PuritanerInnen und HüterInnen der reinen dogmatischen Lehren: Lasst die Finger davon...“ *Roman Schweidlenka* Danksagungen an Menschen, Events und Orte, denen sich Werner Pieper verpflichtet fühlt. Jeder der 14 Beiträge wird von kompetenten Zeitgenossen & Genossinnen eingeleitet: Micky Remann; Achim Reichel über Little Richard; Jörg Gülden; Rolf Schwendter über Nicholas Albery; Howard Marks; Carl Ludwig Reichert; Terence McKenna über Tim Leary; Mathias Bröckers; Eugen Pletsch über den Alten; John Michell über die Externsteine; Luisa Francia; Simon Vinkenoog; Jean Trouillet über Gambia; Thomas Meinecke über New Orleans; Ann & Sasha Shulgin über Albert Hofmann.
ISBN 3-925817-00-X · 288 Seiten mit 77 Abb, · 15 €

Werner Pieper, Hg.

WILLKOMMEN!
Das Handbuch für multi-kulturelle Gastfreundschaft
Der Grüne Zweig 166
„Ist es aber nicht seltsam, dass wir oft von den Urlaubsländern unserer Ausländer schwärmen, auf der anderen Seite jedoch deren Existenz im eigenen Land, ein paar Häuser weiter, ignorieren?“ – *Haris Katsoulis*
Willkommene Komplimente zu diesem Buch:
„Wer vom bloßen Anti-Ausländerfeind zum aktiven Fremdenfreund mutieren möchte, dem kann dieses Buch jetzt zur Seite stehen. Gastgeber Werner Pieper hat in diesem Buch alles zusammengestellt, was es für potentielle Fremdenfreunde zu beachten gilt.“ – *TAZ*
Wenn man als Reisender in fremden Ländern unterwegs ist, oder auch nur Menschen aus fremden Kulturen zu sich nach Hause einladen möchte, kann man ungewollt – bei bestem Willen – viel falsch machen, aber auch viel falsch verstehen. Wie begrüßt man sich? Händeschütteln? Umarmend? Was kann man wem zum Essen vorsetzen? Wann ist z. B. Ramadan? Welche Tabus könnte man unbewusst verletzen? Wer feiert wann seine großen religiösen, kulturellen und nationalen Feste? Was

heißt Danke & Bitte in der jeweiligen Sprache? Gilt es, auf bestimmte Gebärden zu achten? Was schenkt man wem? Dieses anregende Handbuch offeriert:
• Berichte über lebendige Gastfreundschaft aus aller Welt.
• Fakten und Erfahrungen.
• Versuche des Verstehens und der Sensibilisierung.
Zu den Autoren gehören:
Richard Majchrzak, Achmed Khammas, Ludmilla Tüting, Molto Menz, Roman Schweidlenka, Werner Pieper, Jean Trouillet, Micky Remann u.v.a.m.
Illustriert mit Fotos aus der Sammlung „Kinder spielen mit der Welt“.
ISBN 3-925817-66-2 · 216 Seiten 20x20 cm · 12,50 €

Werner Pieper, Hg.

EIN AMERIKANER IN HEIDELBERG
Mark Twains Bummel durch Deutschland 1878
Der Grüne Zweig 102a
In diesem Buch sind erstmals fast alle seine Texte über Mark Twains Deutschlandaufenthalt versammelt: die berühmte ›Floßfahrt auf dem Neckar‹ ebenso wie seine brillante Abhandlung über ›Die schreckliche deutsche Sprache‹, seine Beobachtungen bei schlagenden Verbindungen und die erlebten Höllenqualen in der Mannheimer Oper.
„Eine hervorragend editierte Ausgabe ... für all die Leute, die witzige Bemerkungen über unser Volk schätzen...“ *Hologramm*
„So viel Witz und Lust und Laune wie Werner Pieper bringen Herausgeber für ein Buch selten auf ...“ *RNZ, Heidelberg*
ISBN 3-925817-02-6 · 208 Seiten · 11,50 €

Toubab Pippa Hg.

DIE BOSHEIT IM HERZEN DER MENSCHEN
Aus den Grauzonen der schwarz-weißen Geschichte von NAMIBIA
Der Grüne Zweig 240
Der „Aufstand“ der Herero und der jahrelange Guerilla-Krieg der Nama vor 100 Jahren in Namibia richteten sich gegen den ersten deutschen Völkermord und die Errichtung der ersten deutschen KZs (inkl. medizinische Menschenversuche). Eine bei uns heute verdrängte Generalprobe für die Ekelhaftigkeiten des Dritten Reiches. Deutschland drückt sich bis heute vor einer Entschädigung; „nicht entschädigungsrelevant“, meinte Außenminister Fischer.
Bei den hier dokumentierten Aufzeichnungen des **Nama-Häuptling Witbooi** handelt es sich um die einzige zeitgenössische Darstellung aus Sicht der Opfer. Der Herausgeber hat viele dieser Briefe und Tagebuchaufzeichnungen in ihren zeitlichen, geographischen und politischen Kontext gestellt und sich dabei auf eine Fährten- und Spurensuche der tragischen Auswirkungen des deutschen Kolonialismus in Literatur und vor Ort gemacht.
ISBN 3-922708-31-5 · 160 Seiten 20x20 cm · 12,50 €

Wolfgang Neuss

NEUSS' ZEITALTER
Der Grüne Zweig 87
Der Frühstücksdiktator in seiner bekifftetsten Zeit: „Mein Geheimnis ist es, mich so dumm zu machen wie meine Zuschauer sind, gerade damit sie glauben, sie sind so gescheit wie ich. Bei Einfachen, Primitiven komm ich mit Psychedelik immer gut an, weil die Leute sagen: 'Den schickt uns der Liebe Gott, jajaja'." Von Werner Pieper gesammelt und zusammengestellt.
40 Seiten DIN A 4 · illustriert · 7 €

Werner Pieper, Hg.

1000 JAHRE MUSIK UND ZENSUR IN DEN DIVERSEN DEUTSCHLANDS
Der Grüne Zweig 209
Im 30jährigen Krieg galt ein Dudelsack als Waffe und konnte dem Besitzer das Leben kosten; der Rattenfänger von Hameln wurde vom Volk vertrieben, weil er die Kids antörnte. Die Staatschristen vergangener Jahrhunderte versuchten ebenso wilde Tänze zu unterbinden, wie die heutige VolksFront gegen aufmüpfige Rock- und RaveEvents. Freie Ekstase fürs Volk war nie die Sache der Herrschenden. Und viele Jahrhunderte galt es für eine Frau als unziemlich, Musikerin zu sein.
Im vorigen Jahrhundert reichten oft Begriffe und Namen wie Jazz, Negermusik, bolschewistische Musik, entartet, jüdisch, kapitalistisch, Drogenmusik, Urwaldmusik, Protestlieder, Straßenmusik, Rechtsrock etc., um von dieser oder jener Instanz untersagt zu werden. Heute wird Musik offiziell nicht mehr zensiert, sondern man ›schützt‹ die Jugend mit Indizierungen von Platten. Und viele Musiker spielen nicht mehr ihre Musik, sondern versuchen industriekompatible Produkte abzuliefern. Andre dröhnen rechtes Jungvolk neonazistisch voll. Verbieten? Und: Sind Deutschlands Plattenhändler eine große kriminelle Vereinigung?
Mit Beiträgen von Klaus Farin, Roland Seim, FreeMuse, Peter Pannke, Christoph Herrmann, Peter Michael Hamel, Gilbert Shelton, padeluun u.v.a.m. „Aufklärungsbuch. ***** Klug und lehrreich: Aufsätze zum schäbigsten Kapitel deutscher Musikgeschichte... eine interessante, lehrreiche und in Zeiten besinnungslosen Ex- und hopp-Konsums bitter nötige Lektüre, die ihrerseits auch ketzerisch fragt, ob die totale Marketing-Herrschaft im Musikbusiness nicht eine besonders subtile Form der Zensur darstellt..." *Musikexpress*
ISBN 3-922708-09-9 · 256 Seiten · 15 €

Wilhelm Fabricius

GEISTER & ABERGEISTER
Der Grüne Zweig 58
„Eine Psychologie der Einheit des Lebens, des fröhlichen Miterlebens und der Mitverantwortung". Das religiös-magische Weltbild alter Völker mit ihren Naturgeistwesen wird ebenso lebendig wie phantastische Tiergestalten als uralte Bilder menschlicher Denkweise. Der teutonische Castaneda – drogenfrei.
Mit 10 Holzritzbildern des Autors.
ISBN 3-922708-58-7 · 156 Seiten · 8,75 €

Werner Pieper, Hg.

NAZIS ON SPEED
Drogen im 3. Reich
Zwei Bände in der Edition RauschKunde

Band I: 1945 gab es in der deutschen Geschichte einen heftigen Einschnitt, jedoch nicht in der deutschen Drogenpolitik: Gesetze, sowie die negative Drogenterminologie ('Rauschgift' statt 'Genussmittel') übernahmen die Nachkriegsdemokraten direkt von den Nazis und haben sie weitgehend bis heute beibehalten. Wir haben wohl mit der Vergangenheit abgeschlossen, aber die Vergangenheit noch lange nicht mit uns.
• Warum verhindert das Erbe der Drogenverteufelung durch die Nazis noch heute die EntKriminalisierung von Konsumenten 'illegaler' psychoaktiver Substanzen?
• Wie kam es, dass fast alle psychoaktiven Pulverdrogen in Deutschland ent-wickelt wurden & die deutsche Industrie auch an der Herstellung 'illegaler' Drogen weltweit mitverdient(e)?
• Womit und wie (il-)legal berauschten sich die Menschen vor und nach 1933 und welche Auswirkungen hatte das auf den durchrassten Volkskörper? Mit welchen Drogen pumpte 'Reichspritzenmeister' Dr. Morell die Venen des Führers voll? Bekäme dieser heute noch einen Führerschein?
• Was ist dran an den bestialischen Drogenexperimenten an Häftlingen in KZs? Warum und wie hat der CIA diese Versuche später in den USA fortgesetzt?
• Welche Auswirkungen hatte das Pervitin-Doping auf die Soldaten der Front und welche Rolle spielte es bei Sondereinsätzen – oder gar die Forschung in KZs?
Diese und noch ganz andere Fragen werden in Beiträgen von zwei Kriminologen, je einem Drogenberater, Soziologen, Ex-Dealer, Privatforscher, Bundestrainer, Comic-Zeichner, Wissenschafts-Journalist, Kabarettisten, Marine-Mediziner, Pharmazeuten, US-Germanist, sowie in Abhandlungen von E.E. Kisch, H. Fallada, K. Mann und diversen Nazis aufgearbeitet.
„Werner Pieper hat... Dokumente aus dem Sumpf der braunen Vergangenheit Deutschlands gegraben und präsentiert in gewohnt kompetenter Art dem mal faszinierten, mal schockierten und manchmal auch amüsierten Leser Material, das es in sich hat... hat mit dieser zweiteiligen Dokumentation eine Meisterleistung vollbracht..." *Markus Berger, Entheogene Blätter 9/2002*
ISBN 3-930442-53-1 · 352 Seiten · 20 €

Band II Der Materialienband: In dieser Dokumentation finden sich – zum Teil gekürzte – Original-Beiträge zum Drogenthema aus Wirtschaft, Kultur, (Rassen-)Politik und wissenschaftlicher Forschung aus der Zeit zwischen 1928 und 1945:
• Untergang der bürgerlich-rechtlichen Persönlichkeit im Rauschgiftmissbrauch • Junkies für Volk & Vaterland – die Soldaten des 1. WK • Genusspharmaka • Selbstversuche und freiwillige Drogenerfahrungen • Missbrauch, Süchte, Entzug & Lager • Das Opiumgesetz • Drogenforschung • Mit den deutschen Armeen marschierte das Pervitin • Drogen als internationale Verschwörung • Trinksitten & Rassenhygiene • Bayrischer Haschisch
ISBN 3-930442-54-X · 224 Seiten · 12,50 €